安全评价实用技术丛书

安全评价法律法规应用

主　编　陈大伟

副主编　韩海荣　任丽军

中国劳动社会保障出版社

图书在版编目(CIP)数据

安全评价法律法规应用/陈大伟主编. —北京：中国劳动社会保障出版社，2010
安全评价实用技术丛书
ISBN 978-7-5045-8468-7

Ⅰ.①安… Ⅱ.①陈… Ⅲ.①安全生产法-基本知识-中国 Ⅳ.①D922.54

中国版本图书馆 CIP 数据核字(2010)第 139073 号

中国劳动社会保障出版社出版发行
（北京市惠新东街 1 号　邮政编码：100029）
出 版 人：张梦欣
*
北京隆昌伟业印刷有限公司印刷装订　新华书店经销
787 毫米×1092 毫米　16 开本　12.75 印张　294 千字
2010 年 7 月第 1 版　2010 年 7 月第 1 次印刷
定价：32.00 元

读者服务部电话：010－64929211/64921644/84643933
发行部电话：010－64961894
出版社网址：http://www.class.com.cn

内 容 提 要

本书为“安全评价实用技术丛书”之一，主要内容围绕常用的法律法规在安全评价工作中的应用展开，并附有关于安全评价机构及从业人员的相关管理规定，供参考查询。

全书共有7章内容，主要包括：安全生产法律法规、安全标准基础，安全评价相关法律应用，安全评价相关法规应用，安全评价相关行政规章应用，安全评价相关技术标准规范应用，安全评价通则及导则应用，安全评价资质管理规定。

本书既具有科学性、知识性，又具有实用性与知识普及性，可供各行业企业从业人员学习、了解与安全评价相关的法律法规的运用，也可作为安全生产及其相关专业日常安全培训教育用书，还可作为从事安全评价工作的从业人员的日常学习手册。

前　言

安全评价技术是安全系统工程的重要组成部分，自20世纪60年代初起源于美国以来，经过多年的实践与发展，安全评价已经成为现代企业风险管理的一项重要内容。所谓安全评价技术，是指利用安全系统工程原理和方法来识别、评价系统工程存在的风险的过程，这一过程包括危险、有害因素识别和危险、危害程度评价两部分。20世纪80年代，安全评价作为先进的安全管理理念从国外引入我国，经历了技术探索、试运用和逐步规范发展三个阶段，现已成为安全生产许可工作中重要的一个环节。我国《安全生产法》《危险化学品安全管理条例》《安全生产许可证条例》等法律法规明确了安全评价对事故预防的作用，确定了安全评价工作的法律地位，使安全评价成为企业一项法定的工作。

随着安全评价技术的发展，安全评价机构蓬勃兴起，从业队伍逐步成长壮大起来，安全评价技术人员成为安全生产工作中的一支重要的技术力量。同时，越来越多的科技学者、专业技术人员投身于安全评价工作中来，成为推动安全生产工作健康发展的一支不可或缺的力量。2007年11月22日，安全评价师被正式批准为我国新的社会职业。2008年2月29日，国家劳动和社会保障部正式颁布了《国家职业标准·安全评价师（试行）》，标志着安全评价师国家职业资格制度开始实施，安全评价工作步入法制化进程。

为了适应广大从事安全评价工作的从业人员的学习要求，系统地介绍安全评价知识和先进的技术方法，从而进一步掌握矿山、化工、危险化学品和烟花爆竹等高危行业企业的安全评价技术方法，我们组织编写了“安全评价实用技术丛书”。本套丛书具有以下特点：

1. 先进性。本套丛书是在最新的法律法规的指导下，注重安全评价技术新技术、新方法的讲授，前瞻性地介绍安全评价技术在我国的发展趋势。每分册均有相关的法律法规供参考查阅。

2. 系统性。丛书分基础知识、理论知识、法律法规应用知识和高危企业安全评价技术，兼顾即将从事和正在从事安全评价工作的从业人员，从基础理论入手，逐步培养安全评价实际操作能力，从业人员通过系统学习将受益匪浅。

3. 实用性。本丛书各分册针对读者的不同需求进行编写。例如，基础知识和理论分册使读者能够全面了解安全评价技术及其发展的来龙去脉，了解安全评价方法和采取的技术手段的前因后果，以及安全评价方法的具体内容与它们在实际工作中的应用；行业分册旨在让读者系统地学习安全评价在高危行业中的应用，从实际操作与案例入手，让读者掌握该行业企业安全评价工作的方法，培养实际操作能力。

本套丛书邀请了相关高等学校、科研院所长期从事安全评价科研与实际工作的专家、学者，以及安全评价机构长期从事相关行业企业安全评价工作的从业人员，共同组成了编写委员会。丛书以理论与实际紧密结合的方式，增加了可读性与可用性，旨在成为即将从事或正在从事安全评价工作的科研人员、高校师生和从业人员的学习资料、工作指导与实践指南。

参加本丛书组织和编写工作的人员有：佟瑞鹏、马英楠、陈大伟、赵一姝、范小花、杨勇、陈金玉、王岩、韩海荣、李桂君、于春雨、梁欣涛、任丽军、佟永兴、李继征、韩雪萍、熊艳、刘洵、柳文杰、杜博、刘凯、黄海斌、刘斌、孙超、王璐明、程春花、蒋永清、周志良、焦宇、严琳、段淼、闻洪春。

丛书编写过程中，大量参考了相关专家学者的著作和资料，在此向他们表示感谢。由于时间和水平有限，难免存在错误或不足之处，敬请广大读者给予批评指正。

编委会

2010年4月

目 录

1 安全生产法律法规、安全标准基础

1.1 安全生产法律法规体系基础知识

1.1.1 法的概念、特征、分类和基本内容

(1) 法的概念

法的概念有广义与狭义之分。广义的法是指国家按照统治阶级的利益和意志制定或者认可，并由国家强制力保证其实施的行为规范的总和。狭义的法是指具体的法律规范，包括宪法、法令、法律、行政法规、地方性法规、行政规章、判例、习惯法等各种成文法和不成文法。

(2) 法的特征

法所表现的意志首先是一种社会意识形态，但又不单纯是意识形态，而是一种社会规范。它为人们规定一定的行为规则，指示人们在特定的条件下可以做什么、必须做什么、禁止做什么，即规定人们享有的权利和应当履行的义务，从而调整人们在社会生活中的相互关系。法作为一种社会规范，在其发生作用的范围内具有普遍性、稳定性和约束力。社会规范很多，如道德、风俗习惯、宗教教规，以及各种社会团体的规章等。法与上述社会规范不同，法是一种特殊的社会规范，具有以下特征：

1）法是由特定的国家机关制定的。

2）法是依照特定的程序制定的。

3）法具有国家强制性。

4）法是调整人们行为的社会规范。

(3) 法的分类

法的分类有不同标准，按照不同标准对法所划分的类别不同。

1）按照法的创立和表现形式分类

分为成文法和不成文法。成文法是指有权制定法律规范的国家机关依照法定程序所制定的规范性法律文件，如宪法、法律、行政法规、地方性法规等。不成文法是指未经国家制定但经国家认可的和赋予法律效力的行为规则，如习惯法、判例、法理等。我国社会主义法属于成文法范畴。

2）按照其法律地位和法律效力的层级划分

法应当包括宪法、法律、行政法规、地方性法规和行政规章。

①宪法。宪法是国家的根本法，具有最高的法律地位和法律效力。宪法的特殊地位和属性，体现在4个方面：一是宪法规定国家的根本制度、国家生活的基本准则。例如，我国宪

法就规定了中华人民共和国的根本政治制度、经济制度、国家机关和公民的基本权利和义务等。宪法所规定的是国家生活中最根本、最重要的原则和制度，因此宪法成为立法机关进行立法活动的法律基础，宪法被称为“母法”“最高法”。但是，宪法只规定立法原则，并不直接规定具体的行为规范，所以它不能代替普通法律。二是宪法具有最高法律效力。宪法具有最高法律权威，是制定普通法的依据，普通法的内容必须符合宪法的规定，与宪法内容相抵触的法律无效。三是宪法的制定与修改有特别程序。我国宪法草案是由宪法修改委员会提请全国人民代表大会审议通过的。四是宪法的解释、监督均有特别规定。我国 1982 年修订的宪法规定，全国人民代表大会和全国人民代表大会常务委员会监督宪法的实施，全国人民代表大会常务委员会有权解释宪法。

②法律。广义的法律与法同义。狭义的法律特指由享有立法权的国家机关依照一定的立法程序制定和颁布的规范性文件。

③行政法规。行政法规是国家行政机关制定的规范性文件的总称。行政法规有广，狭二义，广义的行政法规泛指包括国家权力机关根据宪法制定的关于国家行政管理的各种法律、法令；也包括国家行政机关根据宪法、法律、法令，在其职权范围内制定的关于国家行政管理的各种法规。狭义的行政法规专指最高国家行政机关即国务院制定的规范性文件。行政法规的名称通常为条例、规定、办法、决定等。

行政法规的法律地位和法律效力次于宪法和法律，但高于地方性法规、行政规章。行政法规在中华人民共和国领域内具有约束力。这种约束力体现在两个方面：一是具有拘束国家行政机关自身的效力。作为最高国家行政机关和中央人民政府的国务院制定的行政法规，是国家最高行政管理权的产物，它对一切国家行政机关都有拘束力，都必须执行。其他所有行政机关制定的行政措施均不得与行政法规的规定相抵触；地方性法规、行政规章的有关行政措施不得与行政法规的有关规定相抵触。二是具有拘束行政管理相对人的效力。依照行政法规的规定，公民、法人或者其他组织在法定范围内享有一定的权利，或者负有一定的义务。国家行政机关不得侵害公民、法人或者其他组织的合法权益；公民、法人或者其他组织如果不履行法定义务，也要承担相应的法律责任，受到强制执行或者行政处罚。

④地方性法规。地方性法规是指地方国家权力机关依照法定职权和程序制定和颁布的、施行于本行政区域的规范性文件。地方性法规的法律地位和法律效力低于宪法、法律、行政法规，但高于地方政府规章。

⑤行政规章。行政规章是指国家行政机关依照行政职权所制定、发布的针对某一类事件、行为或者某一类人员的行政管理的规范性文件。行政规章分为部门规章和地方政府规章两种。部门规章是指国务院的部、委员会和直属机构依照法律、行政法规或者国务院的授权制定的在全国范围内实施行政管理的规范性文件。地方政府规章是指有地方性法规制定权的地方的人民政府依照法律、行政法规、地方性法规或者本级人民代表大会或其常务委员会授权制定的在本行政区域实施行政管理的规范性文件。

3）按照法律的内容和效力强弱划分

分为宪法性法律和普通法律。宪法又称根本法或者母法，是具有最高地位和效力的法律文件。宪法是制定其他法律的依据，其他法律不得与宪法相抵触。普通法律是指有立法权的机关依照立法程序制定和颁布的规范性法律文件，通常规定某种社会关系或者社会关系某一方面的行为规则，其效力次于宪法。

4）按照法律效力范围划分

分为特殊法和一般法（普通法）。从空间效力看，适用于特定地区的法律为特殊法，适用于全国的法律为一般法。从时间效力看，适用于非常时期的法律（如紧急戒严法、战时实施的法律）为特殊法，适用于平时的法律为一般法。从对人的效力看，适用于特定公民的法律（如兵役法、未成年人保护法）为特殊法，适用于全国公民的为一般法。从调整对象看，适用于特定调整对象的法律为特殊法，适用于一般调整对象的法律为一般法。

(4) 法律规范

规范一般可以分为技术规范和社会规范两大类。法律规范是社会规范的一种。法律规范是国家机关制定或者认可、由国家强制力保证其实施的一般行为规则，它反映由一定的物质生活条件所决定的统治阶级的意志。技术规范是指规定人们支配和使用自然力、劳动工具、劳动对象的行为规则。

法律规范与其他社会规范区别：

1）法律规范是国家机关制定或者认可的，其适用和遵守要依靠国家强制力的保证。其他社会规范既不由国家来制定，也不依靠国家强制力来保证。

2）在一定的国家中，只能有统治阶级的法律规范。其他的社会规范则不同，在同一阶级社会中，可以有不同阶级的规范，如既有统治阶级的道德，又有被统治阶级的道德。

3）除习惯法之外，法律规范一般具有特定的形式，由国家机关用正式文件（如法律、命令等）规定出来，成为具体的制度。其他社会规范则不一定采用正式文件的形式。

4）法律规范是一般行为规则。它所针对的不是个别的、特定的事或人，而是适用于大量同类的事或人；不是只适用一次就完结，而是多次适用的一般规则。

法律规范由假定、处理和制裁三个要素构成。假定是指适用法律规范的必要条件。每一个法律规范都是在一定的条件下才出现，而适用这一法律规范的这种条件就称为假定。处理是指行为规范本身的基本要求。它规定人们应当做什么、禁止做什么、允许做什么。这是法律规范的中心部分，是法律规范的主要内容。制裁是指对违反法律规范将导致的法律后果的规定，如损害赔偿、行政处罚、经济制裁、判处刑罚等。法律规范这三个组成部分密切联系并不可缺少，既可以把各个部分规定在一个法律条文中，也可以分别规定在不同的法律条文中。

(5) 法的本质

法的最本质的属性是统治阶级的意志，而不是任何个人的意志，更不是超阶级的共同意志。统治阶级的意志决定于统治阶级的物质生活条件，这种物质生活条件构成法的基础。法作为统治阶级的意志可以体现在3个方面：

1）意志内容的一般性。

2）意志内容的客观性。

3）意志内容的社会性。

(6) 法的效力

法的效力即法的生效范围，是指法律规范对什么人、在什么地方和什么时间发生效力。

1）关于人的效力

法律对什么人发生效力，各国立法原则不同，主要有 3 种情况：一是以国籍为主，即属人原则，亦称属人主义，法律只对本国人适用，不适用于外国人；外国人侨居法院地国，也不适用该国法律。二是以地域为主，即属地原则，亦称属地主义，法律规范在该国主权控制下的陆地、水域及其底床、底土和领空的领域内有绝对效力。不论本国人还是外国人，原则上一律适用该国法律。三是属人原则与属地原则相结合，即凡居住在一国领土内者，无论本国人还是外国人，原则上一律适用该国法律；但在某些问题上，对外国人仍要适用其本国法律；特别是依照国际惯例和条约，享有外交特权和豁免权的外国人，仍适用其本国法律。我国社会主义法对人的效力，采用属人主义与属地主义相结合的原则。

2）关于地域的效力

这是指法在什么地域范围内发生效力，即从法律生效的地域角度确定法对人的效力，主要有 3 种情况：一是在全国范围内生效，即在国家主权管辖的全部领域有效，包括延伸意义上的领域，如驻外使领馆、领海及领空外的船舶和飞机。凡是国家机关制定的规范性法律文件，一般在全国范围内有效，如全国人大及其常委会制定的法律、国务院制定的行政法规，除有特殊规定之外，一般都在全国有效。二是在局部地区有效，一般是指地方国家机关制定的规范性法律文件，在该地区有效，如省、自治区、直辖市人民代表大会及其常委会制定的地方性法规，只在本行政区域内有效。三是有的法律不但在国内有效，在一定条件下其效力还可以超出国境，如《中华人民共和国刑法》（以下简称《刑法》）规定："外国人在中华人民共和国领域外对中华人民共和国国家或者公民犯罪，而按本法规定的最低刑为三年以上有期徒刑的，可以适用本法；但是按照犯罪地的法律不受处罚的除外。"

3）关于时间的效力

这是指法律何时生效和何时终止效力，主要有 3 种情况：一是自法律公布之日起开始生效。二是法律另行规定生效时间。例如，《中华人民共和国安全生产法》（以下简称《安全生产法》）于 2002 年 6 月 29 日公布，自 2002 年 11 月 1 日生效施行。三是规定法律公布后到达一定期限时生效。

法的时间效力涉及法律的溯及力问题。法律一般只适用于生效后发生的事实和关系，通常不具有溯及力。这是当今各国法律特别是刑法所共同遵循的惯例。但是，法不溯及既往并不是绝对的，出于某种需要，也可以对法的时间效力作出溯及既往的规定。例如，我国《刑法》《安全生产许可证条例》等法律、行政法规就有溯及既往的特别规定。

(7) 法律责任

法律责任是指由于违法行为而应当承担的法律后果，它与法律制裁相联系。法律制裁是指依据法律对违法者采取的惩罚措施。国家公职人员、公民、法人和其他组织拒不履行法律义务，或者做出法律所禁止的行为，并具备违法行为的构成要件，则应当承担其违法行为所引起的法律后果，国家依法给予其法律制裁。违法行为是承担法律责任的前提，法律制裁是追究法律责任的必然结果。追究法律责任，实施法律制裁，只能由法定的国家机关实行，具有国家强制性。按照违法的性质、程度的不同，法律责任可以分为刑事责任、行政责任和民事责任。

(8) 社会主义法的基本内容

我国社会主义法的内容十分丰富，涉及社会主义法治的基本方针、基本原则和基本要求，体现在立法、执法和守法三个方面，主要包括依法治国基本方略和依法行政、社会主义法治、社会主义法的体系、社会主义法的适用等内容。

1）依法治国基本方略和依法行政

①依法行政的基本原则：依法行政，必须坚持党的领导、人民当家做主和依法治国三者的有机统一；必须把维护最广大人民的根本利益作为政府工作的出发点；必须把发展作为执政兴国的第一要务，坚持以人为本和全面、协调、可持续的发展观，促进经济社会和人的全面发展；必须把依法治国与以德治国有机结合起来，大力推进社会主义政治文明、精神文明；必须把推进依法行政与深化行政管理体制改革、转变政府职能有机结合起来，坚持开拓创新与循序渐进的统一，既要体现改革和创新的精神，又要有计划、有步骤地分类推进；必须把坚持依法行政与提高行政效率统一起来，做到既严格依法办事，又积极履行职责。

②依法行政的基本要求：合法行政；合理行政；程序正当；高效便民；诚实守信；权责统一。

2）社会主义法治

①社会主义法治的含义

a. 社会主义法治泛指立法、执法和守法。

b. 社会主义法治专指社会主义的法律、制度。法治专指法律、制度时，常称其为法制。这是一种狭义上的法治概念。

c. 社会主义法治特指守法是社会主义民主的保障，实现社会主义民主的法律化、制度化，并严格依法进行国家管理的一种方式。

②社会主义法治的基本内容。为了有效地保障社会主义民主和加强社会主义法治，党的十一届三中全会提出，必须做到"有法可依，有法必依，执法必严，违法必究"。这是对社会主义法治基本内容的精辟概括，其核心是依法办事。

a. 有法可依是确立和实现社会主义法治的前提。

b. 有法必依是社会主义法治的中心环节。

c. 执法必严和违法必究是社会主义法治的切实保证。

3）社会主义法的体系

法的体系亦称法律体系，通常是指一个国家的全部现行法律规范分类组合为不同的法律部门而形成的有机联系的统一整体。任何一个国家的各种现行法律规范，虽然所调整的社会关系的性质不同，具有不同的内容和形式，但都是建立在共同的经济基础上，反映同一阶级意志，受共同的原则指导，具有内在的协调一致性，从而构成一个有机联系的统一整体。

在社会主义法的统一体系中，各种法律规范因其所调整的社会关系的性质不同，而划分为不同的法律部门，如宪法、刑法、民法、经济法等。在各个法律部门内部或者几个法的部门之间，又包括各种法律制度。制度与制度之间、部门与部门之间，既存在差别，又相互联系、相互制约，于是形成内在一致的统一体。这就经常表现为不同的、相对独立的法的体系，如母体系和子体系、国家法律体系和部门法律体系等。安全生产法律体系是社会主义法律体系中的子体系，安全生产立法是社会主义法的重要组成部分。

4）社会主义法的适用

法的适用有两层含义，一层含义是指国家机关及其公职人员、社会团体和公民实现法律规范的活动；另一层含义是指国家机关及其公职人员依照其职权范围将法律规范应用于具体事项的活动。我国社会主义法的适用的基本要求是正确、合法、及时。负有法律适用职权的国家机关主要包括行政机关和司法机关，它们依法享有实施法律和法律责任追究的权力。

社会主义法的适用的原则主要有3个：

①法律适用机关依法独立行使职权。

②以事实为根据，以法律为准绳。

③公民在适用法律上一律平等。

1.1.2 安全生产立法的必要性和意义

安全生产事关人民群众生命财产安全，事关改革发展和社会稳定大局。随着社会经济活动日趋活跃和复杂，特别是经济成分、组织形式日益多样化，我国的安全生产问题越来越突出。安全生产状况与安全生产法制建设密切相关。加强安全生产立法，对强化安全生产监督管理，规范生产经营单位和从业人员的安全生产行为，遏制发生重、特大事故，维护人民群众的生命安全，保障生产经营活动顺利进行，促进经济发展和保持社会稳定，具有重大而深远的意义。

(1) 安全生产立法的必要性

安全生产立法的必要性主要体现在以下几个方面：

1）安全生产立法是在安全生产领域落实依法治国方略的需要

我国已经明确地将“依法治国、建设社会主义法治国家”写入宪法，将依法治国作为治理国家的基本方略。党和政府历来高度重视安全生产工作。做好安全生产工作，促使我国的安全生产形势稳定好转，是全面建设小康社会、统筹社会经济发展的重要内容。制定和不断完善安全生产法律，使安全生产监督管理真正纳入法制轨道，建立安全生产工作健康发展的长效机制，是在安全生产领域落实依法治国方略的基础工作。

2）安全生产立法是加强安全生产监督管理的需要

为了适应安全生产形势和管理的需要，国务院决定设立国家安全生产监督管理局，各省（自治区、直辖市）也相继建立了安全生产综合监督管理机构，逐步在全国形成了一个安全生产综合监管体系。各级政府也都赋予各级安全生产监管部门对各行业、各部门的安全生产工作进行综合监管的职能，要履行综合安全监管和执法职能，各级安全生产综合监管部门必须有法可依。因此，要建立健全具有权威性的、高效率的安全生产管理体系，必须制定安全生产法律法规，以便依法监管。

3）安全生产立法是保护人民群众生命和财产安全的需要

社会主义制度的本质是代表人民群众的根本利益。党中央提出了“坚持以人为本，树立全面、协调、可持续的发展观”的经济发展战略。“以人为本”就是指要从人的特点或实际出发，一切制度安排和政策措施“要体现人性，要考虑人情，要尊重人权，不能超越人的发展阶段，不能忽视人的需要”。安全生产工作的着眼点和落脚点，主要是保障人民群众的生命安全，即依法保护人的生命权，特别是从业人员的人身权利和与人身安全有关的经济权利。

但我国还是一个发展中国家，现阶段社会生产力水平和安全生产水平比较低，安全生产法制尚不健全，从业人员安全生产权利保护方面存在着不容忽视的问题。从业人员人身安全缺乏法律保护会导致从业人员的生产劳动积极性受到挫伤，应有的权利受到损害。这与社会主义国家的本质不相容，与尊重和保障人权的社会主义法制精神不相容。要真正保障从业人员的安全生产权利，必须通过相应立法加以确认。

4）安全生产立法是预防和减少事故的需要

生产事故多发，是我国经济发展中的突出问题。造成这种状况的原因是多方面的：安全生产管理的责任不够明确，有关安全生产管理的法律、法规不够完善，一些地方和企业安全生产管理松弛等是重要原因。要解决这些问题，切实贯彻“安全第一、预防为主”的方针，就必须依法对生产经营单位的安全生产条件、主要负责人和从业人员的安全责任、作业现场和安全设备的安全管理、事故防范和应急措施以及政府和安全生产监管部门的监督管理措施等加以规范，预防和减少事故的发生，保证生产经营活动的安全。

5）安全生产立法是制裁安全生产违法犯罪的需要

社会主义法律的功能之一，是通过制裁违法犯罪来保护人民群众的根本利益。对各类严重的安全生产违法犯罪行为的纵容和姑息，就是对人民群众的极大犯罪。对各种安全生产违法犯罪行为没有明确的法律界定和法律责任加以约束，是当前安全生产违法行为屡禁不止的症结所在。所以，必须制定明确、具体、严厉的法律制度，充分运用刑事、行政和民事责任的综合功能，实现文明生产、安全生产。

总之，为了加强安全生产监督管理，防止和减少生产安全事故的发生，保障人民群众生命财产安全，促进经济发展和保障社会稳定，必须加强安全生产立法工作。

(2) 安全生产立法的意义

以《安全生产法》的颁布实施为标志，我国安全生产立法进入了全面发展的新阶段。尤其是《安全生产法》的出台，对全面加强我国安全生产法制建设，激发全社会对公民生命权的珍视和保护，提高全民族的安全法律意识，规范生产经营单位的安全生产，强化安全生产监督管理，遏制重大、特大事故，促进经济发展和保持社会稳定都具有重大的现实意义，必将产生深远的历史影响。

1）《安全生产法》的贯彻实施，有利于全面加强我国安全生产法律法规体系建设。

2）《安全生产法》的贯彻实施，有利于保障人民群众生命和财产安全。

3）《安全生产法》的贯彻实施，有利于依法规范生产经营单位的安全生产工作。

4）《安全生产法》的贯彻实施，有利于各级人民政府加强对安全生产工作的领导。

5）《安全生产法》的贯彻实施，有利于安全生产监管部门和有关部门依法行政，加强监督管理。

6）《安全生产法》的贯彻实施，有利于提高从业人员的安全素质。

7）《安全生产法》的贯彻实施，有利于增强全体公民的安全法律意识。

8）《安全生产法》的贯彻实施，有利于制裁各种安全违法行为。

1.1.3 安全生产执法的原则

安全生产执法的原则是指行政执法主体在执法活动中所应遵循的基本准则，可以概括为以下 5 个方面：

(1) 有法必依、执法必严、违法必究的原则

我国是人民当家做主的社会主义国家，行政机关作为执行法律的机关，其权力来源于人民。所以，在安全生产执法过程中，执法人员应严格按照安全生产法律法规的规定和要求办事，不徇私情，不为利益所动摇，全心全意做好本职工作，体现广大人民的根本意志。

(2) 合法、公正、公开原则

合法是指执法主体的设立和执法活动不仅要有法可依，行使行政职能必须由法律授权并依据法律规定，执法主体、内容、程序都必须合法。公正是指执法主体在执法活动中，特别是行使自由裁量权进行行政管理时，必须做到适当、合理、公正，即符合法律的基本精神和目的，具有客观、充分的事实依据和法律依据与社会生活常理相一致。公开是指行政行为除依法应当保密的以外，一律公开进行，具体包括：执法行为的标准、条件公开；执法行为的程序、手续公开；涉及行政管理相对人重大权益的行政执法行为应当公开。

(3) 惩戒和教育相结合的原则

对安全违法行为人的处罚，要坚持惩戒和教育相结合的原则。处罚仅仅是一种管理手段，其最终目的是使当事人认识其违法行为，通过惩戒达到教育的目的，使其知法、懂法、守法，从而保护自身和他人的合法权益。

(4) 联合执法的原则

对安全生产进行监督管理既是国务院负责安全生产监督管理部门的重要责任，又是各级人民政府的重要任务，在安全执法过程中，必须与当地政府有关部门联合起来，形成合力，才能更加有效地做好安全生产的监督管理工作。在重大问题上，要及时与当地政府进行协调，避免发生不必要的冲突，为更好地促进当地的经济发展，维护当地政府的声誉，尽到应有的责任。

(5) 依据事实、尊重科学原则

在安全生产执法过程中，执法人员要以事实为依据，尊重科学，处罚要准确、合理，并按照国家标准或者行业标准给出正确的整改意见，协助企业做好整改工作。

1.1.4 安全生产法律体系

安全生产是一个系统工程，需要建立在各种支持基础之上，而安全生产的法规体系尤为重要。按照“安全第一、预防为主”的安全生产方针，国家制定了一系列的安全生产、劳动保护的法规。

据统计，新中国成立 60 多年来，颁布并在用的有关安全生产、劳动保护的主要法律法规约 280 余项，内容包括综合类、安全卫生类、“三同时”类、伤亡事故类、女工和未成年工保护类、职业培训考核类、特种设备类、防护用品类和检测检验类。其中，以法的形式出现，对安全生产、劳动保护具有十分重要作用的有《安全生产法》《矿山安全法》《劳动法》《职业病防治法》等。与此同时，国家还制定和颁布了数百余项劳动安全卫生方面的国家标准。

(1) 安全生产法律体系框架

安全生产法律体系是一个包含多种法律形式和法律层次的综合性系统。从法律规范的形式和特点来讲，既包括作为整个安全生产法律法规基础的宪法规范，也包括行政法律规范、技术性法律规范、程序性法律规范。按法律地位及效力同等原则，安全生产法律体系分为以下7个门类，如图1—1所示。

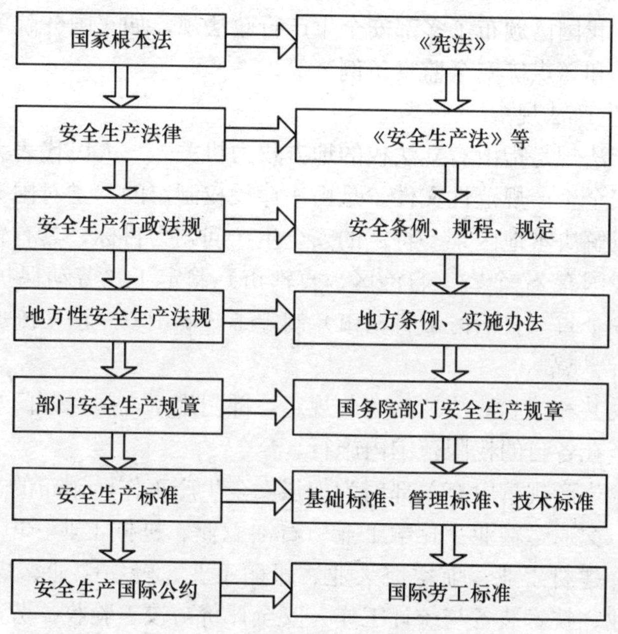

图1—1 安全生产法律体系及层次

1）宪法

《宪法》是安全生产法律体系框架的最高层级，“加强劳动保护，改善劳动条件”是有关安全生产方面最高法律效力的规定。

2）安全生产法律

①基础法。我国有关安全生产的法律包括《安全生产法》和与它平行的专门法律及相关法律。《安全生产法》是综合规范安全生产法律制度的法律，它适用于所有生产经营单位，是我国安全生产法律体系的核心。

②专门法律。专门安全生产法律是指规范某一专业领域安全生产的法律。我国在专业领域的法律有《中华人民共和国矿山安全法》《中华人民共和国海上交通安全法》《中华人民共和国消防法》《中华人民共和国道路交通安全法》等。

③相关法律。与安全生产有关的法律是指安全生产专门法律以外的其他法律中涵盖有安全生产内容的法律，如《中华人民共和国劳动法》《中华人民共和国建筑法》《中华人民共和国煤炭法》《中华人民共和国铁路法》《中华人民共和国民用航空法》《中华人民共和国工会法》《中华人民共和国全民所有制企业法》《中华人民共和国乡镇企业法》《中华人民共和国矿产资源法》等。还有一些与安全生产监督执法工作有关的法律，如《中华人民共和国刑法》《中华人民共和国刑事诉讼法》《中华人民共和国行政处罚法》《中华人民共和国行政复议法》《中华人民共和国国家赔偿法》和《中华人民共和国标准化法》（以下文中使用以上各法，均用简称）等。

3）安全生产行政法规

安全生产行政法规是指由国务院组织制定并批准公布的，是为实施安全生产法律或规范安全生产监督管理制度而制定并颁布的一系列具体规定，是我们实施安全生产监督管理和监察工作的重要依据。我国已颁布了多部安全生产行政法规，如《国务院关于特大安全事故行政责任追究的规定》和《煤矿安全监察条例》等。

4）地方性安全生产法规

地方性安全生产法规是指由有立法权的地方权力机关——人民代表大会及其常务委员会和地方政府制定的安全生产规范性文件，是由法律授权制定的，是对国家安全生产法律、法规的补充和完善，以解决本地区某一特定的安全生产问题为目标，具有较强的针对性和可操作性。例如，目前我国有27个省（自治区、直辖市）制定了《劳动保护条例》或《劳动安全卫生条例》，有26个省（自治区、直辖市）制定了《矿山安全法实施办法》。

5）部门安全生产规章

根据《中华人民共和国立法法》的有关规定，部门规章之间、部门规章与地方政府规章之间具有同等效力，在各自的权限范围内施行。

国务院部门安全生产规章由有关部门为加强安全生产工作而颁布的规范性文件组成。从部门角度可划分为：交通运输业、化学工业、石油工业、机械工业、电子工业、冶金工业、电力工业、建筑业、建材工业、航空航天业、船舶工业、轻纺工业、煤炭工业、地质勘探业、农村和乡镇工业、技术装备与统计工作、安全评价与竣工验收、劳动保护用品、培训教育、事故调查与处理、职业危害、特种设备、防火防爆和其他部门等。部门安全生产规章作为安全生产法律法规的重要补充，在我国安全生产监督管理工作中起着十分重要的作用。

地方政府安全生产规章一方面从属于法律和行政法规，另一方面又从属于地方法规，并且不能与它们相抵触。

6）安全生产标准

安全生产标准是安全生产法规体系中的一个重要组成部分，也是安全生产管理的基础和监督执法工作的重要技术依据。安全生产标准可分为设计规范类、安全生产设备和工具类、生产工艺安全卫生和防护用品类四类标准。

7）已批准的国际劳工安全公约

国际劳工组织自1919年创立以来，一共通过了185个国际公约和为数较多的建议书，这些公约和建议书统称国际劳工标准。其中，70%的公约和建议书涉及职业安全卫生问题。我国政府为国际性安全生产工作已签订了国际性公约，当我国安全生产法律与国际公约有冲突时，应优先采用国际公约的规定（除保留条件的条款外）。目前，我国政府已批准的公约有23个，其中4个是与职业安全卫生相关的。

(2) 安全生产法律体系特征

具有中国特色的安全生产法律体系具有以下3个特点：

1）法律规范的调整对象和阶级意志具有统一性

国家所有的安全生产立法，体现了工人阶级领导下的最广大的人民群众的最根本利益。不论安全生产法律规范有何种内容和形式，它们所调整的安全生产领域的社会关系，都要统一服从和服务于社会主义的生产关系、阶级关系，紧密围绕着“三个代表”重要思想、执政为民和基本人权保护而进行。

2）法律规范的内容和形式具有多样性

安全生产贯穿于生产经营活动的各个行业、领域，涉及的社会关系非常复杂。这就需要针对不同生产经营单位的不同特点，针对各种突出的安全生产问题，制定各种内容不同、形式不同的安全生产法律规范，调整各级人民政府、各类生产经营单位、公民之间在安全生产领域中产生的社会关系。

3）法律规范的相互关系具有系统性

安全生产法律体系是由母系统与若干个子系统共同组成的。从具体法律规范上看，它是单个的；从法律体系上看，各个法律规范又是母体系不可分割的组成部分。安全生产法律规范的层级、内容和形式虽然有所不同，但是它们之间存在着相互依存、相互联系、相互衔接、相互协调的辩证统一关系。

1.2 安全生产标准体系基础知识

1.2.1 安全标准基础知识

标准虽然没有纳入我国法的范畴，但在安全生产工作中起着十分重要的作用。法定的安全标准是我国安全生产法律体系的重要组成部分。根据《标准化法》的规定，标准有国家标准、行业标准、地方标准和企业标准。国家标准、行业标准又分为强制性标准和推荐性标准。安全标准主要指国家标准和行业标准，大部分是强制性标准。

我国安全标准涉及面广，包括矿山安全（含煤矿和非煤矿山）、粉尘防爆、电气及防爆、带电作业、危险化学品、民爆物品、烟花爆竹、涂装作业安全、交通运输安全、机械安全、消防安全、建筑安全、职业安全、个体防护装备（原劳动防护用品）、特种设备安全等各个方面。

建立适应社会主义市场经济体制的劳动安全法规体系和标准体系，已成为保证安全生产的重要内容之一。我国以国家标准为主体的职业安全卫生标准体系框架已经形成。标准作为提高科技水平和管理水平的重要技术文件，已经进入安全生产的各个角落。从事故预防、控制、监测，直至职业病诊断、统计，都需要有关的标准加以指导，标准已经成为安全领域中重要的基础工作之一。随着法制建设的日益完善，职业安全卫生法规标准对减少职工伤亡事故和职业危害，保护劳动者的安全与健康，以及发展生产将发挥出更加有效的作用。

(1) 安全标准的定义和作用

1）安全标准的定义

安全标准是指在生产工作场所或者领域，为改善劳动条件和设施，规范生产作业行为，保护劳动者免受各种伤害，保障劳动者人身安全健康，实现安全生产和作业的准则和依据。

2）安全标准的作用

①安全标准是安全生产法律体系的重要组成部分。从广义上讲，我国的安全生产法律体系，是由宪法、国家法律、国务院法规、地方性法规，以及标准、规章、规程和规范性文件等所构成的。在这个体系中，标准处于十分重要的位置，具有技术性法律规定的作用。标准是法律的延伸。与安全生产相关的技术性规定，通常体现为国家标准和行业标准。根据世界

贸易组织协议，我国的强制性标准与国外的技术法规具有同样的法律效力。现行法律法规也就此作出了明确规定。《安全生产法》第16条规定，“生产经营单位应当具备本法和有关法律、行政法规和国家标准或者行业标准规定的安全生产条件”。《安全生产许可证条例》第6条，把厂房、作业场所和安全设施、设备、工艺符合安全生产法律、法规、标准和规定的要求，作为企业取得安全生产许可证应当具备的基本条件。标准所具有的法律地位及其法律效力，决定了安全标准一旦制定和发布，就必须得到尊重，必须认真贯彻实施。任何忽视安全标准、违背安全生产标准的现象，都是对安全生产法律的破坏和违反，都必须立即纠正，情节严重的要依法予以追究。

②安全标准是保障企业安全生产的重要技术规范。安全生产标准化是社会化大生产的要求，是社会生产力发展水平的反映。优秀企业要出名牌、出人才、出效益，就必须严格执行国家标准、行业标准，产品进入国际市场就要执行国际标准。有条件、有实力的优秀企业自定的企业标准，甚至高于国家标准、行业标准。而不执行法定标准的企业，不仅市场竞争力无从谈起，而且违法生产经营，丧失诚信准则，甚至导致重特大事故发生。一些企业安全管理滑坡，伤亡事故多发，重要原因之一就是不遵守相应的安全生产标准。有的企业标准意识淡漠，执行标准不严；有的企业有标不循，不按标准办事；有的企业根本没有安全标准，不知道有标准。因此，迫切需要通过加强安全生产标准化工作，规范企业及其经营管理者、从业人员的安全生产行为，实现安全生产。

③安全标准是安全监管监察和依法行政的重要依据。安全标准是保护从业人员生命和健康的准则，凝聚了血的教训。安全监管监察部门在行政执法中，对违法违规行为的认定评判，除了要依据法律、法规，还需要依据国家标准和行业标准。如重大危险源的识别、重大隐患的排查、安全生产条件的认定、事故原因的分析判断等，都需要以标准为依据。党中央、国务院领导多次要求把安全生产工作抓细、抓实、抓好。细节反映真实，细节决定成效。相对于法律法规，标准更细致，更周密。安全监管监察部门依据标准实施行政执法，安全生产监管工作才能真正落实到位。

④安全标准是规范市场准入的必要条件。党的十六届五中全会提出要坚持节约发展、清洁发展、安全发展，实现可持续发展。党的十七大报告指出：“坚持安全发展，强化安全生产管理和监督，有效遏制重特大安全事故。”“完善突发事故应急管理制度”，“保障人民生命财产安全”。发展不能以破坏资源、污染环境为代价，更不能以牺牲人的生命和健康为代价。与资源、环保一样，安全是市场准入的必要条件。标准是严格市场准入的尺度和手段。国家标准、行业标准所规定的安全生产条件，就是市场准入必须具备的资格，是必须严格把住的关口，是不可降低的门槛。降低安全生产标准，难免要付出血的代价。安全标准也是规范安全中介服务的依据。

(2) 安全标准的范围

安全标准是指为实现安全生产和作业，保障劳动者安全和健康而制定颁布的一切有关安全方面的技术、管理等要求，包括设备、装备、器材等。这类标准的范围包括煤矿安全、非煤矿山安全、粉尘防爆、电气及防爆、带电作业、危险化学品安全、民爆物品安全、烟花爆竹安全、涂装作业安全、交通运输安全、机械安全、消防安全、建筑安全、职业安全、个体防护装备（原劳动防护用品）、特种设备安全等各个方面涉及的安全生产标准、产品质量安全标准、公共安全标准等。标准的类型包括国家标准（GB）和行业标准（如 AQ、MT、LD、JB 等）。安全生产行业标准（AQ）的范围包括矿山、危险化学品、烟花爆竹、个体防护、粉尘防爆、涂装作业等领域有关安全生产方面的标准，这类标准主要由国家安全生产监督管理总局负责，具体包括以下几方面：

1）劳动防护用品和矿山安全仪器仪表的品种、规格、质量、等级及劳动防护用品的设计、生产、检验、包装、储存、运输、使用的安全要求。

2）为实施矿山、危险化学品、烟花爆竹安全管理而规定的有关技术术语、符号、代号、代码、文件格式、制图方法等通用技术语言和安全技术要求。

3）生产、经营、储存、运输、使用、检测、检验、废弃等方面的安全技术要求。

4）工矿商贸安全生产规程。

5）生产经营单位的安全生产条件。

6）应急救援的规则、规程、标准等技术规范。

7）安全评价、评估、培训考核的标准、通则、导则、规则等技术规范。

8）安全中介机构的服务规范与规则、标准。

9）规范安全生产监管监察和行政执法的技术管理要求。

10）规范安全生产行政许可和市场准入的技术管理要求。

(3) 安全生产标准的种类

安全系统工程有关事故形成的理论认为，事故是由人、物、环境、管理四要素引起的，事故预防应从影响系统的四个因素出发进行综合治理。劳动安全卫生应用标准是用来防止事故和职业病的发生的，因此，它必须包含针对人的不安全行为、物的不安全状态、环境因素、管理因素等 4 个方面的标准。根据这个原理，安全生产标准分为基础标准、管理标准、技术标准、方法标准和产品标准等 5 类。

1）基础标准

基础标准主要指在安全生产领域的不同范围内，对普遍的、广泛通用的共性认识所作的统一规定，是在一定范围内作为制定其他安全标准的依据和共同遵守的准则。其内容包括：制定安全标准所必须遵循的基本原则、要求、术语、符号；各项应用标准、综合标准赖以制定的技术规定；物质的危险性和有害性的基本规定；材料的安全基本性质以及基本检测方法等。

2）管理标准

管理标准是指通过计划、组织、控制、监督、检查、评价与考核等管理活动的内容、程序、方式，使生产过程中人、物、环境各个因素处于安全受控状态，直接服务于生产经营科学管理的准则和规定。

安全生产方面的管理标准主要包括：安全教育、培训和考核等标准，重大事故隐患评价方法及分级等标准，事故统计、分析等标准，安全系统工程标准，人机工程标准以及有关激励与惩处标准等。

3）技术标准

技术标准是指生产过程中设计、施工、操作、安装等方面的具体技术要求，实施程序中设立的安全要求以及能达到此要求的实施技术和规范的总称。

这类标准有：金属非金属矿山安全规程、石油化工企业设计防火规范、烟花爆竹工厂设计安全规范、烟花爆竹劳动安全技术规程、民用爆破器材工厂设计安全规范、建筑设计防火规范等。

4）方法标准

方法标准是对各项生产过程中技术活动的方法所作出的规定。安全生产方面的方法标准主要包括两类，一类是以试验、检查、分析、抽样、统计、计算、测定、作业等方法为对象制定的标准，如试验方法、检查方法、分析计法、测定方法、抽样方法、设计规范、计算方法、工艺规程、作业指导书、生产方法、操作方法等。另一类是为合理生产优质产品，并在生产、作业、试验、业务处理等方面为提高效率而制定的标准。这类标准有：安全帽测试方法、防护服装机械性能材料抗刺穿性及动态撕裂性的试验方法、安全评价通则、安全预评价导则、安全验收评价导则、安全现状评价导则等。

5）产品标准

产品标准是对某一具体安全设备、装置和防护用品及其试验方法、检测检验规则、标志、包装、运输、储存等方面所作的技术规定。它是在一定时期和一定范围内具有约束力的技术准则，是产品生产、检验、验收、使用、维护和洽谈贸易的重要技术依据，对于保障安全、提高生产和使用效益具有重要意义。产品标准的主要内容包括：①产品的适用范围；②产品的品种、规格和结构形式；③产品的主要性能；④产品的试验、检验方法和验收规则；⑤产品的包装、储存和运输等方面的要求。

这类标准主要是对某类产品及其安全要求作出的规定，如煤矿安全监控系统、煤矿用隔离式自救器等。

1.2.2　安全生产标准体系

安全生产标准体系是指为维持生产经营活动，保障安全生产而制定颁布的一切有关安全生产方面的技术、管理、方法、产品等标准的有机组合，既包括现行的安全生产标准，也包括正在制定修订和计划制定修订的安全生产标准。从广义的概念来讲，安全生产标准体系由煤矿安全、非煤矿山安全、电气安全、危险化学品安全、石油化工安全、民爆物品安全、烟花爆竹安全、涂装作业安全、交通运输安全、机械安全、消防安全、建筑安全、个体防护装备（原劳动防护用品）、特种设备安全、通用生产安全等多个子体系组成。每个子体系又由若干部分组成，如非煤矿山安全标准体系又由冶金安全、有色金属安全等下一层级标准组成。因此，安全生产标准体系是一个多层级的组合。下面介绍主要的安全生产标准子体系。

（1）煤矿安全生产标准体系

包括综合管理安全标准系统、井工开采安全标准系统、露天开采安全标准系统和职业危害安全标准系统等 4 个部分。

1）综合管理安全标准系统

煤矿安全综合管理标准包括国家和煤矿主管部门规定的有关安全生产的法律、规定、条例、规程和标准等。煤矿综合管理安全标准系统由综合管理通用要求、地质勘探规范、矿井设计规范、生产矿井安全管理等 4 个部分组成，包含了煤矿勘探、设计、建矿、生产、环保、闭矿全过程中的安全总体要求。

2）井工开采安全标准系统

安全生产贯穿煤炭开发生产全过程，在井下的采、掘、机、运、通等各个环节都涉及安全问题。井工开采安全标准系统包括建井安全、开采安全、瓦斯防治、粉尘防治、矿井通风、火灾防治、水害防治、机械安全、电气安全、爆破安全、矿山救援等11个领域安全标准。其中，每一专业领域的标准又可细分为管理标准、技术标准和产品标准。

3）露天开采安全标准系统

露天开采的安全问题主要存在于采剥工程、运输工程、排土工程和机电设备等生产环节。采掘场边坡与排土场（包括外排和内排）边坡容易发生滑坡、塌陷、泥石流等地质灾害，危及人身安全与设备安全。露天开采安全标准系统包括露天开采安全标准、边坡稳定安全标准、露天机电安全标准等3个领域安全标准。其中，每一专业领域的标准又可细分为管理标准、技术标准和产品标准。

4）职业危害安全标准系统

职业危害安全标准系统包括作业环境安全标准、个体防护标准、职业病鉴定标准等3个领域。在作业环境方面，可以进一步划分为粉尘（总粉尘和呼吸性粉尘）、噪声、振动、放射性辐射、高低温等。在职业危害和卫生方面有关的国家标准有：工业企业卫生设计标准、体力劳动强度分级、作业场所呼吸性粉尘卫生标准、职业性接触病毒危害程度分级等。煤炭行业制定的职业危害安全标准有：煤工尘肺病X线诊断标准、煤矿井下工人滑囊炎诊断标准、煤中铀的测定和个体防护标准等。

（2）非煤矿山安全生产标准体系

非煤矿山安全生产标准体系包括固体矿山、石油天然气、冶金、建材、有色等多个领域，是一个多层次、多组合的标准体系。从标准内容上讲，非煤矿山安全生产标准体系包括基础标准、管理标准、技术标准、方法标准和产品标准等。

（3）危险化学品安全生产标准体系

危险化学品安全生产标准体系包括通用基础安全生产标准、安全技术标准和安全管理标准。通用基础安全生产标准主要包括危险化学品分类、标注等。安全技术标准主要包括安全设计和建设标准、生产企业安全距离标准、生产安全标准、运输安全标准、储存和包装安全标准、作业和检修标准、使用安全标准等。安全管理标准主要包括生产企业安全管理、应急救援预案管理、重大危险源安全监控、职业危害防护配备管理等。

（4）烟花爆竹安全生产标准体系

烟花爆竹安全生产标准体系包括基础标准、管理标准、原辅材料使用标准、生产作业场所标准、生产技术工艺标准和生产设备设施标准等。基础标准主要包括烟花爆竹工程设计安全规范、烟花爆竹安全生产术语等。管理标准主要包括烟花爆竹企业安全评价导则、烟花爆竹储存条件、烟花爆竹装卸作业规范等。原辅材料使用标准主要包括烟花爆竹烟火药安全性能检测要求、烟花爆竹烟火药相容性要求等。生产作业场所标准主要包括烟花爆竹工程设计安全审查规范、烟花爆竹工程竣工验收规范等。生产技术工艺标准主要包括烟花爆竹烟火药使用安全规范等。生产设备设施标准主要包括烟花爆竹机械设备通用技术要求等。

(5) 个体防护装备安全生产标准体系

个体防护装备安全生产标准体系主要包括头部防护装备、听力防护装备、眼面防护装备、呼吸防护装备、服装防护装备、手部防护装备、足部防护装备、皮肤防护装备和坠落防护装备等 9 个部分。每个部分由基础标准、通用技术标准、方法标准、产品标准和管理标准组成。管理标准又分配备标准、选用标准、使用和维护规范等。

2　安全评价相关法律应用

2.1　《安全生产法》应用

2.1.1　《安全生产法》在安全生产法律体系中的地位

《安全生产法》是我国第一部安全生产基本法律，是各类生产经营单位及其从业人员实现安全生产所必须遵循的行为准则，是各级人民政府和各有关部门进行监督管理和行政执法的法律依据，是制裁各种安全生产违法犯罪行为的法律武器。

(1)《安全生产法》的立法背景

《安全生产法》的制定，是由我国现阶段的生产力发展水平和安全生产水平决定的。在党中央提出依法治国、建设社会主义法治国家的基本方略以后，安全生产法制建设被提到前所未有的重要位置上，安全生产法制建设的进程不断加快。《安全生产法》正是在这种背景下制定的。

(2)《安全生产法》的调整对象

《安全生产法》是一部调整安全生产方面社会关系的专门法律。法律的调整对象是指法律所调整的社会关系。社会关系经法律调整后所产生的权利和义务关系就是法律关系。安全生产法律关系是指各行各业的公民、法人和社会组织之间，在从事生产经营和监督管理的活动中所产生的安全生产权利和义务关系。安全生产法律关系错综复杂，其中基本的社会关系有以下 5 种：

1）各级人民政府及其安全生产综合监督管理部门、有关安全生产专项监督管理部门及其安全生产检查监督人员，在履行法定职权时与生产经营单位、有关社会组织和从业人员之间所发生的监督管理关系。

2）各级安全生产综合监督管理部门与其他有关专项监督管理部门之间的协调、指导和监督关系。

3）生产经营单位内部管理者与从业人员的安全生产管理关系。

4）生产经营单位之间及其与社会组织、公民之间的安全生产权利义务关系。

5）涉外安全生产管理关系。

(3)《安全生产法》的基本原则

1）人身安全第一的原则。

2）预防为主的原则。

3）权责一致的原则。

4）社会监督、综合治理的原则。

5）依法从重处罚的原则。

2.1.2 《安全生产法》总则

(1)《安全生产法》的立法目的

《安全生产法》的立法目的是："为了加强安全生产监督管理，防止和减少生产安全事故，保障人民群众生命和财产安全，促进经济发展。"

(2) 安全生产立法的必要性

1）安全生产立法是依法加强监督管理，保证各级安全监督管理部门依法行政的需要。

2）安全生产立法是依法规范安全生产的需要。

3）安全生产立法是制裁安全生产违法行为，保护人民群众生命和财产安全的需要。

4）安全生产立法是建立健全我国安全生产法律体系的需要。

(3) 安全生产立法的意义

《安全生产法》的贯彻实施，有利于：

1）全面加强我国安全生产法律法规体系建设。

2）保障人民群众的生命和财产安全。

3）依法规范生产经营单位的安全生产工作。

4）各级人民政府加强对安全生产工作的领导。

5）安全生产监管部门和有关部门依法行政，加强监督管理。

6）提高从业人员的安全素质。

7）增强全体公民的安全法律意识。

8）制裁各种安全违法行为。

(4) 适用范围

法律的适用范围，即法律的效力范围，包括法律的时间效力、空间效力和对人的效力。《安全生产法》的时间效力："自2002年11月1日起施行"。空间效力和对人的效力："在中华人民共和国领域内从事生产经营活动的单位（以下统称生产经营单位）的安全生产，适用本法；有关法律、行政法规对消防安全和道路交通安全、铁路交通安全、水上交通安全、民用航空安全另有规定的，适用其规定。"

(5) 安全生产工作的方针

"安全第一、预防为主"是安全生产的基本方针。自新中国成立以来，党中央、国务院历来十分重视安全生产工作，提出了"安全第一、预防为主"的安全生产方针。

《安全生产法》第3条规定："安全生产管理，坚持安全第一、预防为主的方针。""安全第一、预防为主"是用法律形式加以固定和实施的安全生产基本方针，是《安全生产法》的灵魂。

《安全生产法》关于预防为主的规定，主要体现为"六先"：

1）安全意识在先。

2）安全投入在先。

3）安全责任在先。

4）建章立制在先。

5）隐患预防在先。

6）监督执法在先。

2.1.3 生产经营单位的安全生产保障

(1) 生产经营单位从事生产经营活动应具备的安全生产条件

《安全生产法》规定，生产经营单位必须遵守本法和其他有关安全生产的法律、法规，加强安全生产管理，建立健全安全生产责任制度，完善安全生产条件，确保安全生产。生产经营单位应当具备安全生产法和有关法律、行政法规和国家标准或者行业标准规定的安全生产条件，不具备安全生产条件的，不得从事生产经营活动。

(2) 生产经营单位的主要负责人对本单位安全生产工作应负的职责

《安全生产法》规定，生产经营单位的主要负责人对本单位安全生产工作全面负责：建立健全本单位安全生产责任制；组织制定本单位安全生产规章制度和操作规程；保证本单位安全生产投入的有效实施；督促、检查本单位的安全生产工作，及时消除生产安全事故隐患；组织制定并实施本单位的生产安全事故应急救援预案；及时、如实报告生产安全事故。

(3) 安全生产管理机构的设置、安全生产管理服务的提供及人员的能力要求

安全生产管理机构指的是生产经营单位内设的专门负责安全生产监督管理的机构，其工作人员都是专职安全生产管理人员。安全生产管理机构的作用是落实国家有关安全生产的法律法规，组织生产经营单位内部各种安全检查活动，负责日常安全检查，及时整改各种事故隐患，监督安全生产责任制的落实等，它是生产经营单位安全生产的重要组织保证。《安全生产法》第19条首先对安全生产危险性较大的行业进行了规定："矿山、建筑施工单位和危险物品的生产、经营、储存单位，应当设置安全生产管理机构或者配备专职安全生产管理人员。"对于危险性较小的其他生产经营单位是否设立安全生产管理机构以及是否配备专职安全生产管理人员，则要根据其从业人员的规模来确定。《安全生产法》第19条规定，除从事矿山开采、建筑施工和危险物品的生产、经营、储存活动的生产经营单位外，从业人员超过300人的，应当设置安全生产管理机构或者配备专职安全生产管理人员；从业人员在300人以下的，应当配备专职或者兼职的安全生产管理人员，或者委托具有国家规定的相关专业技术资格的工程技术人员提供安全生产管理服务。

第19条还专门针对安全生产管理服务的提供作了规定："生产经营单位依照前款规定委托工程技术人员提供安全生产管理服务的，保证安全生产的责任仍由本单位负责。"

对生产经营单位安全管理人员的能力要求，《安全生产法》第20条规定，生产经营单位的主要负责人和安全生产管理人员必须具备与本单位所从事的生产经营活动相应的安全生产知识和管理能力。危险物品的生产、经营、储存单位以及矿山、建筑施工单位的主要负责人和安全生产管理人员，应当由有关主管部门对其安全生产知识和管理能力考核合格后方可任职。

(4) 生产经营单位对承包单位的安全生产管理要求

生产经营单位不得将生产经营项目、场所、设备发包或者出租给不具备安全生产条件或者相应资质的单位或者个人。生产经营项目、场所有多个承包单位、承租单位的，生产经营单位应当与承包单位、承租单位签订专门的安全生产管理协议，或者在承包合同、租赁合同中约定各自的安全生产管理职责；生产经营单位对承包单位、承租单位的安全生产工作统一协调、管理。

(5) 生产经营单位在发生重大生产事故时，单位主要负责人的职责

生产经营单位发生重大生产安全事故时，单位的主要负责人应当立即组织抢救，不得在事故调查处理期间擅离职守，并及时准确上报。

2.1.4 从业人员的权利和义务

《安全生产法》第 6 条规定，生产经营单位的从业人员有依法获得安全生产保障的权利，并应当依法履行安全生产方面的义务。《安全生产法》规定了各类从业人员必须享有的、有关安全生产和人身安全的最重要、最基本的权利，并第一次明确规定了从业人员安全生产的法定义务和责任。

(1) 从业人员的权利

《安全生产法》规定，从业人员享有以下权利：

1）工伤保险和获得伤亡赔偿的权利。因生产安全事故受到损害的从业人员，除依法享有工伤社会保险外，依照有关民事法律尚有获得赔偿的权利的，有权向本单位提出赔偿要求。

2）对危险因素和应急措施的知情权。生产经营单位的从业人员有权了解其作业场所和工作岗位存在的危险因素、防范措施及事故应急措施，有权对本单位的安全生产工作提出建议。

3）批评检控权及拒绝违章指挥和强令冒险作业权。从业人员有权对本单位安全生产工作中存在的问题提出批评、检举、控告；有权拒绝违章指挥和强令冒险作业。生产经营单位不得因从业人员对本单位安全生产工作提出批评、检举、控告或者拒绝违章指挥、强令冒险作业，而降低其工资、福利等待遇或者解除与其订立的劳动合同。

4）在紧急情况下停止作业和紧急撤离的权利。从业人员发现直接危及人身安全的紧急情况时，有权停止作业或者在采取可能的应急措施后撤离作业场所。

(2) 从业人员的义务

《安全生产法》规定，从业人员的必须履行以下 3 项义务：

1）遵章守规，服从管理的义务，即从业人员在作业过程中，应当严格遵守本单位的安全生产规章制度和操作规程，服从管理，正确佩戴和使用劳动防护用品。

2）接受安全生产教育和培训的义务，即从业人员应当接受安全生产教育和培训，掌握本职工作所需的安全生产知识，提高安全生产技能，增强事故预防和应急处理能力。

3）发现不安全因素立即报告的义务，即从业人员发现事故隐患或者其他不安全因素，应当向现场安全生产管理人员或者本单位负责人报告；接到报告的人员应当及时予以处理。

2.1.5 安全生产的监督管理

(1) 安全生产监督管理体制

《安全生产法》第 9 条对安全生产的监督管理体制作了具体规定：“国务院负责安全生产监督管理的部门依照本法，对全国安全生产工作实施综合监督管理；县级以上地方各级人民政府负责安全生产监督管理的部门依照本法，对本行政区域内安全生产工作实施综合监督管理。”

“国务院有关部门依照本法和其他有关法律、行政法规的规定，在各自的职责范围内对有关的安全生产工作实施监督管理；县级以上地方各级人民政府有关部门依照本法和其他有关法律、法规的规定，在各自的职责范围内对有关的安全生产工作实施监督管理。”

(2) 安全生产监督管理的举报制度

安全生产监督管理部门实施监督管理，除了主动进入生产经营单位进行检查外，建立举报制度也是一种有效的监督方式。建立举报制度，可以充分利用群众监督、舆论监督的作用，及时、广泛地掌握各生产经营单位安全生产的情况、线索，发现安全生产工作中存在的问题，从而增加监督管理的力度。因此，《安全生产法》规定，负有安全生产监督管理职责的部门应当建立举报制度，以使举报监督制度化、法定化。《安全生产法》第 63 条规定：“负有安全生产监督管理职责的部门应当建立举报制度，公开举报电话、信箱或者电子邮件地址，受理有关安全生产的举报；受理的举报事项经调查核实后，应当形成书面材料；需要落实整改措施的，报经有关负责人签字并督促落实。”

对于社会监督，《安全生产法》明确规定了单位和个人对有关安全生产事项的报告权和举报权：“任何单位或者个人对事故隐患或者安全生产违法行为，均有权向负有安全生产监督管理职责的部门报告或者举报。”《安全生产法》第 65 条对社会群体应行使的举报权利规定：“居民委员会、村民委员会发现其所在区域内的生产经营单位存在事故隐患或者安全生产违法行为时，应当向当地人民政府或者有关部门报告。”

(3) 监察部门的职权

《中华人民共和国行政监察法》第 2 条规定：“监察机关是人民政府行使监察职能的机关，依法对国家行政机关、国家公务员和国家行政机关任命的其他人员实施监察。”负有安全生产监督管理职责的部门属于行政机关，其工作人员是国家公务员，因此，他们属于监察机关的监察对象。为了加强对负有安全生产监督管理职责的部门及其工作人员履行安全生产监督管理职责的监督，《安全生产法》第 61 条规定：“监察机关依照行政监察法的规定，对负有安全生产监督管理职责的部门及其工作人员履行安全生产监督管理职责实施监察。”

(4) 安全生产监督管理职责部门的职权

负有安全生产监督管理职责的部门依法对生产经营单位执行有关安全生产的法律、法规和国家标准或者行业标准的情况进行监督检查所行使的职权，主要包括：进入生产经营单位检查以及了解有关情况的职权；对安全生产违法行为的处理权；对事故隐患的处理权；对有关设施、设备、器材的处理权。

安全生产监督检查的最终目的之一是保证生产经营单位不出或少出事故，从而保证其生产经营活动的正常进行。因此，《安全生产法》规定，监督检查不得影响被检查单位的正常生产经营活动。这是负有安全生产监督管理职责的部门的一项义务。

2.1.6 生产安全事故的应急救援与调查处理

(1) 应急救援体系

生产安全事故的应急救援体系是保证生产安全事故应急救援工作顺利实施的组织保障，主要包括应急救援指挥系统、应急救援日常值班系统、应急救援信息系统、应急救援技术支持系统、应急救援组织及经费保障。对于特大生产安全事故应急救援体系的建立，《安全生产法》第68条规定："县级以上地方各级人民政府应当组织有关部门制定本行政区域内特大生产安全事故应急救援预案，建立应急救援体系。"

(2) 应急救援组织建立的主体

危险物品的生产、经营、储存单位以及矿山、建筑施工单位应当建立应急救援组织；生产经营规模较小，可以不建立应急救援组织的，应当指定兼职的应急救援人员。危险物品的生产、经营、储存单位以及矿山、建筑施工单位应当配备必要的应急救援器材、设备，并进行经常性维护、保养，保证正常运转。

(3) 地方政府在应急救援中的职责

地方人民政府在应急救援中的职责是：有关地方人民政府和负有安全生产监督管理职责的部门的负责人接到重大生产安全事故报告后，应当立即赶到事故现场，组织事故抢救。

(4) 生产经营单位负责人、安全生产监督管理部门的职责

生产经营单位负责人在应急救援中的职责是：生产经营单位发生生产安全事故后，事故现场有关人员应当立即报告本单位负责人。单位负责人接到事故报告后，应当迅速采取有效措施，组织抢救，防止事故扩大，减少人员伤亡和财产损失，并按照国家有关规定立即如实向当地负有安全生产监督管理职责的部门报告，不得隐瞒不报、谎报或者拖延不报，不得故意破坏事故现场、毁灭有关证据。

负有安全生产监督管理职责的部门接到事故报告后，应当立即按照国家有关规定上报事故情况。负有安全生产监督管理职责的部门和有关地方人民政府对事故情况不得隐瞒不报、谎报或者拖延不报。

(5) 事故调查处理的依据和要求

事故调查处理应当实事求是、尊重科学，按照"四不放过"的原则[①]，及时、准确地查清事故原因，查明事故性质和责任，总结事故教训，提出整改措施，并对事故责任者提出处理意见。事故调查和处理的具体办法由国务院制定。

(6) 单位和个人在生产安全事故调查处理中的义务

《安全生产法》第75条规定："任何单位和个人不得阻挠和干涉对事故的依法调查处理。"

2.1.7 安全生产法律责任

(1) 安全生产法律责任的形式

追究安全生产违法行为法律责任的形式有3种，即行政责任、民事责任和刑事责任。在现行有关安全生产的法律、行政法规中，《安全生产法》采用的法律责任形式最全，设定的处罚种类最多，实施处罚的力度（罚款幅度除外）最大。

1）行政责任

行政责任是指责任主体违反安全生产法律规定，由有关人民政府和安全生产监督管理部

① "四不放过"：①事故原因未查清不放过；②事故责任人未受到处理不放过；③事故责任人和周围群众没有受到教育不放过；④事故没有制订切实可行的整改措施不放过。

门、公安机关依法对其实施行政处罚的一种法律责任。《安全生产法》第 94 条规定："本法规定的行政处罚，由负责安全生产监督管理的部门决定；予以关闭的行政处罚由负责安全生产监督管理的部门报请县级以上人民政府按照国务院规定的权限决定；给予拘留的行政处罚由公安机关依照治安管理处罚条例的规定决定。有关法律、行政法规对行政处罚的决定机关另有规定的，依照其规定。"行政责任在追究安全生产违法行为的法律责任方式中运用最多。

《安全生产法》针对安全生产违法行为设定的行政处罚，共有责令改正、责令限期改正、责令停产停业整顿、责令停止建设、责令停止使用、责令停止违法行为、罚款、没收违法所得、吊销证照、行政拘留、关闭等 11 种。这在我国有关安全生产的法律、行政法规设定行政处罚的种类中是最多的。

2）民事责任

民事责任是指责任主体违反安全生产法律规定造成民事损害，依照民事法律应进行民事赔偿的一种法律责任。民事责任的追究是为了最大限度地维护当事人享有的民事赔偿权利。《安全生产法》是我国众多的安全生产法律、行政法规中唯一设定民事责任的法律。

《安全生产法》第 86 条规定："生产经营单位将生产经营项目、场所、设备发包或者出租给不具备安全生产条件或者相应资质的单位或者个人的……导致发生生产安全事故给他人造成损害的，与承包方、出租方承担连带赔偿责任。"第 95 条规定："生产经营单位发生生产安全事故造成人员伤亡、他人财产损失的，应当依法承担赔偿责任。"

3）刑事责任

刑事责任是指责任主体违反安全生产法律规定构成犯罪，由司法机关依照刑事法律给予刑罚的一种法律责任。为了制裁那些严重的安全生产违法犯罪分子，《安全生产法》设定了刑事责任。《刑法》有关安全生产违法行为的罪名，主要有重大责任事故罪、重大劳动安全事故罪、危险物品肇事罪和提供虚假证明文件罪，以及国家工作人员职务犯罪等。

(2) 安全生产违法行为的责任主体

安全生产违法行为的责任主体，是指依照《安全生产法》规定享有安全生产权利、负有安全生产义务和承担法律责任的社会组织和公民。责任主体主要包括以下 4 种：

1）有关人民政府和负有安全生产监督管理职责的部门及其领导人、负责人

《安全生产法》明确规定了各级地方人民政府和负有安全生产监督管理职责的部门，对其管辖行政区域和职权范围内的安全生产工作进行监督管理。监督管理既是法定职权，又是法定职责。如果由于有关地方人民政府和负有安全生产监督管理职责的部门的领导人和负责人违反法律规定而导致重大、特大事故，执法机关将依法追究因其失职、渎职行为所应承担的法律责任。

2）生产经营单位及其负责人、有关主管人员

《安全生产法》对生产经营单位的安全生产行为作出了规定，生产经营单位必须依法从事生产经营活动。《安全生产法》第 17 条规定了生产经营单位主要负责人应负的 6 项安全生产职责。第 19 条规定："矿山、建筑施工单位和危险物品的生产、经营、储存单位，应当设置安全生产管理机构或者配备专职安全生产管理人员。前款规定以外的其他生产经营单位，从业人员超过 300 人的，应当设置安全生产管理机构或者配备专职安全生产管理人员；从业人员在 300 人以下的，应当配备专职或者兼职的安全生产管理人员……"。第 20 条还对生产

经营单位的主要负责人和安全生产管理人员的安全资质作出了规定。生产经营单位的主要负责人、分管安全生产的其他负责人和安全生产管理人员是安全生产工作的直接管理者，保障安全生产是他们义不容辞的责任。

3）生产经营单位的从业人员

从业人员直接从事生产经营活动，他们往往是各种事故隐患和不安全因素的第一知情者和直接受害者。从业人员的安全素质高低，对安全生产至关重要。所以，《安全生产法》在赋予他们必要的安全生产权利的同时，设定了他们必须履行的安全生产义务。如果因从业人员违反安全生产义务而导致重大、特大事故，那么必须承担相应的法律责任。

4）安全生产中介服务机构和安全生产中介服务人员

《安全生产法》第12条规定："依法设立的为安全生产提供技术服务的中介机构，依照法律、行政法规和职业准则，接受生产经营单位的委托为其安全生产工作提供技术服务。"从事安全生产评价认证、检测检验、咨询服务等工作的中介机构及其安全生产的专业工程技术人员，必须具有执业资质才能依法为生产经营单位提供服务。如果中介机构及其工作人员对其承担的安全评价、认证、监测、检验事项出具虚假证明，视其情节轻重，将追究其行政责任、民事责任和刑事责任。

(3) 安全生产违法行为行政处罚的决定机关

安全生产违法行为行政处罚的决定机关也称行政执法主体，是指法律、法规授权履行法律实施职权和负责追究有关法律责任的国家行政机关。鉴于《安全生产法》是安全生产领域的基本法，它的实施涉及多个行政机关，因此，在目前的安全生产监督管理体制下，它的执法主体不是一个而是多个。依法实施行政处罚是有关行政机关的法定职权。行政责任的追究是采用最多的法律责任形式，它是国家机关依法行政的主要手段。

具体地说，《安全生产法》规定的行政执法主体有4种。

1）县级以上人民政府负责安全生产监督管理的部门

《安全生产法》第9条和第94条规定的负责安全生产监督管理的部门，专指县级以上人民政府设置的安全生产监督管理部门。《安全生产法》第94条规定，"本法规定的行政处罚，由负责安全生产监督管理的部门决定"，因此，县级以上人民政府负责安全生产监督管理的部门是安全生产法主要的行政执法主体。除了法律特别规定之外的行政处罚，安全生产监督管理部门均有权决定。这是强化安全生产综合监管部门法律地位和执法手段的需要。

2）县级以上人民政府

《安全生产法》针对不具备法律、行政法规和国家标准或行业标准规定的安全生产条件，经停产整顿仍不具备的生产经营单位，规定由负责安全生产监督管理的部门报请县级以上人民政府，由人民政府按照国务院规定的权限决定予以关闭。

3）公安机关

《安全生产法》第91条规定："生产经营单位主要负责人在本单位发生重大生产安全事故时，不立即组织抢救或者在事故调查处理期间擅离职守或者逃匿的，给予降职、撤职的处分，对逃匿的处15日以下的拘留……生产经营单位主要负责人对生产安全事故隐瞒不报、谎报和拖延不报的，依照前款规定处罚。"

拘留是限制人身自由的行政处罚，由公安机关实施。为了保证行政处罚主体的一致性，

《安全生产法》第94条规定，“给予拘留的行政处罚由公安机关依照治安管理处罚条例的规定决定”。对违反《安全生产法》有关规定需要予以拘留的，除公安机关以外，其他部门、单位和公民都无权擅自限制人身自由。

4）法定的其他行政机关

《安全生产法》第94条规定，“有关法律、行政法规对行政处罚的决定机关另有规定的，依照其规定”。依照有关安全生产法律、行政法规履行某些行政处罚权力的，主要有公安、工商、铁道、交通、民航、建筑、质检和煤矿安全监察等专项安全生产监管部门和机构，它们在有关法律、行政法规授权的范围内，有权决定相应的行政处罚。

2.2 《刑法》应用

根据违法行为的主体不同，可分为以下3种责任。

(1) 生产经营单位及其有关人员违反安全生产法律法规构成犯罪的行为应当承担的刑事责任

在《刑法》中，对生产经营单位及其有关人员违法犯罪行为应承担的刑事责任，分为以下几种：

1）关于重大责任事故的犯罪行为的规定

工厂、矿山、林场、建筑企业或者其他企业、事业单位的职工，由于不服管理、违反规章制度，或者强令工人违章冒险作业，因而发生重大伤亡事故或者造成其他严重后果的，处3年以下有期徒刑或者拘役；情节特别恶劣的，处3年以上7年以下有期徒刑。

2）关于生产经营单位由于劳动安全设施不符合国家标准，造成重大安全事故的责任

工厂、矿山、林场、建筑企业或者其他企业、事业单位的劳动安全设施不符合国家规定，经有关部门或者单位职工提出后，对事故隐患仍不采取措施，因而发生重大伤亡事故或者造成其他严重后果的，对直接责任人员，处3年以下有期徒刑或者拘役；情节特别恶劣的，处3年以上7年以下有期徒刑。构成该罪须具备三个条件：一是生产经营单位的劳动安全设施不符合国家规定，即不符合有关的法律、法规、国家标准或者行业标准的规定；二是经营单位职工或有关部门提出后，对事故隐患仍不采取措施；三是导致重大伤亡事故或造成其他严重后果。

3）关于危险物品肇事的犯罪行为的规定

违反爆炸性、易燃性、放射性、毒害性、腐蚀性物品的管理规定，在生产、储存、运输、使用中发生重大事故，造成严重后果的，处3年以下有期徒刑或者拘役；后果特别严重的，处3年以上7年以下有期徒刑。

4）关于消防责任事故的犯罪行为的规定

违反消防管理法规，经消防监督机构通知采取改正措施而拒绝执行，造成严重后果的，对直接责任人员，处3年以下有期徒刑或者拘役；后果特别严重的，处3年以上7年以下有期徒刑。

(2) 负有安全生产监督管理职责部门的工作人员不依法履行职责应承担的刑事责任

1）关于玩忽职守犯罪和滥用职权犯罪行为的规定

《刑法》第 397 条规定："国家机关工作人员滥用职权或者玩忽职守，致使公共财产、国家和人民利益遭受重大损失的，处 3 年以下有期徒刑或者拘役；情节特别严重的，处 3 年以上 7 年以下有期徒刑。本法另有规定的，依照规定。"

2）关于行政执法人员违法行为的规定

行政执法人员徇私舞弊，对依法应当移交司法机关追究刑事责任的不移交，情节严重的，处 3 年以下有期徒刑或者拘役；造成严重后果的，处 3 年以上 7 年以下有期徒刑。

(3) 有关地方人民政府、负有安全生产监督管理职责的部门对生产安全事故隐瞒不报、谎报或者拖延不报应当承担的刑事责任

对生产安全事故隐瞒不报、谎报或者拖延不报，是滥用职权、玩忽职守的行为，依照《刑法》第 397 条的规定处罚。

2.3 《行政处罚法》应用

(1) 立法目的

根据《行政处罚法》的规定，该法的立法依据是："为了规范行政处罚的设定和实施，保障和监督行政机关有效实施行政管理，维护公共利益和社会秩序，保护公民、法人或者其他组织的合法权益，根据宪法，制定本法。"

(2) 行政处罚的原则

行政处罚遵循公正、公开的原则。设定和实施行政处罚必须以事实为依据，与违法行为的事实、性质、情节以及社会危害程度相当。对违法行为给予行政处罚的规定必须公布；未经公布的，不得作为行政处罚的依据。

(3) 行政处罚的种类

根据《行政处罚法》第 8 条的规定，行政处罚的种类包括：警告；罚款；没收违法所得、没收非法财物；责令停产停业；暂扣或者吊销许可证、暂扣或者吊销执照；行政拘留；法律、行政法规规定的其他行政处罚。

(4) 行政处罚的实施机关

行政处罚由具有行政处罚权的行政机关在法定职权范围内实施。国务院或者经国务院授权的省（自治区、直辖市）人民政府可以决定一个行政机关行使有关行政机关的行政处罚权，但限制人身自由的行政处罚权只能由公安机关行使。法律、法规授权的具有管理公共事务职能的组织可以在法定授权范围内实施行政处罚。行政机关依照法律、法规或者规章的规定，可以在其法定权限内委托符合《行政处罚法》第 19 条规定条件的组织实施行政处罚。行政机关不得委托其他组织或者个人实施行政处罚。受委托组织应具备的条件包括：依法成立的管理公共事务的事业组织；具有熟悉有关法律、法规、规章和业务的工作人员；对违法行为需要进行技术检查或者技术鉴定的，应当有条件组织进行相应的技术检查或者技术鉴定。

(5) 行政处罚的管辖原则

《行政处罚法》的管辖分为地域管辖、指定管辖和移送管辖。地域管辖是指行政处罚由违法行为发生地的县级以上地方人民政府具有行政处罚权的行政机关管辖；指定管辖是指对管辖发生争议的，报请共同的上一级行政机关指定管辖；移送管辖是指违法行为构成犯罪的，行政机关必须将案件移送司法机关，依法追究刑事责任。

(6) 行政处罚的适用以及安全生产违法行为行政处罚的原则

1）行政处罚的适用

《行政处罚法》第 24 条至第 29 条对行政处罚适用的当事人条件、依法从轻或减轻行政处罚的条件等作了规定。

对于行政处罚的责任年龄，该法规定，不满 14 周岁的人有违法行为的，不予行政处罚，责令监护人加以管教；已满 14 周岁不满 18 周岁的人有违法行为的，从轻或者减轻行政处罚。这也是行政处罚原则之一，即处罚与教育相结合原则，说明行政处罚不是目的，而是一种手段。应当把处罚的手段与教育的手段结合起来，保障法律的实施，防止违法和犯罪，维护安定团结的社会局面。

对于行政处罚的责任能力，《行政处罚法》规定，精神病人在不能辨认或者不能控制自己行为时有违法行为的，不予行政处罚，但应当责令其监护人严加看管和治疗。间歇性精神病人在精神正常时有违法行为的，应当给予行政处罚。

对于从轻、减轻或者不予行政处罚的条件，该法规定，当事人有下列情形之一的，应当依法从轻或者减轻行政处罚：主动消除或者减轻违法行为危害后果的；受他人胁迫有违法行为的；配合行政机关查处违法行为有立功表现的；其他依法从轻或者减轻行政处罚的。违法行为轻微并及时纠正，没有造成危害后果的，不予行政处罚。

对行政处罚与刑罚合并适用的情况，该法规定，违法行为构成犯罪，人民法院判处拘役或者有期徒刑时，行政机关已经给予当事人行政拘留的，应当依法折抵相应刑期。违法行为构成犯罪，人民法院判处罚金时，行政机关已经给予当事人罚款的，应当折抵相应罚金。

2）安全生产违法行为行政处罚的原则

对安全生产违法行为实施行政处罚，遵循公正、公开的原则。安全生产监督管理部门或者煤矿安全监察机构实施行政处罚，必须以事实为依据。行政处罚应与安全生产违法行为的事实、性质、情节以及社会危害程度相当。

(7) 生产经营单位及其有关人员的权利

依照《行政处罚法》的规定，当事人的权利包括：

1）当事人有权进行陈述和申辩。行政机关必须充分听取当事人的意见，对当事人提出的事实、理由和证据，应当进行复核；当事人提出的事实、理由或者证据成立的，行政机关应当采纳。

2）当事人对当场做出的行政处罚决定不服的，可以依法申请行政复议或者提起行政诉讼。

3）行政机关对当事人进行处罚不使用罚款、没收财物单据或者使用非法定部门制发的罚款、没收财物单据的，当事人有权拒绝处罚，并有权予以检举。

(8) 行政处罚的程序

进行行政处罚的决定时，明确规定了三种不同行政处罚的程序，分别是：简易程序、一般程序和听证程序。

简易程序是对违法事实确凿并有法定依据，可以当场做出行政处罚决定。《行政处罚法》

第 33 条至第 35 条对简易程序作了详细规定。

一般程序是除可以当场做出的行政处罚外，行政机关发现公民、法人或者其他组织有依法应当给予行政处罚的行为的，通过全面、客观、公正地调查，收集有关证据；必要时，依照法律、法规的规定，可以进行检查。《行政处罚法》第 36 条至第 41 条对一般程序作了详细规定。

听证程序是行政机关做出责令停产停业、吊销许可证或者执照、较大数额罚款等行政处罚决定之前，应当告知当事人有要求举行听证的权利；当事人要求听证的，行政机关应当组织听证。当事人不承担行政机关组织听证的费用。《行政处罚法》第 42 条和第 43 条对听证程序作了规定。

(9) 行政处罚的执行

《行政处罚法》第 44 条至第 54 条对行政处罚的执行作了规定。第 44 条和第 45 条规定："行政处罚决定依法做出后，当事人应当在行政处罚决定的期限内，予以履行。""当事人对行政处罚决定不服申请行政复议或者提起行政诉讼的，行政处罚不停止执行，法律另有规定的除外。"

第 46 条至第 50 条对行政处罚收缴罚款作了详细规定。第 51 条和第 52 条规定了当事人不履行行政处罚时，行政机关可以采取的措施。

(10) 违反《行政处罚法》应负的法律责任

《行政处罚法》第 55 条至第 62 条对行政机关实施行政处罚时的法律责任进行了明确规定，根据违法行为的主体不同，可分为 8 种责任：违法实施行政处罚行为的法律责任；行政处罚不使用或使用非法单据罚款的法律责任；行政机关违法自行收缴罚款、财政部门违法返还罚款或拍卖款项行为的法律责任；非法处理罚款、没收的违法所得或者财物，以及利用职务便利牟取非法个人利益行为的法律责任；行政机关使用或损毁扣押的财物行为的法律责任；行政机关违法实施检查措施或执行措施行为的法律责任；行政机关为违法牟取本单位私利，以罚代刑，包庇纵容违法行为应追究的法律责任；行政机关玩忽职守，因不作为造成损害的法律责任。

2.4 《劳动法》应用

(1)《劳动法》的立法目的

为了保护劳动者的合法权益，调整劳动关系，建立和维护适应社会主义市场经济的劳动制度，促进经济发展和社会进步，制定《劳动法》。

(2) 对劳动过程中有关安全生产监督检查的具体规定

《劳动法》第 11 章第 85 条至第 88 条对县级以上各级人民政府劳动行政部门和各级工会在监督检查时所应履行的责任和义务作了规定。由于政府机构改革，原由劳动行政部门履行的有关安全生产监督检查的职能划归安全生产监督管理部门，对劳动过程中有关安全生产的监督检查。根据《安全生产法》的规定，由县级以上地方各级人民政府根据本行政区域内的安全生产状况，组织有关部门按照职责分工，对本行政区域内容易发生重大生产安全事故的生产经营单位进行严格检查，发现事故隐患，及时处理。负有安全生产监督管理职责的部门对生产经营单位进行有关安全生产的监督检查时，要按照《安全生产法》《劳动法》以及相关法律法规的规定行使职权，并履行相应的义务。

《劳动法》还规定了工会和个人对劳动过程中有关安全生产的监督权利。各级工会依法维护劳动者的合法权益，对用人单位遵守劳动法律、法规的情况进行监督。任何组织和个人对于违反劳动法律、法规的行为有权检举和控告。

(3) 对劳动过程中有关劳动安全卫生方面的具体规定

《劳动法》第 6 章是有关劳动安全卫生的规定，包括以下内容：

1）用人单位必须建立健全劳动安全卫生制度，严格执行国家劳动安全卫生规程和标准，对劳动者进行劳动安全卫生教育，防止劳动过程中的事故，减少职业危害。

2）劳动安全卫生设施必须符合国家规定的标准。新建、改建、扩建工程的劳动安全卫生设施必须与主体工程同时设计、同时施工、同时投入生产和使用。

3）用人单位必须为劳动者提供符合国家规定的劳动安全卫生条件和必要的劳动防护用品，对从事有职业危害作业的劳动者应当定期进行健康检查。

4）从事特种作业的劳动者必须经过专门培训并取得特种作业资格。

5）劳动者在劳动过程中必须严格遵守安全操作规程。劳动者对用人单位管理人员违章指挥、强令冒险作业，有权拒绝执行；对危害生命安全和身体健康的行为，有权提出批评、检举和控告。

6）国家建立伤亡事故、职业病统计报告和处理制度。县级以上各级人民政府有关部门和用人单位应当依法对劳动者在劳动过程中发生的伤亡事故和劳动者的职业病状况，进行统计、报告和处理。

2.5 《职业病防治法》应用

(1)《职业病防治法》的立法目的

《职业病防治法》第 1 条规定："为了预防、控制和消除职业病危害，防治职业病，保护劳动者健康及其相关权益，促进经济发展，根据宪法，制定本法。"

(2) 职业病的含义

职业病是指企业、事业单位和个体经济组织（以下统称用人单位）的劳动者在职业活动中，因接触粉尘、放射性物质和其他有毒、有害物质等因素而引起的疾病。

(3) 用人单位在职业病防治方面的职责

《职业病防治法》第 4 条、第 5 条规定："用人单位应当为劳动者创造符合国家职业卫生标准和卫生要求的工作环境和条件，并采取措施保障劳动者获得职业卫生保护"，"用人单位应当建立、健全职业病防治责任制，加强对职业病防治的管理，提高职业病防治水平，对本单位产生的职业病危害承担责任"。

(4) 职业病前期预防

《职业病防治法》第 2 章第 13 条至第 18 条对职业病的前期预防作了具体规定，主要包括以下几个方面：关于产生职业病危害的用人单位的设立及对其工作场所职业卫生要求的规定；关于职业病危害项目的申报制度的规定；关于职业病危害预评价制度的规定；关于建设项目职业病防护设施“三同时”制度、职业病防护设施设计的审查制度和职业病危害控制效果评价制度的规定；关于从事职业病危害预评价、职业病危害控制效果评价的职业卫生技术服务机构的认证及职责的规定；关于国家对从事特殊职业危害作业管理的规定。

(5) 劳动过程中职业病的防护与管理

《职业病防治法》明确规定了用人单位所应采取的管理措施，包括：设置或者指定职业卫生管理机构或者组织，配备专职或者兼职的职业卫生专业人员，负责本单位的职业病防治工作；制订职业病防治计划和实施方案；建立健全职业卫生管理制度和操作规程；建立健全职业卫生档案和劳动者健康监护档案；建立健全工作场所职业病危害因素监测及评价制度；建立健全职业病危害事故应急救援预案。用人单位的负责人和劳动者应接受职业卫生培训和教育。用人单位应当对劳动者进行职业健康检查，并为劳动者建立职业健康监护档案。劳动者依法享受职业卫生保护的权利；工会在用人单位的职业病防治工作中有监督的权利。

(6) 职业病诊断与职业病病人保障

1）职业病诊断机构

《职业病防治法》规定，职业病诊断应当由省级以上人民政府卫生行政部门批准的医疗卫生机构承担。劳动者可以在用人单位所在地或者本人居住地依法承担职业病诊断的医疗卫生机构进行职业病诊断。

2）职业病诊断要考虑的因素

职业病诊断，应当综合分析下列因素：病人的职业史；职业病危害接触史和现场危害调查与评价；临床表现以及辅助检查结果等。没有证据否定职业病危害因素与病人临床表现之间的必然联系的，在排除其他致病因素后，应当诊断为职业病。

3）职业病的报告制度

用人单位和医疗卫生机构发现职业病病人或者疑似职业病病人时，应当及时向所在地卫生行政部门报告。确诊为职业病的，用人单位还应当向所在地劳动保障行政部门报告。卫生行政部门和劳动保障行政部门接到报告后，应当依法作出处理。

4）职业病病人的保障

职业病病人依法享受国家规定的职业病待遇。用人单位应当按照国家有关规定，安排职业病病人进行治疗、康复和定期检查。用人单位对不适宜继续从事原工作的职业病病人，应当调离原岗位，并妥善安置。用人单位对从事接触职业病危害的作业的劳动者，应当给予适当岗位津贴。

职业病病人的诊疗、康复费用，伤残以及丧失劳动能力的职业病病人的社会保障，按照国家有关工伤社会保险的规定执行。职业病病人除依法享有工伤社会保险外，依照有关民事法律，有权向用人单位提出赔偿要求。

关于职业病病人变动工作的待遇问题，《职业病防治法》规定：劳动者被诊断患有职业病，但用人单位没有依法参加工伤社会保险的，其医疗和生活保障由最后的用人单位承担；最后的用人单位有证据证明该职业病是先前用人单位的职业病危害造成的，由先前的用人单位承担。职业病病人变动工作单位，其依法享有的待遇不变。用人单位发生分立、合并、解散、破产等情形的，应当对从事接触职业病危害的作业的劳动者进行健康检查，并按照国家有关规定妥善安置职业病病人。

(7) 职业病防治的监督检查

根据全国人大十届一次会议批准的国务院机构改革方案，对国家安全生产监督管理局的职责进行了相关调整，原由卫生部承担的作业场所职业卫生监督检查职责，现由国家安全生产监督管理局承担。在对职业病的防治进行监督检查时，负有安全生产监督管理职责的部门要按照《安全生产法》《职业病防治法》及相关法律法规的规定，依法行使监督管理的职权。

(8) 违反《职业病防治法》应负的法律责任

建设单位和用人单位如果违反《职业病防治法》规定，由安全生产监督管理部门依法给予警告、罚款；情节严重的，责令停止产生职业病危害的作业，或者责令停建、关闭。对直接负责的主管人员和其他直接责任人员，依法给予降级、撤职或者开除的处分；构成犯罪的，依法追究刑事责任。

从事职业卫生技术服务的机构，必须取得职业卫生技术服务资质。未取得职业卫生技术服务资质认证擅自从事职业卫生技术服务的，或者医疗卫生机构未经批准擅自从事职业健康检查、职业病诊断的，由卫生行政部门责令立即停止违法行为，没收违法所得；违法所得5 000元以上的，并处违法所得2倍以上10倍以下的罚款；没有违法所得或者违法所得不足5 000元的，并处5 000元以上5万元以下的罚款；情节严重的，对直接负责的主管人员和其他直接责任人员，依法给予降级、撤职或者开除的处分。

从事职业卫生技术服务的机构和承担职业健康检查、职业病诊断的医疗卫生机构违反《职业病防治法》的规定，有下列行为之一的，由卫生行政部门责令立即停止违法行为，给予警告，没收违法所得；违法所得5 000元以上的，并处违法所得2倍以上5倍以下的罚款；没有违法所得或者违法所得不足5 000元的，并处5 000元以上2万元以下的罚款；情节严重的，由原认证或者批准机关取消其相应的资格；对直接负责的主管人员和其他直接责任人员，依法给予降级、撤职或者开除的处分；构成犯罪的，依法追究刑事责任：

1) 超出资质认证或者批准范围从事职业卫生技术服务或者职业健康检查、职业病诊断的。

2) 不按照本法规定履行法定职责的。

3) 出具虚假证明文件的。

职业病诊断鉴定委员会组成人员的违法行为所应承担的法律责任是：职业病诊断鉴定委员会组成人员收受职业病诊断争议当事人的财物或者其他好处的，给予警告，没收收受的财物，可以并处以3 000元以上5万元以下的罚款，取消其资格，并从省（自治区、直辖市）人民政府卫生行政部门设立的专家库中予以除名。

对职业卫生进行监督检查时，负有监督检查职责的部门及其职业卫生监督执法人员要依法履行其职责，不得有下列行为：

1) 对不符合法定条件的，发给建设项目有关证明文件、资质证明文件或者予以批准。

2) 对已经取得有关证明文件的，不履行监督检查职责。

3) 发现用人单位存在职业病危害的，可能造成职业病危害事故，不及时依法采取控制措施。

4) 其他违反《职业病防治法》的行为。

若有上述违法行为之一，导致职业病危害事故发生，构成犯罪的，依法追究刑事责任；

尚不构成犯罪的，对单位负责人、直接负责的主管人员和其他直接责任人员依法给予降级、撤职或者开除的行政处分。

2.6 《矿山安全法》应用

(1)《矿山安全法》的立法目的

为了保障矿山生产安全，防止矿山事故，保护矿山职工人身安全，促进采矿业的发展，制定《矿山安全法》。

(2) 矿山建设的安全保障

对于矿山建设工程的安全设施，根据《矿山安全法》第7条规定，必须和主体工程同时设计、同时施工、同时投入生产和使用。

矿山建设工程的设计文件，必须符合矿山安全规程和行业技术规范，并按国家规定经过管理矿山企业的主管部门批准。除此之外，矿山设计的一些项目必须符合矿山安全规程和行业技术规范，具体是：矿井的通风系统和供风量、风质、风速，露天矿的边坡角和台阶的宽度、高度，供电系统，提升、运输系统，防水、排水系统和防火、灭火系统，防瓦斯系统和防尘系统，有关矿山安全的其他项目。

矿山建设工程安全设施竣工后，要由安全生产监督管理部组织竣工验收；不符合矿山安全规程和行业技术规范的，不得验收，不得投入生产。

(3) 矿山开采的安全保障

矿山开采必须具备保障安全生产的条件，执行开采不同矿种的矿山安全规程和行业技术规范。

矿山设计规定保留的矿柱、岩柱，在规定的期限内，应当予以保护，不得开采或者毁坏。矿山使用的有特殊安全要求的设施仪器，必须符合国家安全标准或者行业安全标准，并且矿山企业必须对机电设备及其防护装置、安全检测仪器，定期检查、维修，保证使用安全。

在开采的过程中，矿山企业要对作业场所的有毒害物质和井下空气含氧量进行检测，保证符合安全要求。对一些危害安全的事故隐患，矿山企业要采取预防措施，包括：冒顶、片帮、边坡滑落和地表塌陷；瓦斯爆炸、煤尘爆炸；冲击地压、瓦斯突出、井喷；地面和井下的火灾、水害；爆破器材和爆破作业发生的危害；粉尘、有毒有害气体、放射性物质和其他有害物质引起的危害；其他危害。

(4) 矿山企业的安全管理

矿山企业进行安全管理，必须建立健全安全生产责任制。矿长对本企业的安全生产工作负责，并定期向职工代表大会或职工大会报告安全生产工作，充分发挥职工代表大会的监督作用。矿山企业职工必须遵守有关矿山安全的法律、法规和企业规章制度，在发现危害安全的行为时，正确地行使批评、检举和控告的权利。

《矿山安全法》第23条至第25条明确规定：工会参与矿山安全管理，组织职工对矿山安全工作进行监督，发现企业行政方面违章指挥、强令工人冒险作业或生产过程中存在明显重大事故隐患和职业危害，有权提出解决建议；发现危及职工生命安全的情况时，有权向矿山企业行政领导建议组织职工撤离危险现场。

对于教育培训，《矿山安全法》第 26 条规定，企业必须对职工进行安全教育、培训；安全生产的特种作业人员必须接受专门培训，经考核合格取得操作资格证书方可上岗作业。第 27 条还对矿长和安全工作人员必须具备安全专业知识进行了规定。

第 21 条明确规定，矿山企业应当建立由专职或者兼职人员组成的救护和医疗急救组织，配备必要的装备、器材和药物。对安全技术措施专项费用，第 32 条明确规定，矿山企业必须从矿产品销售额中按照国家规定提取安全技术措施专项费用。安全技术措施专项费用必须全部用于改善矿山安全生产条件，不得挪作他用。

(5) 矿山安全的监督与管理

《矿山安全法》中规定了县级以上各级人民政府劳动行政主管部门和县级以上人民政府管理矿山企业的主管部门在行使监督管理时的职责。由于机构调整，对矿山的安全监督与管理工作，目前都由各级安全生产监督管理部门来负责。各级安全生产监督管理部门要依照《安全生产法》和《矿山安全法》以及相关法律法规的规定，对矿山安全工作行使管理职责，主要包括：检查矿山企业贯彻执行矿山安全法律、法规的情况；审查批准矿山建设工程安全设施的设计；负责矿山建设工程安全设施的竣工验收；组织矿长和矿山企业安全工作人员的培训工作；调查和处理重大矿山事故；法律、行政法规规定的其他管理职责。

(6) 矿山事故处理

《矿山安全法》规定，发生矿山事故，矿山企业必须立即组织抢救，防止事故扩大，减少人员伤亡和财产损失，对伤亡事故必须立即如实报告劳动行政主管部门和管理矿山企业的主管部门。由于政府机构调整，目前煤矿企业发生的事故必须立即如实向地方煤矿安全监察部门报告，非煤矿山企业发生的事故必须立即如实向地方安全生产监察管理部门报告；重特大事故必须立即如实向国家安全生产监督管理局（国家煤矿安全监察局）报告。

对于事故的调查和处理，《矿山安全法》第 37 条规定，发生一般矿山事故，由矿山企业负责调查和处理。发生重大矿山事故，由政府及其有关部门、工会和矿山企业按照行政法规的规定进行调查和处理。

(7) 违反《矿山安全法》应负的法律责任

根据国家“三定”方案规定的安全生产监督管理部门的职责，矿山企业有下列违法行为之一的，安全生产监督管理部门可以责令改正，并处罚款；情节严重的，责令停产整顿；对主管人员和直接责任人员由其所在单位或者上级主管机关给予行政处分。这些违法行为包括：未对职工进行安全教育、培训，分配职工上岗作业的；使用不符合国家安全标准或者行业安全标准的设备、器材、防护用品、安全检测仪器的；未按照规定提取或者使用安全技术措施专项费用的；拒绝矿山安全监督人员现场检查或者在被检查时隐瞒事故隐患、不如实反映情况的；未按照规定及时、如实报告矿山事故的。

对于矿长不具备安全专业知识、安全生产的特种作业人员未取得操作资格证书上岗作业的，安全生产监督管理部门依法责令限期改正；逾期不改正的，提请县级以上人民政府决定责令停产，调整配备合格人员后，方可恢复生产。

对矿山建设工程安全设施的设计未经批准擅自施工的责任规定：由管理矿山企业的主管部门责令停止施工；拒不执行的，由管理矿山企业的主管部门提请县级以上人民政府决定由有关主管部门吊销其采矿许可证和营业执照。

矿山建设工程安全设施未经验收或验收不合格擅自投入生产的，由安全生产监督管理部门责令停止生产，并处以罚款；拒不停止生产的，由有关部门吊销其采矿许可证和营业执照。

已经投入生产的矿山企业，不具备安全生产条件而强行开采的，由安全生产监督管理部门责令限期改进，逾期仍不具备安全生产条件的，责令停产整顿或者由有关主管部门吊销其采矿许可证和营业执照。

第46条、第47条、第48条规定了相关人员违反法律规定，致使发生重大伤亡事故的，应依法追究刑事责任。

2.7 《煤炭法》应用

(1)《煤炭法》的立法目的

《煤炭法》是我国第一部有关合理开发利用和保护煤炭资源，促进和保障煤炭行业发展的重要法律。《煤炭法》的颁布实施，是煤炭工业的一件大事，标志着我国煤炭资源开发、利用和保护真正走上了法制轨道，煤炭工业的健康发展有了法律保证，国家对煤炭工业的宏观调控和行业管理实现了法制化。

《煤炭法》的出台对维护各类煤炭企业和煤矿职工的合法权益，促进煤炭工业实现两个根本性转变，加强煤炭资源统筹规划、办矿审查、生产和安全管理，规范煤炭经营秩序，切实保障煤矿企业正常的生产、工作秩序，以及煤炭工业管理部门依法管理、严厉制裁违法行为，都具有重大的意义。

(2)《煤炭法》的特点

1）贯穿了市场经济原则，摆脱部门色彩

煤炭行业受传统的计划经济体制的影响较深。许多亟待解决的问题都由此产生，因此，在《煤炭法》起草中，首先考虑的就是如何贯彻市场经济原则，转变煤炭管理部门的职能，体现煤炭工业改革的成果。在《煤炭法》总则中规定了煤炭管理部门实行行业管理，而且在其他章节中就行业管理的具体内容和职责及管理手段作了明确规定，并尽力摆脱煤炭部门色彩和条块分割的体制，贯彻了市场经济对煤炭行业管理和煤炭企业发展的新要求。

2）针对煤炭行业亟待解决的突出问题作出法律规定

《煤炭法》针对煤炭行业亟待解决的主要问题，进行专题调研，在条文中规定了切实可行的法律制度和法律手段。特别是对那些无法可依，大家苦于无所适从的重大问题，都作出了法律规定。

3）内容覆盖面广、跨度大，将国家关于煤炭工业的重大方针、政策法律化

《煤炭法》的覆盖面是很宽的，几乎涉及煤炭勘探、规划、办矿、建设、生产、安全、产品开发、利用、经营流通等各个主要环节，而且各个环节密切相关，形成了完整的法律规范，但在内容处理和条文的设立上则侧重于方针、政策的法律化。

4）妥善地与相关法律相衔接，完善了矿业法律制度

《煤炭法》很好解决了与现行相关法律，如《矿产资源法》《矿山安全法》的关系，使

《煤炭法》比相关法律的一般性规定更为明确具体，具有煤炭特色和针对性。

5）法律责任明确，执法力度大，可操作性强

《煤炭法》针对亟待解决的问题，规定了强行性规范和禁止性条款，对各项强行性规范都规定了明确的法律责任，规定了制裁和惩罚手段，加大了执法力度，规定了包括行政责任、民事责任、经济责任和刑事责任在内的各种执法手段。只要违反这些规定，就要承担相应的法律责任，依法予以行政处分、行政处罚、民事处罚、经济处罚和刑事处罚。此外，在安全生产、矿区保护、煤炭经营等方面的管理手段都是力度很大、可操作性很强的。

(3)《煤炭法》确立的 9 项法律制度

法律制度是法律的核心和重点，是法律框架的主干。《煤炭法》内容较丰富，条款较多，但只要把握住了其中的法律制度，就可以从总体上把握住《煤炭法》的基本内容和主要精神。

《煤炭法》根据我国的国情和煤炭工业的实际，确立了以下 9 项法律制度：

1）开发规划制度

这一制度是国家对煤炭资源开发和保护实行统一规划、合理布局的重要法律制度，对于解决开发无序的状况，从源头上就采取了措施，具有很强的针对性。《煤炭法》确立了煤炭资源勘查规划、煤炭生产开发规划，形成了比较健全的煤炭行业宏观规划管理体制。这一制度对规划的编制机关、原则、要求和效力等都作了规定，赋予了煤炭管理部门一项重要的行业管理手段，为职能转变创造了条件。

2）办矿审批制度

这是新确立的法律制度，第一次专门规定了统一的开办煤矿的条件，并规定了煤炭管理部门依法进行办矿审批的程序，使煤矿开办审批与采矿许可两种法律制度有机地衔接起来。这对改变办矿管理失控，任意布点，胡乱开矿、多头审批的局面提供了保证。

3）生产许可制度

这是一项意义重大的法律制度。将国务院行政法规规定的行之有效的生产许可制度予以法律化，对煤炭生产许可证的颁发机关和程序、吊销、注销、公告以及使用等作了严格规定，为煤矿生产和安全管理提供了最直接的行业监督管理手段。特别应该指出的是，仅取得采矿许可证是不能从事煤炭生产的，只有取得生产许可证的煤矿才有从事煤炭生产的资格与权利。

4）安全管理制度

煤炭行业作为伤亡人数最多的行业，建立健全煤矿安全管理制度，把安全生产纳入法制轨道，非常重要。这一制度与《矿山安全法》原则性规定相衔接，而且更加具体明确，体现了行业特色。它主要明确了煤矿安全生产方针和管理体制、煤矿安全生产矿长负责制、各级安全生产责任制度、不安全不生产制度、企业工会参与安全监督制和群防群治制度以及矿工意外伤害保险制度等，更适合煤矿的特点，为煤炭行业的安全管理与监督提供了手段。

5）加工利用制度

针对煤炭开发利用中损失浪费严重、资源利用率低、环境污染等问题，《煤炭法》确立了加工利用制度，将国家关于煤炭产品的开发、加工转化和综合利用的方针、政策法律化，鼓励、引导煤矿大力发展煤炭的精加工和深加工以及综合利用，这不仅对于提高社会效益和

经济效益有重大作用，而且也是下一步具有战略意义的发展重点。

6）经营管理制度

针对煤炭经营领域混乱局面，必须通过法律理顺煤炭流通体制，减少中间环节，明确经营主渠道，加强煤炭运销行业管理。《煤炭法》专门设立“煤炭经营”一章，确立了煤炭经营管理这一新的法律制度。其关键是对煤炭经营所应具备的基本条件作了明确规定，第一次建立了煤炭经营资格审批制度，并对煤矿企业直销、对中间环节的设立作了限制性或禁止性规定。这对改革煤炭流通体制，规范煤炭流通秩序，将起到积极作用。

7）矿区保护制度

《煤炭法》首次确立了煤矿矿区保护法律制度，对矿区的生产设施的保护、生产秩序和工作秩序的维护、相邻煤矿安全的保护、矿区内其他作业的限制、煤矿专用设施的保护等作了明确的法律规定。这对维护煤矿的合法权益，创造良好的外部环境将起到积极的作用。

8）矿工特殊保护制度

煤矿职工是我国产业工人的重要组成部分，煤矿工人常年在井下艰苦的环境中劳动，缩短了工作年限，面临职业病危害，因此，对煤矿职工给予特殊保护，是合情合理的，是保证煤炭工业发展的需要，也是党和国家的一贯政策。为此，《煤炭法》规定，对煤矿井下作业的职工采取特殊保护措施，煤矿企业必须为煤矿井下职工办理意外伤害保险，为职工提供保障安全生产所需的劳保用品等。

9）监督管理制度

监督管理制度是煤炭管理部门对各类煤炭企业实行行业管理的法律制度。这一制度体现了“规划、协调、监督、服务”职能。它规定了监督检查的职责权利和义务。这一制度的相关内容渗透在其他8项法律制度中。《煤炭法》还规定各有关部门要在各自的职责范围内履行义务，这就明确了煤炭部门与有关部门的关系，为煤炭管理部门实行行业管理提供了法律依据。

2.8 《矿产资源法》应用

矿业是国民经济的重要基础产业，与国民经济的可持续发展关系甚大。《矿产资源法》实施以来，对加强矿产资源勘查、开采的监督管理，打击乱采滥挖和破坏浪费矿产资源的行为，治理整顿矿业秩序，促进矿产资源的合理开发利用和有效保护，维护国家权益，起了重要作用。

(1)《矿产资源法》主要内容

《矿产资源法》的内容包括：总则，探、采矿产资源的主要制度，矿产资源的勘察，矿产资源的开发利用，乡镇集体、个体采矿，法律责任以及附则等共7章50条。主要规定了：

1）矿产资源属国家所有。国家保障国营、集体和个人依法开发矿产资源的合法权益，对矿产资源实行有偿开发，对地质工作成果实行有偿使用。国家对矿产资源的地质勘察和开发利用实行统一管理。进行地质勘察、提交地质勘探报告、采矿、关闭矿山等都实行申请批准制度，并按照统一管理、分工负责的原则，对有关方面的职责作了原则规定：地质矿产部门主管全国矿产资源勘察、开采的监督管理工作。国务院有关主管部门协助国务院地质矿产主管部门进行矿产资源勘查、开采的监督管理工作。

2）为了合理地进行矿产资源的地质勘察和开发利用工作，规定了取得地质勘察和开发利用矿产资源权利的程序和应尽的义务。对矿山开采规定了经济合理、综合开采、综合利用的要求，强调了监督矿山的回采率、贫化率和冶炼加工总回收率。对矿产储量动态规定继续执行统一填报制度，对地质资料继续执行统一汇交办法。对勘查和开发利用矿产资源规定了法律责任。

(2）矿产资源法主要问题

1）关于矿产资源的国家所有权的行使问题

《矿产资源法》第3条规定，国有、集体土地的地表或者地下的矿产资源都属于国家所有。矿产资源属于国家所有，相应地只有中央政府才能代表国家，宏观调控权必须集中在中央政府，要维护中央政府的权威，国务院代表国家行使矿产资源的所有权。地表或者地下的矿产资源的国家所有权，不因其所依附的土地的所有权或者使用权的不同而改变。

2）关于确立探矿权、采矿权有偿取得制度的问题

《矿产资源法》第3条规定，勘察、开采矿产资源，必须依法取得勘察许可证和采矿许可证。

开采矿产资源必须依法缴纳税费。《矿产资源法》第5条规定，国家实行探矿权、采矿权有偿取得的制度；开采矿产资源，必须按照国家有关规定缴纳资源税和资源补偿费。《矿产资源法》第15条规定，设立矿山企业，必须符合国家规定的资质条件，并依照法律和国家有关规定，由审批机关对其矿区范围、矿山设计或者开采方案、生产技术条件、安全措施和环境保护措施等进行审查；审查合格的，方予批准。

尽快完善自然资源有偿使用制度和价格体系，建立资源更新的经济补偿机制。根据上述精神，国家实行探矿权、采矿权有偿取得的制度，具体办法和实施步骤由国务院另行规定。开采矿产资源，必须按照国家有关规定缴纳资源税和资源补偿费。此外，为了便于对矿产资源勘察进行规范化、现代化管理，减少探矿权人之间的纠纷，国家对矿产资源勘察实行统一的区块登记管理制度。矿产资源勘查登记工作，由国务院地质矿产主管部门负责；特定矿种的矿产资源勘查登记工作，可以由国务院授权有关主管部门负责。矿产资源勘查区块登记管理办法由国务院制定。

3）关于私营矿山企业和允许外商投资探矿、采矿问题

国有矿山企业是开采矿产资源的主体。国家保障国有矿业经济的巩固和发展。国家鼓励、指导和帮助集体矿山企业的发展。国家对私营矿山企业实行引导、监督和管理。国家指导、帮助和监督个人依法采矿。国家允许外商依法投资勘察、开采矿产资源，保障其合法权益。

4）关于采矿权的审批问题

开采下列矿产资源的，由国务院地质矿产主管部门审批，并颁发采矿许可证；但是，开采石油、天然气、放射性矿产等特定矿种的，可以由国务院授权的有关主管部门审批，并颁发采矿许可证：

①国家规划矿区和对国民经济具有重要价值的矿区内的矿产资源。

②前项规定区域以外可供开采的矿产储量规模在大型以上或者适于由大型矿山企业开采的矿产资源。

③国家规定实行保护性开采的特定矿种。

④领海及中国管辖的其他海域的矿产资源。

⑤国务院规定的其他矿产资源。

开采前款规定以外的矿产资源的，由省、自治区、直辖市人民政府地质矿产主管部门审批和颁发采矿许可证，并向国务院地质矿产主管部门备案。但是，开采其中只能用做普通建筑材料的砂、石、黏土等矿产资源的管理办法，由省、自治区、直辖市人民政府规定。设立矿山企业，依照有关法律、行政法规和国务院的有关规定办理。

5）关于行政处罚权问题

①不得无证开采、越界开采。《矿产资源法》第 39 条规定，未取得采矿许可证擅自采矿的，没收采出的矿产品和违法所得，可以并处罚款；情节严重构成犯罪的，依法追究刑事责任。《矿产资源法》第 40 条规定，超越批准的矿区范围采矿的，没收越界开采的矿产品和违法所得，可以并处罚款；拒不退回本矿区范围内开采，造成矿产资源破坏的，吊销采矿许可证，依法追究刑事责任。

②采矿权争议解决。《矿产资源法》第 49 条规定，矿区范围争议，由当事人协商解决，协商不成的，由县级以上地方人民政府处理。暴力阻碍矿产资源管理的，依法追究刑事责任。《矿产资源法》第 48 条规定，以暴力、威胁方法阻碍国家工作人员依法执行职务的，依法追究刑事责任。

全国绝大多数市、县陆续建立、健全了地质矿产管理机构，对矿产资源的勘查、开发利用、保护及监督管理做了大量工作，并已经依法承担了矿产资源补偿费的征收管理工作，具备了执法主体的条件。由于矿业活动点多线长、地域偏僻、交通不便，矿业执法需要有足够的人力、时间和专门的业务知识，由人民政府具体行使行政处罚权也有一定的难度，很难及时对违法行为进行处罚；而负责地质矿产管理工作的部门却又无行政处罚权，无法进行有效的现场管理，削弱了执法力度。根据矿产资源审批发证、监督管理的特点，规定对无证开采、越界开采和买卖、出租或者以其他形式转让矿产资源的行为，由县级以上人民政府负责地质矿产管理工作的部门按照国家规定的权限给予行政处罚。

2.9 《消防法》应用

(1)《消防法》总则

1）《消防法》的立法目的

为了预防火灾和减少火灾危害，加强应急救援工作，保护人身、财产安全，维护公共安全，保障社会主义现代化建设的顺利进行，制定《消防法》。

2）消防工作的方针原则

消防工作贯彻预防为主、防消结合的方针，坚持专门机关与群众相结合的原则，实行防火安全责任制。

3）消防工作的组织实施和监督管理体制

《消防法》第 3 条和第 4 条规定了消防工作组织实施和监督管理机构：消防工作由国务院领导，由地方各级人民政府负责。各级人民政府应当将消防工作纳入国民经济和社会发展计划，保障消防工作与经济建设和社会发展相适应。国务院公安部门对全国的消防工作实施监督管理，县级以上地方各级人民政府公安机关对本行政区域内的消防工作实施监督管理，并由本级人民政府公安机关消防机构负责实施。矿井地下部分、核电厂、海上石油天然气设施的消防工作，由其主管单位监督管理。

(2) 火灾预防

《消防法》第 8 条规定了城市建设中的火灾预防工作：城市人民政府应当将包括消防安全布局、消防站、消防供水、消防通信、消防车通道、消防装备等内容的消防规划纳入城市总体规划，并负责组织有关主管部门实施。公共消防设施、消防装备不足或者不适应实际需要的，应当增建、改建、配置或者进行技术改造。

对于生产、储存和装卸易燃易爆危险物品的工厂、仓库和专用车站、码头，必须设置在城市的边缘或者相对独立的安全地带。易燃易爆气体和液体的充装站、供应站、调压站，应当设置在合理的位置，符合防火防爆要求。原有的生产、储存和装卸易燃易爆危险物品的工厂、仓库和专用车站、码头，易燃易爆气体和液体的充装站、供应站、调压站，不符合设置规定的，有关单位应当采取措施，限期加以解决。

关于建筑工程的消防设计、审核、施工、设计变更和建筑工程的验收，《消防法》第 10 条规定：按照国家工程建筑消防技术标准需要进行消防设计的建筑工程，设计单位应当按照国家工程建筑消防技术标准进行设计，建设单位应当将建筑工程的消防设计图样及有关资料报送公安消防机构审核；未经审核或者经审核不合格的，建设行政主管部门不得发给施工许可证，建设单位不得施工。经公安消防机构审核的建筑工程消防设计需要变更的，应当报经原审核的公安消防机构核准；未经核准的，任何单位、个人不得变更。按照国家工程建筑消防技术标准进行消防设计的建筑工程竣工时，必须经公安消防机构进行消防验收；未经验收或者经验收不合格的，不得投入使用。

关于建筑构件、建筑材料和装修、装饰材料防火要求的规定如下：建筑构件和建筑材料的防火性能必须符合国家标准或者行业标准。公共场所室内装修、装饰根据国家工程建筑消防技术标准的规定，应当使用不燃、难燃材料的，必须选用《中华人民共和国产品质量法》（以下简称《产品质量法》）规定的检验机构检验合格的材料。

机关、团体、企业、事业单位应当履行的消防安全职责如下：

1）制定消防安全制度、消防安全操作规程。

2）实行防火安全责任制，确定本单位和所属各部门、岗位的消防安全责任人。

3）针对本单位的特点对职工进行消防宣传教育。

4）组织防火检查，及时消除火灾隐患。

5）按照国家有关规定配置消防设施和器材、设置消防安全标志，并定期组织检验、维修，确保消防设施和器材完好、有效。

6）保障疏散通道、安全出口畅通，并设置符合国家规定的消防安全疏散标志。

消防安全重点单位除应履行以上的职责外，还应当履行下列消防安全职责：建立防火档案，确定消防安全重点部位，设置防火标志，实行严格管理；实行每日防火巡查，并建立巡查记录；对职工进行消防安全培训；制定灭火和应急疏散预案，定期组织消防演练。

对于县级以上地方各级人民政府公安机关消防机构确定的消防安全重点单位，要报本级人民政府进行备案，并且对消防安全重点单位进行定期监督检查。

对生产、储存、运输、销售或者使用、销毁易燃易爆危险物品的单位、个人，《消防法》规定：生产易燃易爆危险物品的单位，对产品应当附有燃点、闪点、爆炸极限等数据的说明书，并且注明防火防爆注意事项。对独立包装的易燃易爆危险物品应当贴附危险品标签。进入生产、储存易燃易爆危险物品的场所，必须执行国家有关消防安全的规定。禁止携带火种进入生产、储存易燃易爆危险物品的场所。禁止非法携带易燃易爆危险物品进入公共场所或者乘坐公共交通工具。储存可燃物资仓库的管理，必须执行国家有关消防安全的规定。第24条还规定了公安消防机构应当对机关、团体、企业、事业单位遵守消防法律、法规的情况依法进行监督检查。

(3) 消防组织

1）城市人民政府消防组织

城市人民政府应当按照国家规定的消防站建设标准建立公安消防队、专职消防队，承担火灾扑救工作。镇人民政府可以根据当地经济发展和消防工作的需要，建立专职消防队、义务消防队，承担火灾扑救工作。公安消防队除保证完成本法规定的火灾扑救工作外，还应当参加其他灾害或者事故的抢险救援工作。

2）设立专职消防队的单位

《消防法》规定下列单位应当建立专职消防队：核电厂、大型发电厂、民用机场、大型港口；生产、储存易燃易爆危险物品的大型企业；储备可燃的重要物资的大型仓库、基地；以上规定以外的火灾危险性较大、距离当地公安消防队较远的其他大型企业；距离当地公安消防队较远的列为全国重点文物保护单位的古建筑群的管理单位。

(4) 灭火救援

《消防法》第44条规定了单位和个人在灭火救援时的义务：任何人发现火灾时，都应当立即报警。任何单位、个人都应当无偿为报警提供便利，不得阻拦报警。严禁谎报火警。公共场所发生火灾时，该公共场所的现场工作人员有组织、引导在场群众疏散的义务。发生火灾的单位必须立即组织力量扑救火灾。邻近单位应当给予支援。消防队接到火警后，必须立即赶赴火场，救助遇险人员，排除险情，扑灭火灾。

《消防法》第45条规定：公安消防机构在统一组织和指挥火灾的现场扑救时，火场总指挥员有权根据扑救火灾的需要，使用各种水源；截断电力、可燃气体和液体的输送，限制用火用电；划定警戒区，实行局部交通管制；利用临近建筑物和有关设施；为防止火灾蔓延，拆除或者破损毗邻火场的建筑物、构筑物；调动供水、供电、医疗救护、交通运输等有关单位协助灭火救助。

《消防法》第51条规定了公安消防机构对事故调查的权利：火灾扑灭后，公安消防机构有权根据需要封闭火灾现场，负责调查、认定火灾原因，核定火灾损失，查明火灾事故责任。

(5) 违反《消防法》应负的法律责任

《消防法》第52条、第53条、第54条、第55条规定了违反本法的处罚：未履行消防安全职责的单位和企业，责令改正；逾期不改正的，责令停止施工、停止使用或者停产停业，可以并罚款，对其直接负责的主管人员和其他直接责任人员依法给予行政处分或者警告处分。

对生产、储存、运输、销售或者使用、销毁易燃易爆危险物品的单位、个人，违反本法的规定，在第 61 条、第 62 条、第 63 条中规定要责令其停止违法行为，可以处警告、罚款或者 5 日以下拘留。

《消防法》第 64 条、第 64 条、第 66 条明确规定了对违反消防安全规定的行为，要处警告、罚款或者 10 日以上 15 日以下拘留。

《消防法》第 67 条和第 68 条还规定了发生火灾，相关人员不履行义务或者故意破坏或伪造现场，要负有的法律责任。

《消防法》第 71 条规定了公安消防机构的工作人员在消防工作中滥用职权、玩忽职守、营私舞弊应负的法律责任。

2.10 《道路交通安全法》应用

(1)《道路交通安全法》总则

1）立法目的

为了维护道路交通秩序，预防和减少交通事故，保护人身安全，保护公民、法人和其他组织的财产安全及其他合法权益，提高通行效率，制定《道路交通安全法》。

2）道路交通安全工作应当遵循的原则

道路交通安全工作，应当遵循依法管理、方便群众的原则，保障道路交通有序、安全、畅通。

3）管理道路交通安全工作的机构

国务院公安部门负责全国道路交通安全管理工作。县级以上地方各级人民政府公安机关交通管理部门负责本行政区域内的道路交通安全管理工作。县级以上各级人民政府交通、建设管理部门依据各自职责，负责有关的道路交通安全工作。

(2) 道路通行的具体规定

道路通行从一般规定、机动车通行规定、非机动车通行规定、行人和乘车人通行规定、高速公路的特别规定 5 个方面详细规定了各类车辆、行人和乘车人所应遵守的道路交通安全规定。

“一般规定”中规定了机动车、非机动车实行右侧通行。根据道路条件和通行需要，道路划分为机动车道、非机动车道和人行道的，机动车、非机动车、行人实行分道通行。没有划分机动车道、非机动车道和人行道的，机动车在道路中间通行，非机动车和行人在道路两侧通行。道路划设专用车道的，在专用车道内，只准许规定的车辆通行，其他车辆不得进入专用车道内行驶。车辆、行人应当按照交通信号通行；遇有交通警察现场指挥时，应当按照交通警察的指挥通行；在没有交通信号的道路上，应当在确保安全、畅通的原则下通行。公安机关在具体情况下，可以采取一些措施。

“机动车通行规定”中规定，机动车上道行驶，不得超过限速标志标明的最高时速。在没有限速标志的路段，应当保持安全车速。同车道行驶的机动车，后车应当与前车保持足以采取紧急制动措施的安全距离，并规定了几种不得超车的情形。机动车在通过交叉路口、遇有前方车辆停车排队等候或者缓慢行驶时、通过铁路道口时和行经人行横道时，应当遵守交通规则。禁止货运机动车载客。机动车行驶时，驾驶人、乘坐人员应当按规定使用安全带，摩托车驾驶人及乘坐人员应当按规定戴安全头盔。当机动车在道路上发生故障，需要停车排除故障时，驾驶人应当立即开启危险报警闪光灯，将机动车移至不妨碍交通的地方停放；难以移动的，应当持续开启危险报警闪光灯，并在来车方向设置警告标志等措施扩大示警距离，必要时迅速报警。《道路交通安全法》第 53 条和第 54 条规定了警车、消防车、救护车、工程救险车和道路养护车辆、工程作业车以及洒水车、清扫车等机动车进行作业时的通行规定。

“非机动车通行规定”中规定，驾驶非机动车在道路上行驶应当遵守有关交通安全的规定。非机动车应当在非机动车道内行驶；在没有非机动车道的道路上，应当靠车行道的右侧行驶。

“行人和乘车人通行规定”中规定，行人应当在人行道内行走，没有人行道的靠路边行走。《道路交通安全法》第 62 条至第 65 条对行人通过路口或者横过道路时，进行了具体的规定。

“高速公路的特别规定”中规定，行人、非机动车、拖拉机、轮式专用机械车、铰接式客车、全挂拖斗车以及其他设计最高时速低于 70 千米的机动车，不得进入高速公路。高速公路限速标志标明的最高时速不得超过 120 千米，并规定了机动车在高速公路上发生故障时应采取的措施。

(3) 道路交通事故处理

在道路上发生交通事故，车辆驾驶人应当立即停车，保护现场；造成人身伤亡的，应当立即抢救受伤人员，并迅速报告执勤的交通警察或者公安机关交通管理部门。因抢救受伤人员变动现场的，应当标明位置。乘车人、过往车辆驾驶人、过往行人应当予以协助。未造成人身伤亡的，当事人对事实及成因无争议的，可以即行撤离现场，恢复交通，自行协商处理损害赔偿事宜；不即行撤离现场的，应当迅速报告执勤的交通警察或者公安机关交通管理部门。仅造成轻微财产损失，并且基本事实清楚的，当事人应当先撤离现场再进行协商处理。

公安机关交通管理部门接到交通事故报警后，应当立即派交通警察赶赴现场，先组织抢救受伤人员，并采取措施，尽快恢复交通。并根据交通事故现场勘验、检查、调查情况和有关的检验、鉴定结论，及时制作交通事故认定书，作为处理交通事故的证据。

对于医疗机构在交通事故抢救中的责任，《道路交通安全法》规定：医疗机构对交通事故中的受伤人员应当及时抢救，不得因抢救费用未及时支付而拖延救治。并对抢救费用的支付做了规定：肇事车辆参加机动车第三者责任强制保险的，由保险公司在责任限额范围内支付抢救费用；抢救费用超过责任限额的，未参加机动车第三者责任强制保险或者肇事后逃逸的，由道路交通事故社会救助基金先行垫付部分或者全部抢救费用，道路交通事故社会救助基金管理机构有权向交通事故责任人追偿。

(4) 违反《道路交通安全法》应负的法律责任

根据《道路交通安全法》第 88 条规定，对道路交通安全违法行为的处罚种类包括警告、罚款、暂扣或者吊销机动车驾驶证、拘留。

对行人、乘车人、非机动车驾驶人违反道路交通安全法律、法规关于道路通行规定的，《道路交通安全法》第 89 条规定要处警告或者 5 元以上 50 元以下罚款；非机动车驾驶人拒绝接受罚款处罚的，可以扣留其非机动车。

机动车驾驶人违反道路交通安全法律、法规关于道路通行规定的，处警告或者 20 元以上 200 元以下罚款。对饮酒后驾驶机动车的，处暂扣 1 个月以上 3 个月以下机动车驾驶证，并处 200 元以上 500 元以下罚款；醉酒后驾驶机动车的，由公安机关交通管理部门约束至酒醒，处 15 日以下拘留和暂扣 3 个月以上 6 个月以下机动车驾驶证，并处 500 元以上 2 000 元以下罚款。饮酒后驾驶营运机动车的，处暂扣 3 个月机动车驾驶证，并处 500 元罚款；醉酒后驾驶营运机动车的，由公安机关交通管理部门约束至酒醒，处 15 日以下拘留和暂扣 6 个月机动车驾驶证，并处 2 000 元罚款。1 年内有上述规定醉酒后驾驶机动车的行为，被处罚 2 次以上的，吊销机动车驾驶证，5 年内不得驾驶营运机动车。

对客、货机动车超载的行为，《道路交通安全法》第 92 条规定：公路客运车辆载客超过额定乘员的，处 200 元以上 500 元以下罚款；超过额定乘员 20%或者违反规定载货的，处 500 元以上 2 000 元以下罚款。货运机动车超过核定载荷的，处 200 元以上 500 元以下罚款；超过核定载荷 30%或者违反规定载客的，处 500 元以上 2 000 元以下罚款。有上述规定的行为的，由公安机关交通管理部门扣留机动车直至违法状态消除。运输单位的车辆有上述规定的情形，经处罚不改的，对直接负责的主管人员处 2 000 元以上 5 000 元以下罚款。

对车辆安检机构违规收费和检验所负的法律责任，《道路交通安全法》第 94 条规定：机动车安全技术检验机构实施机动车安全技术检验超过国务院价格主管部门核定的收费标准收取费用的，退还多收取的费用，并由价格主管部门依照《中华人民共和国价格法》的有关规定给予处罚。机动车安全技术检验机构不按照机动车国家安全技术标准进行检验，出具虚假检验结果的，由公安机关交通管理部门处所收检验费用 5 倍以上 10 倍以下罚款，并依法撤销其检验资格；构成犯罪的，依法追究刑事责任。

对于发生重大交通事故的法律责任，《道路交通安全法》在第 101 条中规定：违反道路交通安全法律、法规的规定，发生重大交通事故，构成犯罪的，依法追究刑事责任，并由公安机关交通管理部门吊销机动车驾驶证。造成交通事故后逃逸的，由公安机关交通管理部门吊销机动车驾驶证，且终生不得重新取得机动车驾驶证。在第 102 条中对负有主要责任的运输单位进行了明确规定：6 个月内发生 2 次以上特大交通事故负有主要责任或者全部责任的专业运输单位，由公安机关交通管理部门责令消除安全隐患，未消除安全隐患的机动车，禁止上道行驶。

对机动车产品主管部门的违法行为规定：国家机动车产品主管部门未按照机动车国家安全技术标准严格审查，许可不合格机动车型投入生产的，对负有责任的主管人员和其他直接责任人员给予降级或者撤职的行政处分。同时规定：机动车生产企业经国家机动车产品主管部门许可生产的机动车型，不执行机动车国家安全技术标准或者不严格进行机动车成品质量检验，致使质量不合格的机动车出厂销售的，由质量技术监督部门依照《产品质量法》的有关规定给予处罚。擅自生产、销售未经国家机动车产品主管部门许可生产的机动车型的，没收非法生产、销售的机动车成品及配件，可以并处非法产品价值3倍以上5倍以下罚款；有营业执照的，由工商行政管理部门吊销营业执照，没有营业执照的，予以查封。

另外在《道路交通安全法》中还规定了道路施工作业及影响道路交通安全活动所依法承担的法律责任，以及公安机关交通管理部门及其交通警察违法活动的法律责任。

3 安全评价相关法规应用

3.1 《安全生产许可证条例》应用

(1)《安全生产许可证条例》的立法目的和适用范围

1）立法目的

为了严格规范安全生产条件，进一步加强安全生产监督管理，防止和减少生产安全事故，根据《安全生产法》的有关规定，制定本条例。

2）适用范围

国家对矿山企业、建筑施工企业和危险化学品、烟花爆竹、民用爆破器材生产企业实行安全生产许可制度。企业未取得安全生产许可证的，不得从事生产活动。

(2）安全生产许可证的颁发和管理

1）非煤矿山企业和危险化学品、烟花爆竹生产企业安全生产许可证的颁发和管理

国务院安全生产监督管理部门负责中央管理的非煤矿山企业和危险化学品、烟花爆竹生产企业安全生产许可证的颁发和管理。省（自治区、直辖市）人民政府安全生产监督管理部门负责中央管理范围以外的非煤矿矿山企业和危险化学品、烟花爆竹生产企业安全生产许可证的颁发和管理，并接受国务院安全生产监督管理部门的指导和监督。

2）煤矿企业安全生产许可证的颁发和管理

国家煤矿安全监察机构负责中央管理的煤矿企业安全生产许可证的颁发和管理。在省（自治区、直辖市）设立的煤矿安全监察机构负责中央管理范围以外的其他煤矿企业安全生产许可证的颁发和管理，并接受国家煤矿安全监察机构的指导和监督。

3）建筑施工企业安全生产许可证的颁发和管理

国务院建设主管部门负责中央管理的建筑施工企业安全生产许可证的颁发和管理。省（自治区、直辖市）人民政府建设主管部门负责中央管理范围以外的建筑施工企业安全生产许可证的颁发和管理，并接受国务院建设主管部门的指导和监督。

4）民用爆破器材生产企业安全生产许可证的颁发和管理

国务院国防科技工业主管部门负责民用爆破器材生产企业安全生产许可证的颁发和管理。

(3）企业取得安全生产许可证应当具备的安全生产条件

1）建立、健全安全生产责任制，制定完备的安全生产规章制度和操作规程。

2）安全投入符合安全生产要求。

3）设置安全生产管理机构，配备专职安全生产管理人员。

4）主要负责人和安全生产管理人员经考核合格。

5）特种作业人员经有关业务主管部门考核合格，取得特种作业操作资格证书。

6）从业人员经安全生产教育和培训合格。

7）依法参加工伤保险，为从业人员缴纳保险费。

8）厂房、作业场所和安全设施、设备、工艺符合有关安全生产法律、法规、标准和规程的要求：

9）有职业危害防治措施，并为从业人员配备符合国家标准或者行业标准的劳动防护用品。

10）依法进行安全评价。

11）有重大危险源检测、评估、监控措施和应急预案。

12）有生产安全事故应急救援预案、应急救援组织或者应急救援人员，配备必要的应急救援器材、设备。

13）法律、法规规定的其他条件。

(4) 安全生产许可证的有效期

安全生产许可证的有效期为3年。安全生产许可证有效期满需要延期的，企业应当于期满前3个月向原安全生产许可证颁发管理机关办理延期手续。

企业在安全生产许可证有效期内，严格遵守有关安全生产的法律法规，未发生死亡事故的，安全生产许可证有效期届满时，经原安全生产许可证颁发管理机关同意，不再审查，安全生产许可证有效期延期3年。

(5) 安全生产许可证工作的监督检查

1）负责安全生产许可证监督检查的单位和监督检查的对象

国务院安全生产监督管理部门和省（自治区、直辖市）人民政府安全生产监督管理部门对建筑施工企业、民用爆破器材生产企业、煤矿企业取得安全生产许可证的情况进行监督。

企业取得安全生产许可证后，不得降低安全生产条件，并应当加强日常安全生产管理，接受安全生产许可证颁发管理机关的监督检查。

2）对不具备《安全生产许可证条例》规定的安全生产条件的企业应采取的措施

安全生产许可证颁发管理机关应当加强对取得安全生产许可证的企业的监督检查，发现其不再具备本条例规定的安全生产条件的，应当暂扣或者吊销安全生产许可证。

3）对安全生产许可证颁发管理的监督检查

监察机关依照《中华人民共和国行政监察法》的规定，对安全生产许可证颁发管理机关及其工作人员履行本条例规定的职责实施监察。

任何单位或者个人对违反本条例规定的行为，有权向安全生产许可证颁发管理机关或者监察机关等有关部门举报。

(6) 违反《安全生产许可证条例》应承担的法律责任

1）安全生产许可证颁发管理机关工作人员违反本条例的法律责任

安全生产许可证颁发管理机关工作人员有下列行为之一的，给予降级或者撤职的行政处分；构成犯罪的，依法追究刑事责任：

①向不符合本条例规定的安全生产条件的企业颁发安全生产许可证的。

②发现企业未依法取得安全生产许可证擅自从事生产活动，不依法处理的。

③发现取得安全生产许可证的企业不再具备本条例规定的安全生产条件，不依法处理的。

④接到对违反本条例规定行为的举报后，不及时处理的。

⑤在安全生产许可证颁发、管理和监督检查工作中，索取或者接受企业的财物，或者谋取其他利益的。

2）生产经营单位违反本条例规定应负的法律责任

①未取得安全生产许可证擅自进行生产的法律责任

未取得安全生产许可证擅自进行生产的，责令停止生产，没收违法所得，并处 10 万元以上 50 万元以下的罚款；造成重大事故或者其他严重后果，构成犯罪的，依法追究刑事责任。

②安全生产许可证有效期满未办理延期手续，继续进行生产的法律责任

违反本条例规定，安全生产许可证有效期满未办理延期手续，继续进行生产的，责令停止生产，限期补办延期手续，没收违法所得，并处 5 万元以上 10 万元以下的罚款；逾期仍不办理延期手续，继续进行生产的，依照本条例第 19 条的规定处罚。

③转让安全生产许可证的法律责任

违反本条例规定，转让安全生产许可证的，没收违法所得，处 10 万元以上 50 万元以下的罚款，并吊销其安全生产许可证；构成犯罪的，依法追究刑事责任。接受转让的，依照本条例第 19 条的规定处罚。冒用安全生产许可证或者使用伪造的安全生产许可证的，依照本条例第 19 条的规定处罚。

3.2 《危险化学品安全管理条例》应用

(1)《危险化学品安全管理条例》的总则

1）立法目的

为了加强对危险化学品的安全管理，保障人民生命、财产安全，保护环境，制定本条例。

2）适用范围

在中华人民共和国境内生产、经营、储存、运输、使用危险化学品和处置废弃危险化学品，必须遵守本条例和国家有关安全生产的法律、其他行政法规的规定。

3）危险化学品的种类

危险化学品，包括爆炸品、压缩气体和液化气体、易燃液体、易燃固体、自燃物品和遇湿易燃物品、氧化剂和有机过氧化物、有毒品和腐蚀品等。

(2) 危险化学品的生产、储存、使用、经营、运输、登记的有关规定

1）危险化学品的生产、储存和使用

①危险化学品生产和储存实行审批制度。国家对危险化学品的生产和储存实行统一规划、合理布局和严格控制，并对危险化学品的生产、储存实行审批制度。未经审批，任何单位和个人都不得生产、储存危险化学品。

②危险化学品生产、储存企业应具备的条件。危险化学品生产、储存企业须具备的 5 项

条件是：有符合国家标准的生产工艺、设备或者储存方式、设施；工厂、仓库的周边防护距离符合国家标准或者国家有关规定；有符合生产或者储存需要的管理人员和技术人员；有健全的安全管理制度；符合法律、法规规定和国家标准要求的其他条件。

③重大危险源。本条例所称重大危险源，是指生产、运输、使用、储存危险化学品或者处置废弃危险化学品，且危险化学品的数量等于或者超过临界量的单元（包括场所和设施）。

④危险化学品的生产装置和储存数量构成重大危险源的储存设施与规定场所的距离要求。除运输工具、加油站、加气站外，危险化学品的生产装置和储存数量构成重大危险源的储存设施，与下列场所、区域的距离必须符合国家标准或者国家有关规定：居民区、商业中心、公园等人口密集区域；学校、医院、影剧院、体育场（馆）等公共设施；供水水源、水厂及水源保护区；车站、码头（按照国家规定，经批准，专门从事危险化学品装卸作业的除外）、机场以及公路、铁路、水路交通干线、地铁风亭及出入口；基本农田保护区、畜牧区、渔业水域和种子、种畜、水产苗种生产基地；河流、湖泊、风景名胜区和自然保护区；军事禁区、军事管理区；法律、行政法规规定予以保护的其他区域。

⑤危险化学品生产许可证。依法设立的危险化学品生产企业，必须向国务院质检部门申请领取危险化学品生产许可证，任何单位和个人不得生产、经营、使用国家明令禁止的危险化学品。禁止用剧毒化学品生产灭鼠药以及其他可能进入人民日常生活的化学产品和日用化学品。

⑥危险化学品的储存要求。危险化学品必须储存在专用仓库、专用场地或者专用储存室内；储存方式、方法与储存数量必须符合国家标准，并由专人管理；危险化学品出入库，必须进行核查登记，库存危险化学品应当定期检查；剧毒化学品以及储存数量构成重大危险源的其他危险化学品必须在专用仓库内单独存放，实行双人收发、双人保管制度；储存单位应当将储存剧毒化学品以及构成重大危险源的其他危险化学品的数量、地点以及管理人员的情况，报当地公安部门和负责危险化学品安全监督管理综合工作的部门备案。

⑦对生产、储存、使用危险化学品的要求。生产、储存、使用危险化学品，应当根据危险化学品的种类、特性，在车间、库房等作业场所设置相应的监测、通风、防晒、调温、防火、灭火、防爆、泄压、防毒、消毒、中和、防潮、防雷、防静电、防腐、防渗漏、防护围堤或者隔离操作等安全设施和设备，并按照国家标准和国家有关规定进行维护、保养，保证符合安全运行要求。生产、储存、使用剧毒化学品的单位，应当对本单位的生产、储存装置每年进行一次安全评价。

2）危险化学品的经营

国家对危险化学品经营销售实行许可制度。未经许可，任何单位和个人都不得经营销售危险化学品。

①危险化学品经营企业的条件。危险化学品经营企业必须具备的条件：经营场所和储存设施符合国家标准；主管人员和业务人员经过专业培训，并取得上岗资格；有健全的安全管理制度；符合法律、法规规定和国家标准要求的其他条件。

②剧毒化学品和其他危险化学品的经营许可。经营剧毒化学品和其他危险化学品的，应当向有关部门提出申请，并附送本条例规定的相关证明材料。经审查，符合条件的，获得危险化学品经营许可证。目前，剧毒化学品和其他危险化学品的经营许可证的发放职能已划归

国家安全生产监督管理局。

③经营危险化学品的行为规范。经营危险化学品，不得有以下行为：从未取得危险化学品生产许可证或者危险化学品经营许可证的企业采购危险化学品；经营国家明令禁止的危险化学品和用剧毒化学品生产的灭鼠药以及其他可能进入人民日常生活的化学产品和日用化学品；销售没有化学品安全技术说明书和化学品安全标签的危险化学品。

④剧毒化学品经营企业销售剧毒化学品应遵守的规定。剧毒化学品经营企业销售剧毒化学品，应当记录购买单位的名称、地址和购买人员的姓名、身份证号码及所购剧毒化学品的品名、数量、用途。记录应当至少保存 1 年。剧毒化学品经营企业应当每天核对剧毒化学品的销售情况；发现被盗、丢失、误售等情况时，必须立即向当地公安部门报告。

⑤购买剧毒化学品应遵守的规定。购买剧毒化学品应遵守以下规定：生产、科研、医疗等单位经常使用剧毒化学品的，应当向设区的市级人民政府公安部门申请领取购买凭证，凭购买凭证购买；单位临时需要购买剧毒化学品的，应当凭本单位出具的证明（注明品名、数量、用途）向设区的市级人民政府公安部门申请领取准购证，凭准购证购买；个人不得购买农药、灭鼠药、灭虫药以外的剧毒化学品。

3）危险化学品的运输

①危险化学品的运输实行资质认定制度。国家对危险化学品的运输实行资质认定制度。未经资质认定，不得运输危险化学品。危险化学品运输企业必须具备的条件由国务院交通部门规定。

②对危险化学品运输工具的要求。用于危险化学品运输工具的槽罐以及其他容器，必须依照本条例的规定，由专业生产企业定点生产，并经检测、检验合格，方可使用。

③对危险化学品运输企业的规定。危险化学品运输企业，应当对其驾驶员、船员、装卸管理人员、押运人员进行有关安全知识培训。驾驶员、船员、装卸管理人员、押运人员必须掌握危险化学品运输的安全知识，并经所在地设区的市级人民政府交通部门考核合格（船员经海事管理机构考核合格），取得上岗资格证，方可上岗作业。

④对危险化学品的运输和装卸作业的要求。危险化学品的装卸作业必须在装卸管理人员的现场指挥下进行。禁止利用内河以及其他封闭水域等航运渠道运输剧毒化学品以及国务院交通部门规定禁止运输的其他危险化学品。运输、装卸危险化学品，应当依照有关法律、法规、规章的规定和国家标准的要求并按照危险化学品的危险特性，采取必要的安全防护措施。

⑤禁止邮寄危险化学品。任何单位和个人不得邮寄或者在邮件内夹带危险化学品，不得将危险化学品匿报或者谎报为普通物品邮寄。

4）危险化学品的登记

国家实行危险化学品登记制度，并为危险化学品安全管理、事故预防和应急救援提供技术、信息支持。

危险化学品生产、储存企业以及使用剧毒化学品和数量构成重大危险源的其他危险化学品的单位，应当向国家安全生产监督管理局负责危险化学品登记的机构办理危险化学品登记。负责危险化学品登记的机构应当向环境保护、公安、质检、卫生等有关部门提供危险化学品登记的资料。

(3) 违反《危险化学品安全管理条例》应负的法律责任

1）监督管理部门工作人员的法律责任

对生产、经营、储存、运输、使用危险化学品和处置废弃危险化学品依法实施监督管理的有关部门工作人员，有下列行为之一的，依法给予降级或者撤职的行政处分；触犯刑律的，依照刑法关于受贿罪、滥用职权罪、玩忽职守罪或者其他罪的规定，依法追究刑事责任：

利用职务上的便利收受他人财物或者其他好处，对不符合本条例规定条件的涉及生产、经营、储存、运输、使用危险化学品和处置废弃危险化学品的事项予以批准或者许可的；发现未依法取得批准或者许可的单位和个人擅自从事有关活动或者接到举报后不予取缔或者不依法予以处理的；对已经依法取得批准或者许可的单位和个人不履行监督管理职责，发现其不再具备本条例规定的条件而不撤销原批准、许可或者发现违反本条例的行为不予查处的。

2）发生危险化学品事故后有关部门的法律责任

发生危险化学品事故，有关部门未依照本条例的规定履行职责，组织实施救援或者采取必要措施，减少事故损失，防止事故蔓延、扩大，或者拖延、推诿的，对负有责任的主管人员和其他直接责任人员依法给予降级或者撤职的行政处分；触犯刑律的，依照《刑法》关于滥用职权罪、玩忽职守罪或者其他罪的规定，依法追究刑事责任。

3）非法从事危险化学品的生产、储存和经营的责任人的法律责任

违反本条例的规定，有下列行为之一的，分别由工商行政管理部门、质检部门、负责危险化学品安全监督管理工作的部门依据各自的职权予以关闭或者责令停产停业整顿，责令无害化销毁国家明令禁止生产、经营、使用的危险化学品或者用剧毒化学品生产的灭鼠药以及其他可能进入人民日常生活的化学产品和日用化学品；有违法所得的，没收违法所得；违法所得10万元以上的，并处违法所得1倍以上5倍以下的罚款；没有违法所得或者违法所得不足10万元的，并处5万元以上50万元以下的罚款；触犯刑律的，对负有责任的主管人员和其他直接责任人员依照刑法关于危险物品肇事罪、非法经营罪或者其他罪的规定，依法追究刑事责任：

①未经批准或者未经工商登记注册，擅自从事危险化学品生产、储存的；②未取得危险化学品生产许可证，擅自开工生产危险化学品的；③未经审查批准，危险化学品生产、储存企业擅自改建、扩建的；④未取得危险化学品经营许可证或者未经工商登记注册，擅自从事危险化学品经营的；⑤生产、经营、使用国家明令禁止的危险化学品，或者用剧毒化学品生产灭鼠药以及其他可能进入人民日常生活的化学产品和日用化学品的。

4）生产、经营危险化学品单位的法律责任

生产、经营危险化学品单位违反本条例的规定，未根据危险化学品的种类、特性，在车间、库房等作业场所设置相应的监测、通风、防晒、调温、防火、灭火、防爆、泄压、防毒、消毒、中和、防潮、防雷、防静电、防腐、防渗漏、防护围堤或者隔离操作等安全设施、设备的，由负责危险化学品安全监督管理工作的部门责令立即或者限期改正，处2万元以上10万元以下的罚款；触犯刑律的，对负有责任的主管人员和其他直接责任人员依照《刑法》关于危险物品肇事罪、重大责任事故罪或者其他罪的规定，依法追究刑事责任。

生产、经营危险化学品单位违反本条例的规定，有下列行为之一的，由负责危险化学品

安全监督管理工作的部门责令立即或者限期改正，处1万元以上5万元以下的罚款；逾期不改正的，责令停产停业整顿：危险化学品生产企业未在危险化学品包装内附有与危险化学品完全一致的化学品安全技术说明书，或者未在包装（包括外包装件）上加贴、拴挂与包装内危险化学品完全一致的化学品安全标签的；危险化学品生产企业发现危险化学品有新的危害特性时，不立即公告并及时修订其安全技术说明书和安全标签的；危险化学品经营企业销售没有化学品安全技术说明书和安全标签的危险化学品的。

生产、经营危险化学品单位发生危险化学品事故，未按照本条例的规定立即组织救援，或者不立即向负责危险化学品安全监督管理工作的部门和公安、环境保护、质检部门报告，造成严重后果的，对负有责任的主管人员和其他直接责任人员依照《刑法》关于国有公司、企业工作人员失职罪或者其他罪的规定，依法追究刑事责任。

生产、经营危险化学品单位发生危险化学品事故造成人员伤亡、财产损失的，应当依法承担赔偿责任；拒不承担赔偿责任或者其负责人逃匿的，依法拍卖其财产，用于赔偿。

5）危险化学品的包装、容器的生产和使用方面的违法行为和法律责任

生产、经营危险化学品单位违反本条例的规定，有下列行为之一的，由负责危险化学品安全监督管理工作的部门、质检部门或者交通部门依据各自的职权责令立即或者限期改正，处2万元以上20万元以下的罚款；逾期未改正的，责令停产停业整顿；触犯刑律的，对负有责任的主管人员和其他直接责任人员依照《刑法》关于危险物品肇事罪、生产销售伪劣商品罪或者其他罪的规定，依法追究刑事责任：未经定点，擅自生产危险化学品包装物、容器的；运输危险化学品的船舶及其配载的容器未按照国家关于船舶检验的规范进行生产，并经检验合格的；危险化学品包装的材质、形式、规格、方法和单件质量与所包装的危险化学品的性质和用途不相适应的；对重复使用的危险化学品的包装物、容器在使用前不进行检查的；使用非定点企业生产的或者未经检测、检验合格的包装物、容器进行包装、盛装、运输危险化学品的。

3.3 《民用爆炸物品管理条例》应用

(1)《民用爆炸物品管理条例》的总则

1）制定条例的目的

为了严格管理民用爆炸物品，预防爆炸事故的发生，防止反革命分子和其他犯罪分子利用爆炸物品进行破坏活动，保障社会主义建设和人民生命财产的安全，特制定本条例。

2）民用爆炸物品的种类

本条例所称民用爆炸物品，是指非军用的下列爆炸物品：

①爆破器材，包括各类炸药、雷管、导火索、导爆索、非电导爆系统、起爆药和爆破剂。

②黑火药、烟火剂、民用信号弹和烟花爆竹。

③公安部认为需要管理的其他爆炸物品。

(2) 爆破器材的生产、销售、购买、运输和使用

1）爆破器材的生产

爆破器材的生产要在国家的统一规划下，合理布局，归口管理，按需有计划地组织生产。

①建立民用爆破器材工厂的条件。建立民用爆破器材的工厂，必须要经有关部门审查，符合本条例规定的，发给爆炸物品安全生产许可证，并向所在地的有关部门办理登记手续，领取营业执照，方准生产。

②改建、扩建生产爆破器材的工厂的要求

a. 生产爆破器材的工厂进行改建、扩建时，必须事先经有关部门许可，方可施工。

b. 工厂竣工后，要经有关部门检查验收，符合本条例规定的，方准投入生产。

c. 未按照规定办理批准手续的，一律不准生产爆破器材；严禁个人制造爆破器材。

③生产爆破器材工厂的厂房建筑应符合国家有关安全规范的规定

a. 生产爆破器材工厂的厂房建筑必须符合国家有关安全规范的规定，并根据所生产爆破器材的种类和性能，设置相应的通风、降温、防潮、防火、防爆、避雷等安全设施；生产车间内必须设有适当的太平出口。易于发生危险的各生产工序之间，必须保持一定的距离。

b. 对拌药、碾药、烘药、晾药等特别容易发生危险的工序，应建立严格的操作制度，生产成品必须随时入库，不得在生产车间存放。

c. 必须建立严格的检验制度，保证产品质量合格。不合格的产品，不准出厂。

d. 试验或试制爆破器材，必须在专门场地或专门试验室进行。

e. 新产品必须经省（自治区、直辖市）主管爆破器材生产的部门技术鉴定合格，由有关部门批准，并向公安部备案后，才能正式生产。

f. 氯酸盐类混合炸药，除经有关部门批准者外，严格禁止生产。

2）爆破器材的销售

①爆破器材应由有关部门按计划调拨分配和组织供应。爆破器材属于国家计划分配物资，严禁自由买卖，严禁企业自销，严禁用爆破器材换取其他物品。

②经销爆破器材的规定。经销爆破器材的供应点，由有关部门协商定点，由所在地县、市公安局核发爆炸物品销售许可证，向所在地县、市工商行政管理局办理登记手续，领取营业执照，方准销售。出售爆破器材时，必须向购买者验收公安机关签发的爆炸物品购买证。进口或出口爆破器材，必须经有关部门审核批准和所在地省（自治区、直辖市）公安厅（局）同意，向外贸部门申领进口或出口货物许可证，海关依法实行监管，凭进口或出口货物许可证查验放行。

3）爆破器材的购买

县级以下厂矿企业和农村基层生产单位以及科研、文艺、医疗等单位需用爆破器材时，应当报经上级主管部门审查同意，向所在地县、市公安局申请领取爆炸物品购买证，凭证向指定的供应点购买。

4）爆破器材的运输

运输爆破器材，由收货单位凭有关主管部门签证盖章的爆破器材供销合同，写明运输爆破器材的品名、数量和起运及运达地点，向所在地县、市公安局申请领取爆炸物品运输证后，方准运输。

对于进口或出口爆破器材的运输，托运单位应当凭有关部门签发的进口或出口货物许可证，向收货地或出境口岸所在地县、市公安局申请领取爆炸物品运输证后，方准运输。

运输爆破器材时，必须严格遵守国家的有关规定。严禁个人随身携带爆破器材搭乘公共汽车、电车、火车、轮船、飞机。严禁在托运的行李包裹和邮寄的邮件中夹带爆破器材。

5）爆破器材的使用

①申请爆炸物品使用许可证。使用爆破器材的单位，必须经上级主管部门审查同意，并持使用爆破器材的地点、品名、数量、用途、四邻距离的文件和安全操作规程，向所在地县、市公安局申请领取爆炸物品使用许可证。

②爆破作业的要求

a. 爆破作业必须由经过考核合格的爆破员担任。

b. 进行爆破作业时，必须遵守爆破安全操作规程。要有专人负责指挥，在危险区的边界设置警戒岗哨和标志。在爆破前发出信号，待危险区的人员撤至安全地点后，方准爆破。

c. 爆破后，必须对现场进行检查，确认安全后，才能发出解除警戒信号。

d. 进行大型爆破作业，或在城镇与其他居民聚居的地方、风景名胜区和重要工程设施附近进行控制爆破作业，施工单位必须事先将爆破作业方案报县、市以上主管部门批准，并征得所在地县、市公安局同意后方准爆破作业。

③爆破器材的使用。使用爆破器材，必须建立严格的领取、清退制度。爆破员领取爆破器材，必须经班组长或现场负责人批准，领取数量不得超过当班使用量，剩余的要当天退回。禁止非爆破员进行爆破作业。农民如因盖房或其他用途确需进行爆破时，由本人提出申请，经村民委员会审核同意，报乡、镇人民政府或公安派出所批准，委派爆破员代行购买爆破器材进行爆破。严禁任何单位和个人私拿、私用、私藏、赠送、转让、转卖、转借爆破器材。严禁使用爆破器材炸鱼、炸兽。

(3) 黑火药、烟火剂、民用信号弹和烟花爆竹的安全生产和违反规定应实施的惩处办法

1）黑火药、烟火剂、民用信号弹和烟花爆竹的安全生产

①生产黑火药、烟火剂、民用信号弹和烟花爆竹的企业，季节性生产烟花爆竹的作坊，必须经有关部门审批，方准生产。目前，烟花爆竹生产经营单位安全生产条件的审查和安全生产许可证的发放等工作已划归国家安全生产监督管理局。

②严格控制用氯酸盐配制烟火剂。需用氯酸盐配制烟火剂和文艺、体育、狩猎、外贸出口等特需制品时，应当经有关部门批准。未经批准，严禁任何单位和个人制造拉炮、摔炮、砸炮、打火纸等危险品。

2）违反《民用爆炸物管理条例》应实施的惩处办法

违反本条例规定，在生产、储存、销售、运输、使用爆炸物品中，存在安全隐患且经指出仍不改正的，发生爆炸物品丢失、被盗和其他事故，或非法制造、贩运、销售爆炸物品和私藏、私带、滥用、盗窃爆炸物品的，应视情节轻重给予相应处罚，直至追究刑事责任。

由于领导人不负责任，忽视安全，造成爆炸物品大量丢失、被盗和发生重大事故的，除追究当事人的责任外，还应追究单位领导人的责任，直至依法追究刑事责任。

3.4 《烟花爆竹安全管理条例》应用

(1)《烟花爆竹安全管理条例》主要内容

1）烟花爆竹的概念

本条例中所称的烟花爆竹包括烟花爆竹成品和用于生产烟花爆竹的民用黑火药、烟火药、引火线等物品。

2）本条例的适用范围

烟花爆竹的生产、经营、运输和燃放，适用本条例。

3）烟花爆竹安全管理的职责分工

本条例规定，安全生产监督管理部门负责烟花爆竹的安全生产监督管理；公安部门负责烟花爆竹的公共安全管理；质量监督检验部门负责烟花爆竹的质量监督和进出口检验。

4）行政许可

本条例第 3 条规定，国家对烟花爆竹的生产、经营、运输和举办焰火晚会以及其他大型焰火燃放活动，实行许可证制度。其中，安全生产监管部门负责生产、经营的行政许可；公安部门负责运输和举办焰火晚会以及大型焰火燃放活动的行政许可。

烟花爆竹生产企业的安全生产许可证由省级安全生产监管部门负责审查发放；烟花爆竹批发经营企业的经营许可证由省级安全生产监管部门或者其委托的设区的市级安全生产监管部门负责审查发放；零售经营者的经营许可证由所在地县级安全生产监管部门审查发放。

5）企业的安全主体责任

烟花爆竹生产、经营、运输和举办焰火晚会及其他大型焰火燃放活动，主办单位的主要负责人对本单位的烟花爆竹安全工作负责。

6）持证上岗工种

在烟花爆竹生产过程中，药物混合、造粒、筛选、装药、筑药、压药、切引、搬运等危险工序作业人员必须经过设区的市级人民政府安全监管部门考核合格，方可上岗。

7）经营的形式和行为规定

烟花爆竹经营形式分为批发和零售两种，经营的布点应当经过安全生产监管部门审批。对经营行为的规定是：批发企业应当向生产企业采购，向零售企业供应；零售经营者应当向批发企业采购，不得直接从生产企业订货。

8）黑火药、烟火药、引火线的管理

生产企业必须建立购买、领用、销售登记制度，防止丢失。如果发生丢失，要立即向当地安全生产监督管理部门和公安部门报告。由公安部门负责追缴丢失的物品并实施处罚。不得向未取得安全生产许可证的单位或个人销售黑火药、烟火药、引火线。

9）对生产烟花爆竹所用原材料的限制

一是限制用量，不能超量使用，须按照国家标准来执行；二是不得使用违禁药物。

10）打击非法行为的职责

本条例第 5 条规定，公安部门、安全生产监督管理部门、质量监督检验部门、工商行政管理部门应当按照职责分工，组织查处非法生产、经营、储存、运输、邮寄烟花爆竹以及非法燃放烟花爆竹的行为。

本条例第 36 条第 3 款规定，非法生产、经营、运输烟花爆竹，构成违反治安管理行为的，依法给予治安管理处罚；构成犯罪的，依法追究刑事责任。

(2) 关于烟花爆竹生产的安全管理

烟花爆竹生产具有极大的危险性，近几年来发生在烟花爆竹行业的爆炸事故，大多发生在生产环节。实践证明，加强对烟花爆竹生产环节的规范和管理，对实现安全生产目标至关重要。因此，本条例对烟花爆竹生产的安全管理作了以下规定：

1）规定了生产烟花爆竹的企业应当具备的条件。

2）规定了生产烟花爆竹的企业应当经过省、自治区、直辖市人民政府安全生产监督管理部门的安全生产许可，并按照安全生产许可证核定的产品种类进行生产，生产工序和生产作业应当执行有关国家标准和行业标准。

3）规定了生产烟花爆竹的企业应当对生产作业人员进行安全生产知识教育，对从事药物混合、造粒、筛选、装药、筑药、压药、切引、搬运等危险工序作业人员进行专业技术培训。从事危险工序的作业人员经考核合格，方可上岗作业。

4）规定了生产烟花爆竹使用的原料，应当符合国家标准；国家标准有用量限制的，不得超过规定的用量。不得使用国家标准规定禁止使用或者禁忌配伍的物质生产烟花爆竹。

5）对违反烟花爆竹生产安全管理的行为，规定了严格的法律责任。

此外，黑火药、烟火药、引火线是用于生产烟花爆竹的原料，必须严格加强管理。因此，本条例规定了生产烟花爆竹的企业，应当对黑火药、烟火药、引火线的保管采取必要的安全措施，建立购买、领用、销售登记制度，防止丢失。黑火药、烟火药、引火线丢失的，企业应当立即向当地安全生产监督管理部门、公安部门报告。生产、经营、使用黑火药、烟火药、引火线的企业，丢失黑火药、烟火药、引火线未及时报告的，由公安部门对企业主要负责人处以罚款，对丢失物品予以追缴。

(3) 关于烟花爆竹经营的安全管理

为了加强烟花爆竹在流通领域的安全管理，杜绝非法生产的烟花爆竹进入流通领域，本条例对烟花爆竹经营的安全管理作了以下规定：

1）规定了从事烟花爆竹批发的企业和零售经营者的经营布点，应当经安全生产监督管理部门审批。严格禁止在城市市区布设烟花爆竹批发场所，严格限制并合理布设城市市区烟花爆竹零售网点。

2）规定了从事烟花爆竹批发的企业和零售经营者应当具备的条件。

3）规定了烟花爆竹批发企业，应当经省、自治区、直辖市人民政府安全生产监督管理部门或者其委托的设区的市人民政府安全生产监督管理部门许可。零售经营者应当经县级人民政府安全生产监督管理部门许可。

4）规范了烟花爆竹的经营行为。规定烟花爆竹批发企业应当向生产烟花爆竹的企业采购烟花爆竹，向烟花爆竹零售经营者供应烟花爆竹。烟花爆竹零售经营者，应当向烟花爆竹批发企业采购烟花爆竹。

5）对违反烟花爆竹经营安全管理的行为，规定了严格的法律责任。

此外，本条例还规定了生产、经营黑火药、烟火药、引火线的企业，不得向未取得烟花爆竹安全生产许可的任何单位或者个人销售黑火药、烟火药、引火线。向未取得烟花爆竹安全生产许可的单位或者个人销售黑火药、烟火药和引火线的，由安全生产监督管理部门责令停止非法生产、经营活动，处以罚款，并没收非法生产、经营的物品及违法所得。

(4) 关于烟花爆竹运输的安全管理

1）为了加强烟花爆竹运输的安全管理，本条例规定经由道路运输烟花爆竹，应当经公安部门许可。经由铁路、水路、航空运输烟花爆竹，依照铁路、水路、航空运输安全管理的有关法律、法规、规章的规定执行。经由道路运输烟花爆竹，除应当遵守《道路交通安全法》外，还应当遵守本条例的规定，驾驶员应当随车携带烟花爆竹道路运输许可证，不得违反运输许可事项；运输车辆应当悬挂或者安装符合国家标准的易燃易爆危险物品警示标志；烟花爆竹的装载必须符合国家有关标准和规范，装载烟花爆竹的车厢不得载人；运输车辆应当限速行驶，途中经停必须有专人看守，出现危险情况应当采取必要的措施，并报告当地公安部门。

2）针对烟花爆竹运输中存在的同一个运输许可证被重复使用的问题，本条例规定了烟花爆竹道路运输许可证应当载明托运人、承运人、一次性运输有效期限、起始地点、行驶路线、经停地点、烟花爆竹的种类、规格和数量等许可事项。烟花爆竹运达目的地后，收货人应当在 3 日内将烟花爆竹道路运输许可证交回发证机关核销。

3）为了维护公共交通安全，本条例规定了禁止携带烟花爆竹搭乘公共交通工具。对携带烟花爆竹搭乘公共交通工具的，由公安部门予以制止，处以罚款，并没收非法携带的烟花爆竹。

(5) 关于烟花爆竹燃放的安全管理

针对近几年来烟花爆竹燃放安全事故时有发生的情况，本条例规定了燃放烟花爆竹，应当遵守有关法律、法规和规章的规定。同时，考虑到烟花爆竹燃放管理属于地方事权，本条例规定了县级以上地方人民政府可以根据本地的实际情况，确定限制或者禁止燃放烟花爆竹的时间、地点和种类。在禁止燃放烟花爆竹的时间、地点燃放烟花爆竹，或者以危害公共安全和人身、财产安全的方式燃放烟花爆竹的，由公安部门责令停止燃放，处以罚款；构成违反治安管理行为的，依法给予治安管理处罚。

为了维护举办焰火晚会及其他大型焰火燃放活动的公共安全，本条例规定了举办焰火晚会及其他大型焰火燃放活动，应当按照举办的时间、地点、环境、活动性质、规模以及燃放烟花爆竹的种类、规格和数量，确定危险等级，经过有关公安部门许可，并按照焰火燃放安全规程和经许可的燃放作业方案进行燃放作业。公安部门应当加强对危险等级较高的焰火晚会及其他大型焰火燃放活动的监督检查。对未经许可举办焰火晚会及其他大型焰火燃放活动，或者举办焰火晚会及其他大型焰火燃放活动的燃放作业单位和作业人员违反焰火燃放安全规程、燃放作业方案进行燃放作业的，由公安部门责令停止燃放，对主要责任人员处以罚款。

3.5 《特种设备安全监察条例》应用

(1) 特种设备的范围

本条例所调整的特种设备是指涉及生命安全、危险性较大的锅炉、压力容器、压力管道、电梯、起重机械、客运索道、大型游乐设施，同时也包括其附属的安全附件、安全保护装置和与安全保护装置相关的设施。本条例对上述特种设备的生产（含设计、制造、安装、改造、维修）、使用、检验检测及其监督检查等安全监察工作作出了具体规定。

但有关军事装备、核设施、航空航天器、铁路机车、海上设施和船舶以及煤矿矿井使用的特种设备的安全监察不适用本条例。房屋建筑工地和市政工程工地用起重机械的安装、使用的监督管理，由建设部门依照有关法律、法规的规定执行。

压力管道属于本条例调整的特种设备范围，压力管道元件的制造、维修、改造、检验的安全监督管理，按照本条例的规定执行，压力管道设计、安装、使用的安全监督管理办法由国务院另行制定。

(2) 特种设备安全监督管理部门的职责

一是实施行政许可。特种设备的生产单位、气瓶充装单位和检验检测机构必须经特种设备安全监督管理部门许可，方可从事相应的活动。特种设备作业人员、检验检测人员必须经特种设备安全监督管理部门考核合格取得作业证书、检验检测证书，方可从事相应的作业或者检验检测活动。特种设备使用单位必须在设备投入使用前或者使用后一个月内，向特种设备安全监督管理部门办理使用登记手续。

二是开展执法检查。特种设备安全监察人员和行政执法人员有权对特种设备生产单位、使用单位和检验检测机构开展现场安全监督检查，责令消除事故隐患，对违法设备实施封存扣押，对违法行为予以查处。

三是进行事故调查处理。特种设备安全监督管理部门在接到事故单位的报告后，要按照国家有关规定及时逐级上报，协助当地政府抢险救援，组织进行事故调查，研究分析事故情况，提出事故处理意见和防范措施。

(3) 特种设备检验检测机构的职责

一是实施检验检测。根据特种设备生产单位的申请，及时对特种设备制造过程、安装、改造、重大维修过程实施监督检验或无损检测。根据特种设备使用单位的申请，及时对在用特种设备进行定期检验。新研制的特种设备必须经特种设备安全监督管理部门核准的检验检测机构进行型式试验。

二是确保检验工作质量和检验覆盖率。特种设备检验检测机构和检验检测人员应当客观、公正、及时地出具检验检测结果、鉴定结论，遵循诚信原则和方便企业的原则为特种设备生产、使用单位提供可靠、便捷的检验检测服务。

三是告知或者报告事故隐患。特种设备检验检测机构进行检验检测时，发现严重事故隐患，应当及时告知特种设备使用单位，并立即向特种设备安全监督管理部门报告。

(4) 特种设备生产单位的安全义务

特种设备的生产包括特种设备设计、制造、安装、维修、改造五个环节。特种设备的生产活动与特种设备的质量和安全密不可分，因此，本条例对特种设备的生产单位规定了明确、具体的质量安全义务：

在设计环节，压力容器设计单位应当具备规定的条件，并经国家质检总局许可，方可从事压力容器的设计活动。锅炉、气瓶、客运索道和大型游乐设施的设计文件，应当经国家质检总局核准的检验检测机构鉴定，方可用于制造。

在制造环节，锅炉、压力容器、电梯、起重机械、客运索道、大型游乐设施及其安全附件、安全保护装置，以及压力管道用管子、管件、阀门、法兰、补偿器、安全保护装置等压力管道元件的制造单位，应当具备规定的条件，并经国家质检总局许可，方可从事制造。锅炉、压力容器、压力管道元件、起重机械、大型游乐设施的制造过程，应当经国家质检总局核准的检验检测机构监督检验方可出厂。特种设备出厂时，应当附有安全技术规范要求的设计文件、产品质量合格证明、安装及使用维修说明、监督检验证明等文件。

在安装、改造、维修环节，锅炉、压力容器、电梯、起重机械、客运索道、大型游乐设施及其安全附件、安全保护装置，以及压力管道用管子、管件、阀门、法兰、补偿器、安全保护装置等压力管道元件的安装、改造单位，应当具备规定的条件，并经国家质检总局许可，方可从事安装、改造活动。锅炉、压力容器、电梯、起重机械、客运索道、大型游乐设施的维修单位，应当具备规定的条件，经省、自治区、直辖市质量技术监督局许可，方可从事维修活动。安装、改造、维修的施工单位应当在施工前将拟进行的特种设备安装、改造、维修情况书面告知直辖市或者设区的市的特种设备安全监督管理部门，告知后即可施工；安装、改造、维修竣工后，施工单位应当在验收后 30 日内将有关技术资料移交使用单位。安装、改造、重大维修过程，必须经国家质检总局核准的检验检测机构按照安全技术规范的要求进行监督检验，未经监督检验合格的不得交付使用。

气瓶充装单位应当具备规定的条件，并经省、自治区、直辖市质量技术监督局许可，方可从事充装活动。

(5) 特种设备使用单位的安全义务

近年来我国特种设备发生事故的情况和国外特种设备安全监察的经验证明，确保特种设备安全不仅要抓好生产环节的安全管理，还要抓好使用环节的安全。为此，本条例对特种设备的使用单位规定了以下安全义务：

1）特种设备在投入使用前或者投入使用后 30 日内，特种设备使用单位应当向直辖市或者设区的市的特种设备安全监督管理部门登记。登记标志应当置于或者附着于该特种设备的显著位置。

2）针对私自制造、改造土锅炉屡禁不止的现象，本条例规定，特种设备使用单位应当使用符合安全技术规范要求的特种设备。对于存在严重安全隐患，无改造、维修价值，或者超过安全技术规范规定使用年限的特种设备，使用单位应当及时予以报废。

3）使用单位要进一步加强特种设备安全基础工作。本条例规定，使用单位应当建立特种设备的安全技术档案，记录与设备安全有关的内容，包括：设备类别、名称、技术参数、设计文件、制造单位、产品质量合格证明、使用维护说明等技术文件和资料，定期检验和定期自行检查的记录，日常使用状况记录，特种设备及其安全附件、安全保护装置、测量调控装置及有关附属仪器仪表的日常维修保养记录，运行故障和事故记录等。另外，锅炉、压力容器、压力管道、电梯、起重机械、客运索道、大型游乐设施的安装、改造、维修竣工后，施工单位应当将有关技术资料移交使用单位，使用单位应当将其存入该特种设备的技术档案。使用单位应当进行在用设备的维修保养和自行检查。本条例还规定，使用单位应当按照安全技术规范的规定，要求特种设备的检验检测机构进行定期检验，未经定期检验或者检验不合格的特种设备，不得继续使用。

4）对客运索道、大型游乐设施等为公众提供服务的特种设备运营使用单位提出更加严格的要求，本条例规定，特种设备运营使用单位应当设置特种设备安全管理机构或者配备专职的安全管理人员；在客运索道、大型游乐设施每日投入使用前，应当进行试运行和例行安全检查，并对安全装置进行检查确认；将客运索道、大型游乐设施的安全注意事项和警示标志置于易于为游客注意的显著位置；单位主要负责人应当熟悉客运索道、大型游乐设施的相关安全知识，并全面负责客运索道、大型游乐设施的安全使用，并应当至少每月召开一次会议，督促、检查客运索道、大型游乐设施的安全使用工作；结合本单位的实际情况，配备相应数量的营救装备和急救物品。

5）锅炉、压力容器、电梯、起重机械、客运索道、大型游乐设施的作业人员及其相关管理人员，应当按照国家有关规定经特种设备安全监督管理部门考核合格，取得国家统一格式的特种作业人员资格证书，方可从事相应的作业或者管理工作。

（6）对特种设备检验检测机构的要求

检验检测是特种设备安全监察的基础，是提高政府监管的质量和效率的重要保证。为了充分发挥检验检测机构的积极作用，保证检验检测活动的客观、公正，本条例对检验检测机构提出严格、具体的要求，并从明确检验检测机构及其人员的资质条件要求和严格规范检验检测活动两个方面作了规定：

1）从事本条例规定的监督检验、定期检验、型式试验等检验检测工作的检验检测机构，应当具备必要的条件，并经国家质检总局核准。检验检测人员应当经国家质检总局考核合格，取得相应的证书，方可从事检验检测工作。检验检测人员从事检验检测工作，必须在特种设备检验检测机构执业，但不得同时在两个以上检验检测机构中任职。

2）检验检测机构应当严格依法进行检验检测工作，并对其检验检测结果、鉴定结论承担法律责任。检验检测结果、鉴定结论经检验检测人员签字后，由检验检测机构负责人签署。检验检测机构和检验检测人员对检验检测结果、鉴定结论负责，并接受特种设备安全监督管理部门的监督。另外，检验检测机构和检验检测人员不得从事特种设备的生产、销售，不得以其名义推荐或者监制、监销特种设备，不得利用检验检测工作故意刁难特种设备生产、使用单位。

（7）违反本条例的法律责任

特种设备安全监察机制的协调运转，必须以严格有效的法律责任制度为依托。本条例规定了政府、企业和检验检测机构各负其责的责任制度：

1）强化政府监管责任，促使有关部门积极履行职责。本条例规定，特种设备安全监督管理部门及其工作人员不依法履行本条例规定的行政许可和安全监察职权，对直接负责的主管人员和其他直接责任人员，依法给予降级或者撤职的行政处分；构成犯罪的，依照《刑法》关于受贿罪、滥用职权罪、玩忽职守罪或者其他罪的规定，依法追究刑事责任。

2）突出生产、使用单位的责任，促使生产、使用单位增强安全责任意识。本条例规定了以下几个方面的法律责任：①生产单位未经许可擅自从事特种设备设计、制造等活动的法律责任。②特种设备生产、使用单位从事特种设备生产、使用活动，违反规定的安全义务的法律责任。③发生重大特种设备安全事故时，使用单位主要负责人不立即组织抢救，在事故调查处理期间擅离职守、逃匿，或者对事故隐瞒不报、谎报、拖延不报的法律责任。④特种设备作业人员违规操作或者发现不安全因素未及时报告的法律责任。

3）强调检验检测机构和检验检测人员责任自负，确保检验检测机构的独立性和检验检测结果、鉴定结论的公正性。本条例规定了对检测检验机构和检验检测人员违法行为的处罚，直至撤销其检验检测资格。造成损害的，还应承担赔偿责任。触犯刑律的，依照刑法有关规定追究刑事责任。

4）注意与《刑法》的有关规定相衔接。考虑到特种设备一旦发生事故，将会造成人员伤亡的严重后果，本条例加大了对有关违法行为的惩处力度，对违法行为情节严重的除了规定罚款和撤销从业资格外，根据《刑法》的相关规定，明确了重大责任事故罪、重大劳动安全事故罪等严格的刑事责任。

3.6 《煤矿安全监察条例》应用

(1)《煤矿安全监察条例》的总则

1）制定本条例的目的

制定本条例的目的是保障煤矿安全，规范煤矿安全监察工作，保护煤矿职工人身安全和身体健康。

2）国家对煤矿实行安全监察制度

煤矿安全监察机构依法行使职权，不受任何组织和个人的非法干涉。煤矿及其有关人员必须接受并配合煤矿安全监察机构依法实施的安全监察，不得拒绝、阻挠。

3）煤矿职工的举报权

煤矿职工对事故隐患或者影响煤矿安全的违法行为有权向煤矿安全监察机构报告或者举报。

(2) 煤矿安全监察机构及其职责

1）煤矿安全监察机构

煤矿安全监察机构是指国家煤矿安全监察机构和在省（自治区、直辖市）设立的煤矿安全监察机构（以下简称地区煤矿安全监察机构）及其在大中型矿区设立的煤矿安全监察办事处。

2）地区煤矿安全监察机构及其煤矿安全监察办事处的职能

地区煤矿安全监察机构及其煤矿安全监察办事处负责对划定区域内的煤矿实施安全监察。煤矿安全监察办事处在国家煤矿安全监察机构规定的权限范围内，可以对违法行为实施行政处罚。

3）煤矿安全监察员的录用

煤矿安全监察机构设煤矿安全监察员。煤矿安全监察员应当公道、正派，熟悉煤矿安全法律、法规和规章，具有相应的专业知识和相关的工作经验，并经考试录用。

4）煤矿安全监察机构的职责

①地区煤矿安全监察机构、煤矿安全监察办事处应当对煤矿实施经常性安全检查。对事故多发地区的煤矿，应当实施重点安全检查。国家煤矿安全监察机构根据煤矿安全工作的实际情况，组织对全国煤矿的全面安全检查或者重点安全抽查。地区煤矿安全监察机构、煤矿安全监察办事处应当每15日分别向国家煤矿安全监察机构、地区煤矿安全监察机构报告一次煤矿安全监察情况；有重大煤矿安全问题的，应当及时采取措施并随时报告。

②煤矿安全监察人员在检查中发现影响煤矿安全的违法行为，有权当场予以纠正或者要求限期改正。对依法应当给予行政处罚的行为，由煤矿安全监察机构依照《行政处罚法》和本条例规定的程序作出决定。进行现场检查时，发现存在事故隐患的，有权要求煤矿立即消除或者限期解决；发现威胁职工生命安全的紧急情况时，有权要求立即停止作业，下达立即从危险区内撤出作业人员的命令，并立即将紧急情况和处理措施报告煤矿安全监察机构。

③国家煤矿安全监察机构应当定期公布煤矿安全监察情况。煤矿安全监察机构在实施安全监察过程中，发现煤矿存在的安全问题涉及有关地方人民政府或其有关部门的，应当向有关地方人民政府或其有关部门提出建议，并向上级人民政府或其有关部门报告。煤矿发生伤亡事故的，由煤矿安全监察机构负责组织调查处理。

(3)《煤矿安全监察条例》的主要内容

本条例的主要内容包括总则、煤矿安全监察机构及其职责、煤矿安全监察内容、罚则。以下重点介绍煤矿安全监察内容：

1）煤矿安全监察的对象

煤矿安全监察机构对煤矿执行煤炭法、矿山安全法和其他有关煤矿安全的法律、法规以及国家安全标准、行业安全标准、煤矿安全规程、行业技术规范的情况实施监察。

2）对煤矿建设工程安全设施设计实施审查和验收

煤矿建设工程安全设施设计必须经煤矿安全监察机构审查同意。未经审查同意的，不得施工。煤矿安全监察机构审查煤矿建设工程安全设施设计应当自收到申请审查的设计资料之日起30日内审查完毕，签署同意或者不同意的意见，并书面答复。煤矿安全监察机构对煤矿建设工程安全设施和条件进行验收，应当自收到申请验收文件之日起30日内验收完毕，签署合格或者不合格的意见，并书面答复。

3）对煤矿制订事故预防和应急计划实施安全监察

煤矿安全监察机构应当监督煤矿制定事故预防和应急计划，并检查煤矿制定的发现和消除事故隐患的措施及其落实情况。煤矿安全监察机构发现煤矿矿井通风、防火、防水、防瓦斯、防毒、防尘等安全设施和条件不符合国家安全标准、行业安全标准、煤矿安全规程和行业技术规范要求的，应当责令立即停止作业或者责令限期达到要求。

4）对煤矿作业场所的安全监察

煤矿安全监察机构发现煤矿作业场所有下列情形之一的，应当责令立即停止作业，限期改正；有关煤矿或其作业场所经复查合格的，方可恢复作业：未使用专用防爆电器设备的；未使用专用放炮器的；未使用人员专用升降容器的；使用明火明电照明的。

煤矿安全监察人员发现煤矿作业场所的瓦斯、粉尘或者其他有毒有害气体的浓度超过国家安全标准或者行业安全标准的，煤矿擅自开采保安煤柱的，或者采用危及相邻煤矿生产安全的决水、爆破、贯通巷道等危险方法进行采矿作业的，应当责令立即停止作业，并将有关情况报告煤矿安全监察机构。

5）对煤矿安全技术措施专项费用的提取和使用情况进行监督

煤矿安全监察机构对煤矿安全技术措施专项费用的提取和使用情况进行监督，对未依法提取或者使用的，应当责令限期改正。煤矿安全监察机构发现煤矿矿井使用的设备、器材、仪器、仪表、防护用品不符合国家安全标准或者行业安全标准的，应当责令立即停止使用。

6）对煤矿安全措施的监察

煤矿安全监察机构发现煤矿有下列情形之一的，应当责令限期改正：未依法建立安全生产责任制的；未设置安全生产机构或者配备安全生产人员的；矿长不具备安全专业知识的；特种作业人员未取得资格证书上岗作业的；分配职工上岗作业前，未进行安全教育、培训的；未向职工发放保障安全生产所需的劳动防护用品的。

7）对违章作业的安全监察

煤矿安全监察人员发现煤矿矿长或者其他主管人员违章指挥工人或者强令工人违章、冒险作业，或者发现工人违章作业的，应当立即纠正或者责令立即停止作业。

8）对煤矿在限期内纠正违法行为的情况进行复查

煤矿安全监察机构依照本条例的规定责令煤矿限期解决事故隐患、限期改正影响煤矿安全的违法行为或者限期使安全设施和条件达到要求的，应当在限期届满时及时对煤矿的执行情况进行复查并签署复查意见；经有关煤矿申请，也可以在限期内进行复查并签署复查意见。煤矿安全监察机构及其煤矿安全监察人员依照本条例的规定责令煤矿立即停止作业，责令立即停止使用不符合国家安全标准或者行业安全标准的设备、器材、仪器、仪表、防护用品，或者责令关闭矿井的，应当对煤矿的执行情况随时进行检查。

（4）违反本条例应实施的罚则

1）煤矿安全设施和条件等方面的违规行为及相应处罚

①煤矿建设工程安全设施和条件未经验收或者验收不合格，擅自投入生产的，由煤矿安全监察机构责令停止生产，处5万元以上10万元以下的罚款。拒不停止生产的，由煤矿安全监察机构移送地质矿产主管部门依法吊销采矿许可证。

②煤矿矿井通风、防火、防水、防瓦斯、防毒、防尘等安全设施和条件不符合国家安全标准、行业安全标准、煤矿安全规程和行业技术规范的要求，经煤矿安全监察机构责令限期达到要求，逾期仍达不到要求的，由煤矿安全监察机构责令停产整顿。经停产整顿仍不具备安全生产条件的，由煤矿安全监察机构决定吊销其煤炭生产许可证，并移送地质矿产主管部门依法吊销采矿许可证。

③煤矿作业场所未使用专用防爆电气设备、专用放炮器、人员专用升降容器或者使用明火明电照明，经煤矿安全监察机构责令限期改正，逾期不改正的，由煤矿安全监察机构责令停产整顿，可以处3万元以下的罚款。

④未依法提取或者使用煤矿安全技术措施专项费用，或者使用不符合国家安全标准或者行业安全标准的设备器材、仪器、仪表、防护用品，经煤矿安全监察机构责令限期改正或者责令立即停止使用，逾期不改正或者不立即停止使用的，由煤矿安全监察机构处5万元以

下的罚款；情节严重的，由煤矿安全监察机构责令停产整顿；对直接负责的主管人员和其他直接责任人员，依法给予纪律处分。

⑤煤矿作业场所的瓦斯、粉尘或者其他有毒有害气体的浓度超过国家安全标准或者行业安全标准，经煤矿安全监察人员责令立即停止作业，拒不停止作业的，由煤矿安全监察机构责令停产整顿，可以处10万元以下的罚款。煤矿作业场所的瓦斯、粉尘或者其他有毒有害气体的浓度超过国家安全标准或者行业安全标准，经煤矿安全监察人员责令立即停止作业，拒不停止作业的，由煤矿安全监察机构责令停产整顿，可以处10万元以下的罚款。

2）煤矿相关人员违反本条例的行为及相应处罚

①煤矿矿长不具备安全专业知识，或者特种作业人员未取得操作资格证书上岗作业，经煤矿安全监察机构责令限期改正，逾期不改正的，责令停产整顿；调整配备合格人员并经复查合格后，方可恢复生产；分配职工上岗作业前未进行安全教育、培训，经煤矿安全监察机构责令限期改正，逾期不改正的，由煤矿安全监察机构处4万元以下的罚款；情节严重的，由煤矿安全监察机构责令停产整顿；对直接负责的主管人员和其他直接责任人员，依法给予纪律处分。

②煤矿矿长或者其他主管人员有下列行为之一的，由煤矿安全监察机构给予警告；造成严重后果，构成犯罪的，依法追究刑事责任：违章指挥工人或者强令工人违章、冒险作业的；对工人屡次违章作业熟视无睹，不加制止的；对重大事故预兆或者已发现的事故隐患不及时采取措施的；拒不执行煤矿安全监察机构及其煤矿安全监察人员的安全监察指令的。

③煤矿有关人员拒绝、阻碍煤矿安全监察机构及其煤矿安全监察人员现场检查，或者提供虚假情况，或者隐瞒存在的事故隐患以及其他安全问题的，由煤矿安全监察机构给予警告，可以并处5万元以上10万元以下的罚款；情节严重的，由煤矿安全监察机构责令停产整顿；对直接负责的主管人员和其他直接责任人员，依法给予撤职直至开除的纪律处分。

3）煤矿发生事故后的违规行为及相应处罚

煤矿发生事故，有下列情形之一的，由煤矿安全监察机构给予警告，可以并处3万元以上15万元以下的罚款；情节严重的，由煤矿安全监察机构责令停产整顿；对直接负责的主管人员和其他直接责任人员，依法给予降级直至开除的纪律处分；构成犯罪的，依法追究刑事责任：不按照规定及时、如实报告煤矿事故的；伪造、故意破坏煤矿事故现场的；阻碍、干涉煤矿事故调查工作，拒绝接受调查取证、提供有关情况和资料的。

4）煤矿安全监察人员的违规行为及相应处罚

煤矿安全监察人员滥用职权、玩忽职守、徇私舞弊，应当发现而没有发现煤矿事故隐患或者影响煤矿安全的违法行为，或者发现事故隐患或者影响煤矿安全的违法行为不及时处理或者报告，或者有违反本条例（第19条）规定行为之一，构成犯罪的，依法追究刑事责任；尚不构成犯罪的，依法给予行政处分。

3.7 《矿山安全法实施条例》应用

《矿山安全法实施条例》是《矿山安全法》的补充，条例共8章59条，每章的表述与《矿山安全法》完全对应。

(1) 矿山安全制度

1) 矿山建设工程设计审查和竣工验收管理制度

《矿山安全法》中明确，国家设立矿山建设工程设计审查和竣工验收制度。制定这项制度的目的主要是从源头防止新建矿山先天不足而导致矿山事故。《矿山安全法实施条例》对操作程序和时限要求作了补充规定。

2) 安全教育、培训考核管理制度

由于受地质环境的影响，矿山开采具有多变性，专业性很强，这就要求矿山企业的矿长、安全管理人员、特种作业人员和广大职工有较高的素质。从多年的矿山事故分析，绝大多数矿山事故是责任事故，而引发事故最主要的原因是“三违”(违章指挥、违章操作、违反劳动纪律)。《矿山安全法实施条例》第 35 条至第 38 条对不同人员提出了不同的具体要求。

3) 提取安全技术措施专项费用的管理制度

安全生产“人、机、环”三者之间的关系问题，说明控制事故，要从这三个方面入手。大量事实证明，矿山安全“欠账”不还，事故“隐患”不整治，“欠账”和“隐患”就是事故的祸根，就不可能有效控制事故。《矿山安全法实施条例》明确了矿山安全技术措施：①预防矿山事故的安全技术措施；②预防职业危害的劳动卫生技术措施；③职工的安全培训；④改善矿山安全生产条件的其他措施。

4) 民主监督管理的工作制度

加强民主监督，保证国家法律、法规、技术规范和企业规章制度的有效实施，发挥矿山企业职工主人翁的作用，调动民主参与和群防保安的举措。

5) 对事故隐患和可能引起的危害要制定预防措施的工作制度

《矿山安全法实施条例》规定：①有自然发火可能性的矿井必须采取措施；②采掘作业发现异常可能发生透水事故时必须先探后采；③井下作业地点的空气温度超过 28℃时必须采取降温或其他防护措施；④地面陷落区、排土场、矸石山、尾矿库可能发生的危害，应当采取预防措施；⑤对关闭矿山后可能引起的危害等。

(2) 矿山企业安全生产管理的职责与要求

为保证法律的贯彻落实，在《矿山安全法实施条例》第 28 条中还明确规定：“矿山企业应当建立、健全下列安全生产责任制：①行政领导岗位安全生产责任制；②职能机构安全生产责任制；③岗位人员的安全生产责任制。”第 29 条对矿长又规定了 8 项责任：①认真贯彻执行《矿山安全法》和《矿山安全法实施条例》以及其他法律、法规中有关矿山安全生产的规定；②制定本企业安全生产管理制度；③根据需要配备合格的安全工作人员，对每个作业场所进行跟班检查；④采取有效措施，改善职工劳动条件，保证安全生产所需要的材料、设备、仪器和劳动防护用品的及时供应；⑤依照条例的规定，对职工进行安全教育、培训；⑥制定矿山灾害的预防和应急计划；⑦及时采取措施，处理矿山存在的事故隐患；⑧及时、如实向劳动行政主管部门和管理矿山企业的主管部门报告矿山事故。

(3) 矿山安全法律责任

矿山安全法律责任，是矿山安全法律规范要求矿山安全法律关系主体在具体法律关系中履行和承担的义务。《矿山安全法实施条例》对矿山安全关系中的主体的违法行为设定的法律责任，主要包括行政责任和刑事责任。

1）行政责任

由于过失或者没有履行工作职责事故，尚未构成犯罪的，企事业单位负责人可根据情节追究有关责任人员的行政责任。

2）刑事责任

刑事责任是指违反《安全生产法》《矿山安全法》，构成犯罪的，应当承担的法律责任。《矿山安全法实施条例》规定了追究刑事责任的违法行为及行为人，这对确保《矿山安全法实施条例》的贯彻实施具有十分重要的作用。

矿山企业职工违反《矿山安全法实施条例》构成犯罪的，追究刑事责任，主要有以下两种：重大责任事故罪及其法律制裁；重大劳动安全事故罪及其法律制裁。

3.8　《建设工程安全生产管理条例》应用

(1)《建设工程安全生产管理条例》的总则

1）制定本条例的目的

制定本条例是为了加强建设工程安全生产监督管理，保障人民群众生命和财产安全。

2）本条例的适用范围

在中华人民共和国境内从事建设工程的新建、扩建、改建和拆除等有关活动及实施对建设工程安全生产的监督管理，必须遵守本条例。

(2) 建设单位的安全责任

建设单位的主要安全责任包括：建设单位应向施工单位提供施工现场及毗邻区域内地下管线及其他有关真实、准确、完整的资料；不得压缩合同约定的工期；在编制工程概算时，应确定建设工程安全作业环境及安全施工措施所需费用；在申请领取施工许可证时，应提供建设工程有关安全施工措施的资料。在规定期内，将保证安全施工的措施报送建设工程所在地的县级以上地方人民政府建设行政主管部门或者其他有关部门备案；应将拆除工程发包给具有相应资质等级的施工单位。应在拆除工程施工 15 日前，将有关资料报送有关主管部门或者其他有关部门备案。

(3) 勘察、设计、工程监理及其他有关单位的安全责任

勘察单位的主要安全责任是：应按规定进行勘察，提供真实、准确的勘察文件；严格执行操作规程，采取措施保证各类管线、设施和周边建筑物、构筑物的安全。

设计单位的主要安全责任是：应按规定进行设计；应对涉及施工安全的重点部位和环节在设计文件中注明，并对防范生产安全事故提出指导意见；设计单位和注册建筑师等注册执业人员应对其设计负责。

工程监理单位的主要安全责任是：应审查施工组织设计中的安全技术措施或者专项施工方案是否符合工程建设强制性标准；发现问题，应当要求施工单位整改或暂时停止施工，并及时报告建设单位；工程监理单位和监理工程师应按法律、法规和工程建设强制性标准实施监理，并对建设工程安全生产承担监理责任。

(4) 施工单位的安全责任

根据本条例第 20 条至第 38 条，施工单位的安全责任主要包括：

1) 施工单位应当具备相应的资质条件

施工单位应当具备国家规定的注册资本、专业技术人员、技术装备和安全生产等条件，依法取得相应等级的资质证书，并在其资质等级许可的范围内承揽工程。

2) 施工单位应建立有关安全的制度，制定有关安全的规章

施工单位应当建立健全安全生产责任制度和安全生产教育培训制度，制定安全生产规章制度和操作规程，对所承担的建设工程进行定期和专项安全检查，并做好安全检查记录。

3) 施工单位应保证安全生产所需资金的投入

施工单位应保证本单位安全生产条件所需资金的投入，对列入建设工程概算的安全作业环境及安全施工措施所需费用，应当用于施工安全防护用具及设施的采购和更新、安全施工措施的落实、安全生产条件的改善，不得挪作他用。

4) 施工单位应设安全生产管理机构，配备专职安全管理人员

专职安全生产管理人员负责对安全生产进行现场监督检查，发现安全事故隐患，应当及时向项目负责人和安全生产管理机构报告；对违章指挥、违章操作的，应当立即制止；建设工程实行施工总承包的，由总承包单位对施工现场的安全生产负总责。

5) 施工单位应编制安全技术措施和施工现场临时用电方案

施工单位应当在施工组织设计中编制安全技术措施和施工现场临时用电方案，对下列达到一定规模的危险性较大的分部分项工程编制专项施工方案，并附安全验算结果，经施工单位技术负责人、总监理工程师签字后实施，由专职安全生产管理人员进行现场监督：基坑支护与降水工程；土方开挖工程；模板工程；起重吊装工程；脚手架工程；拆除、爆破工程；国务院建设行政主管部门或者其他有关部门规定的其他危险性较大的工程。

6) 施工单位应建立消防安全责任制度

施工单位应当在施工现场建立消防安全责任制度，确定消防安全责任人，制定用火、用电、使用易燃易爆材料等各项消防安全管理制度和操作规程，设置消防通道、消防水源，配备消防设施和灭火器材，并在施工现场入口处设置明显标志；施工单位应当向作业人员提供安全防护用具和安全防护服装，并书面告知危险岗位的操作规程和违章操作的危害；作业人员有权对施工现场的作业条件、作业程序和作业方式中存在的安全问题提出批评、检举和控告，有权拒绝违章指挥和强令冒险作业。

7) 施工单位的负责人的任职条件

施工单位的主要负责人、项目负责人、专职安全生产管理人员应当经建设行政主管部门或者其他有关部门考核合格后方可任职。施工单位应当对管理人员和作业人员每年至少进行一次安全生产教育培训，其教育培训情况记入个人工作档案。安全生产教育培训考核不合格的人员，不得上岗。

(5) 建设工程安全生产的监督管理

1) 各级负责安全生产监督管理的部门实施建筑工程安全生产的监督管理的范围

国务院负责安全生产监督管理的部门依照《安全生产法》的规定，对全国建设工程安全生产工作实施综合监督管理；县级以上地方人民政府负责安全生产监督管理的部门依照法律

的规定，对本行政区域内建设工程安全生产工作实施综合监督管理；国务院建设行政主管部门对全国的建设工程安全生产实施监督管理；国务院铁路、交通、水利等有关部门按照国务院规定的职责分工，负责有关专业建设工程安全生产的监督管理；县级以上地方人民政府建设行政主管部门对本行政区域内的建设工程安全生产实施监督管理；县级以上地方人民政府交通、水利等有关部门在各自的职责范围内，负责本行政区域内的专业建设工程安全生产的监督管理。

2）有关部门在履行安全监督检查职责时有权采取的措施

县级以上人民政府负有建设工程安全生产监督管理职责的部门在各自的职责范围内履行安全监督检查职责时，有权采取的措施包括：要求被检查单位提供有关建设工程安全生产的文件和资料；进入被检查单位施工现场进行检查；纠正施工中违反安全生产要求的行为；对检查中发现的安全事故隐患，责令立即排除；重大安全事故隐患排除前或者排除过程中无法保证安全的，责令从危险区域内撤出作业人员或者暂时停止施工；建设行政主管部门在审核发放施工许可证时，应当对建设工程是否有安全施工措施进行审查，对没有安全施工措施的，不得颁发施工许可证。

3）对建设工程生产安全事故及安全事故隐患的检举、控告和投诉的受理

县级以上人民政府建设行政主管部门和其他有关部门应当及时受理对建设工程生产安全事故及安全事故隐患的检举、控告和投诉。

(6) 生产安全事故的应急救援和调查处理

1）生产安全事故的应急救援

县级以上地方人民政府建设行政主管部门应当根据本级人民政府的要求，制定本行政区域内建设工程特大生产安全事故应急救援预案；施工单位应当制定本单位生产安全事故应急救援预案，建立应急救援组织或者配备应急救援人员，配备必要的应急救援器材、设备，并定期组织演练；实行施工总承包的，由总承包单位统一组织编制建设工程生产安全事故应急救援预案，工程总承包单位和分包单位按照应急救援预案，各自建立应急救援组织或者配备应急救援人员，配备救援器材、设备，并定期组织演练。

2）生产安全事故的调查处理

①上报生产安全事故。施工单位发生生产安全事故，应当按照国家有关伤亡事故报告和调查处理的规定，及时、如实地向负责安全生产监督管理的部门、建设行政主管部门或者其他有关部门报告；特种设备发生事故的，还应当同时向特种设备安全监督管理部门报告，接到报告的部门应当按照国家有关规定，如实上报；实行施工总承包的建设工程，由总承包单位负责上报事故。

②保护事故现场。发生生产安全事故后，施工单位应当采取措施防止事故扩大，保护事故现场。需要移动现场物品时，应当做出标记和书面记录，妥善保管有关证物。

③事故的调查处理。建设工程生产安全事故的调查、对事故责任单位和责任人的处罚与处理，按照有关法律、法规的规定执行。

(7) 违反《建设工程安全生产监督管理条例》应负的法律责任

1）有关管理部门工作人员的法律责任

违反本条例的规定，县级以上人民政府建设行政主管部门或者其他有关行政管理部门的

工作人员，有以下行为之一的，给予降级或者撤职的行政处分；构成犯罪的，依照刑法有关规定追究刑事责任：对不具备安全生产条件的施工单位颁发资质证书的；对没有安全施工措施的建设工程颁发施工许可证的；发现违法行为不予查处的；不依法履行监督管理职责的其他行为。

2）注册执业人员的法律责任

注册执业人员未执行法律、法规和工程建设强制性标准的，责令停止执业 3 个月以上 1 年以下；情节严重的，吊销执业资格证书，5 年内不予注册；造成重大安全事故的，终身不予注册；构成犯罪的，依照刑法有关规定追究刑事责任。

3）施工单位的法律责任

①施工单位有下列行为之一的，责令限期改正；逾期未改正的，责令停业整顿，依照《安全生产法》的有关规定处以罚款；造成重大安全事故，构成犯罪的，对直接责任人员，依照刑法有关规定追究刑事责任：施工前未对有关安全施工的技术要求作出详细说明的；未根据不同施工阶段和周围环境及季节、气候的变化，在施工现场采取相应的安全施工措施，或者在城市市区内的建设工程的施工现场未实行封闭围挡的；在尚未竣工的建筑物内设置员工集体宿舍的；施工现场临时搭建的建筑物不符合安全使用要求的；未对因建设工程施工可能造成损害的毗邻建筑物、构筑物和地下管线等采取专项防护措施的。

②施工单位挪用列入建设工程概算的安全生产作业环境及安全施工措施所需费用的，责令限期改正，处挪用费用 20%以上 50%以下的罚款；造成损失的，依法承担赔偿责任。

③施工单位有下列行为之一的，责令限期改正；逾期未改正的，责令停业整顿，并处 10 万元以上 30 万元以下的罚款；情节严重的，降低资质等级，直至吊销资质证书；造成重大安全事故，构成犯罪的，对直接责任人员，依照刑法有关规定追究刑事责任；造成损失的，依法承担赔偿责任：安全防护用具、机械设备、施工机具及配件在进入施工现场前未经查验或者查验不合格即投入使用的；使用未经验收或者验收不合格的施工起重机械和整体提升脚手架、模板等自升式架设设施的；委托不具有相应资质的单位承担施工现场安装、拆卸施工起重机械和整体提升脚手架、模板等自升式架设设施的；在施工组织设计中未编制安全技术措施、施工现场临时用电方案或者专项施工方案的。

④施工单位的主要负责人、项目负责人未履行安全生产管理职责的，责令限期改正；逾期未改正的，责令施工单位停业整顿。

⑤对造成重大安全事故、重大伤亡事故或者其他严重后果，构成犯罪的，依照刑法有关规定追究刑事责任。作业人员不服管理、违反规章制度和操作规程冒险作业造成重大伤亡事故或者其他严重后果，构成犯罪的，依照刑法有关规定追究刑事责任。施工单位的主要负责人、项目负责人有前款违法行为，尚不够刑事处罚的，处 2 万元以上 20 万元以下的罚款或者按照管理权限给予撤职处分，自刑罚执行完毕或者受处分之日起，5 年内不得担任任何施工单位的主要负责人、项目负责人。

3.9 《生产安全事故报告和调查处理条例》应用

事故报告和调查处理工作错综复杂，《生产安全事故报告和调查处理条例》确立的事故报告、事故调查、事故处理、责任追究等 4 项法律制度带有基本性和长远性，实现了事故报告和调查处理工作的法律化、制度化。

(1) 本条例的适用范围

法律的适用范围包括主体及其行为、时间和空间 3 个层次，时间和空间方面比较明确，但主体及其行为的复杂性决定了本条例适用范围的复杂性。现实中，从事生产经营活动的主体规模不一、所有制形式多样，既有规模很小的私营企业，又有规模巨大的国有企业。这些主体的经营活动呈现多元化，一些国防科研生产单位既从事军工生产，也从事民用生产；一些单位既有普通的日常经营活动，也有航空航天、危险化学品储运等高科技、高度危险活动；有些生产经营活动存在于固定经营场所之内，有些存在于固定经营场所之外。

为了明确适用范围，本条例第 2 条排除了对环境污染、核设施、国防科研生产 3 类事故的适用；第 45 条规定了特别重大以下等级事故适用其他特别法的情况。另外，本条例第 44 条第 1 款规定了对涉险事故的扩张适用；第 2 款对国家机关、事业单位、人民团体发生事故参照适用本条例的情况作了补充规定。

(2) 生产安全事故的概念和分级

“生产安全事故”这个概念与《安全生产法》中生产经营单位的概念密切相关，关系到本条例的适用范围。根据《安全生产法》相关条文和本条例第 2 条的规定，结合《突发事件应对法》对突发事件的界定，可以把生产安全事故定义为：生产经营单位在生产经营活动中发生的造成人身伤亡或者直接经济损失的突发事件。

按照这个定义，“生产安全事故”至少要同时具备以下 4 个构成要件：一是主体的特定性，主要包括工矿商贸领域的公司、企业、合伙人、个体户等生产经营单元；二是范围的局限性，要发生在生产经营活动过程中；三是破坏性，即造成人身伤亡或者直接经济损失；四是突发性，属于意外的突发事件。

生产安全事故从性质上可以分为责任事故和非责任事故两类。具体到生产经营活动，责任事故一般是由于有关人员违章指挥、违章作业、违反劳动纪律，从而导致一定危害后果的事故；非责任事故一般包括不可抗力或者有关人员蓄意破坏生产经营导致的事故。不经调查就确认事故的性质，在逻辑上是行不通的，所以本条例第 25 条规定事故调查组的职责就包括认定事故的性质。

本条例第 3 条把事故分为特别重大、重大、较大和一般 4 级，总体上是合理的，但是分级标准在应用中还有疑问：一是对人员伤亡的范围进行了限定，把轻伤排除在分级标准之外；二是死亡人数、重伤人数和直接经济损失数额 3 个指标任选的标准不能准确反映事故的实际危害程度，如同时造成 2 人死亡和 9 人重伤的事故属于一般事故，但仅造成 3 人死亡的事故却是较大事故；三是特别重大事故、重大事故、较大事故的标准都有下限，但一般事故却没有下限，大量轻微事故会使一般事故的数量非常庞大。

(3) 事故报告和应急救援

生产安全事故的报告和应急救援属于效率优先的工作。事故报告主要方式是有关部门逐级上报，社会公众举报只是补充。本条例第 9 条、第 10 条、第 11 条规定了每级 2 小时和逐级最高 7 小时的上报时限。有观点认为这个时限过短，不能保证事故报告的准确性，尤其是当事故发生单位地处偏远、交通不便、通信不畅的时候。事实上，这些问题大都可以克服，而且对于一时无法完整准确报告的事故，本条例第 13 条规定了补报制度。如果把事故报告的时限拖得过长，不利于及时救援，还容易给公众造成拖延时间、另有图谋的假象。另外，《国家突发公共事件总体应急预案》对特别重大或重大事故的报告时限确定了更严格的标准，即最迟不得超过 4 小时。

事故的应急救援包括事故发生单位组织的自救和当地政府和有关部门组织的救助，两者的目的都是减少人员伤亡和经济损失，不同之处在于时间的先后和力度的大小。

(4) 事故调查的工作机制

本条例第 19 条按照“政府领导、分级负责”的原则把事故调查确定为各级政府的责任，并规定它们可以授权或者委托有关部门组织事故调查组进行调查。本条例是国务院制定的行政法规，通篇都贯彻了《安全生产法》确立的综合监管与专项监管相结合的管理体制，相关部门都是执法主体，无论谁牵头事故调查，都不宜推诿或者越权，而应当按照政府的“三定”方案相互配合履行职责。

根据本条例第 22 条第 2 款的规定，事故调查组由有关人民政府、安全生产监督管理部门、负有安全生产监督管理职责的有关部门、监察机关、公安机关、工会派人组成。工会是拥有监督权的人民团体，《安全生产法》第 52 条第 3 款、《工会法》第 26 条对工会参与事故调查处理有明确规定。检察院主要承担法律监督职能，参与事故调查仅限于依据《刑事诉讼法》第 18 条第 2 款的规定对涉嫌贪污贿赂和渎职的案件行使侦查权，因此，本条例使用了“应当邀请人民检察院派人参加”的表述。而且，事故调查是集思广益的科学查证过程，不是纯粹的具体行政行为，本条例第 22 条第 3 款就规定事故调查组可以聘请有关专家参与调查。

在事故调查组工作制度方面，本条例第 23 条规定了个人回避制度。第 24 条原则性规定组长主持事故调查组的工作，以及第 28 条第 2 款规定组长在信息发布方面的职权。事故调查组在对事故责任者提出处理建议时，要综合考虑本条例和其他相关法律法规，因为《条例》第 43 条第 2 款规定：“法律、行政法规对行政处罚的种类、幅度和决定机关另有规定的，依照其规定。”这样做，有利于事故批复和责任落实得到相关政府和部门的认同、配合。

(5) 责任认定和责任落实

事故调查报告的批复是责任认定和责任落实的前提。事故调查组是临时性机构，一般会在提交调查报告之后解散。本条例第 32 条没有明确批复的对象是牵头组织调查的部门，还是所有参与调查的部门。责任落实的过程中，要涉及责任单位及责任人员的认定、责任划分、地方政府之间的配合等问题。在责任单位的认定方面，现实中存在大量劳务派遣关系，派遣单位和用工单位往往互相推诿，事故发生单位的认定比较复杂。在责任人员认定方面，需要界定主要负责人的范围，对实行集团化管理的公司，要明确主要负责人是集团公司的负责人，还是发生事故的分公司的负责人。结合《国务院关于预防煤矿生产安全事故的特别规定》(国务院令第 446 号)、《最高人民法院、最高人民检察院关于办理危害矿山生产安全刑事案件具体应用法律若干问题的解释》(法释［2007］5 号)，主要负责人是指对生产经营活动负有领导责任，拥有决策权、指挥权的人，具体包括实际控制人、负责生产经营管理的投资人、公司企业的法定代表人等，这些人的头衔可以是董事长、执行董事、经理、厂长、矿长等。在责任划分方面，如果事故由多个单位共同造成，如何对责任进行划分，尤其是罚款，是分别依据本条例做出相同的处罚，还是按照主要责任和次要责任来分担，需要明确。在地方政府之间的配合方面，本条例第 21 条规定特别重大以下等级事故调查实行属地管辖，事故发生单位所在地人民政府派人参加，实践中存在事故批复和责任追究异地落实难的问题，需要相关地方政府加强配合、协调解决。

3.10 《道路交通安全法实施条例》应用

《道路交通安全法实施条例》是国务院制定的全面而系统地实施《道路交通安全法》的一部专门的行政法规，旨在通过国务院行政法规的形式，具体细化、落实《道路交通安全法》确立的基本原则和基本制度。《道路交通安全法实施条例》和《道路交通安全法》一起共同构成了我国道路交通安全管理的新的法制体系。

(1)《道路交通安全法实施条例》适用范围

本条例第 2 条规定，中华人民共和国境内的车辆驾驶人、行人、乘车人以及与道路交通活动有关的单位和个人，应当遵守本条例。

(2)《道路交通安全法实施条例》主要新意

1）关于机动车安全技术检验制度的实施

本条例规定，由独立承担民事责任的安全技术检验机构对机动车进行检验，并对检验结果承担法律责任。政府的质量技术监督部门负责对安全技术检验机构实行资格管理和计量认证，对设备进行检定，对国家标准的执行情况进行监督；安全技术检验的具体项目由国务院公安部门会同国务院质量技术监督部门规定（第 15 条）。公安机关交通管理部门不再承担机动车安全技术检验的行业监管工作。

根据保护道路交通活动中的公共安全、预防和减少群死群伤交通事故的需要，本条例从几个方面规定了机动车的安全技术检验间隔时间：一是对营运车多检，对非营运车少检；二是对大型车多检，对小型车少检；三是对旧车多检，对新车少检（第 16 条）。与现行的所有机动车每年一次的年检制度相比，这样规定既保证了严格管理的需要，又大大减轻了广大机动车所有人的负担。

2）关于维护交通秩序和交通安全的措施

根据《道路交通安全法》关于驾驶机动车不得超速行驶、疲劳驾驶的规定，借鉴国外对从事长途营运的客、货车安装行驶记录仪的经验，本条例规定：用于公路营运的载客汽车、重型载货汽车应当安装、使用符合国家标准的行驶记录仪。交通警察可以对机动车行驶速度、连续驾驶时间以及其他行驶状态信息进行检查。安装行驶记录仪的实施步骤由国务院机动车产品主管部门会同有关部门规定（第 14 条）。

客运机动车超载是造成群死群伤重特大交通事故的重要原因。为解决这个问题，规定公路载客汽车不得超过核定的载客人数（第 55 条）。超过核定的载客人数的，公安机关交通管理部门应当扣留机动车，由驾驶人转运超载的乘客（第 106 条）。为了有效控制货车超载，规定机动车载物不得超过机动车行驶证上核定的载质量。装载长度、宽度不得超出车厢，修改了现行道路交通管理条例允许货运汽车载物后端超过车身 2 米的规定。同时，规定了车辆的装载限高（第 54 条），并相应作出了对超载的货运机动车扣车卸载的规定（第 106 条）。

3）关于道路通行规则和道路通行条件

《道路交通安全法》对道路通行规则和道路通行条件作了原则规定，本条例对机动车、非机动车、行人和乘车人的道路通行规则作了具体规定（第3章、第4章）。此外，根据近年来一些地方对危险路段的通行条件加以整治后，大大减少了群死群伤、重大交通事故的经验，《道路交通安全法实施条例》规定：道路或者交通设施的养护部门、管理部门应当在急弯、陡坡、临崖、临水等危险路段，按照国家标准设置警告、减速标志和安全防护设施（第36条）。

4）关于驾驶人违章累积记分制度

根据《道路交通安全法》规定的机动车驾驶人违章记分制度和机动车驾驶证定期审验制度，本条例改变了现行的机动车驾驶证一律每年审验一次的做法，将机动车驾驶证审验与机动车驾驶人违章记分制度结合起来，作了具体规定：公安机关交通管理部门对机动车驾驶人的道路交通安全违法行为除给予行政处罚外，实行道路交通安全违法行为累积记分（以下简称记分）制度，记分周期为12个月。对在一个记分周期内记分达到12分的，由公安机关交通管理部门扣留其机动车驾驶证，该机动车驾驶人应当按照规定参加道路交通安全法律、法规的学习并接受考试。考试合格的，记分予以清除，发还机动车驾驶证；考试不合格的，继续参加学习和考试（第23条），实际是进行一次严格的审验。机动车驾驶人在一个记分周期内记分未达到12分，但所处罚款已经缴纳的，记分予以清除；记分虽未达到12分，但尚有罚款未缴纳的，记分转入下一记分周期。机动车驾驶人在一个记分周期内记分2次以上达到12分的，除按照该条例第23条的规定扣留机动车驾驶证、参加学习、接受考试外，还应当接受驾驶技能考试。考试合格的，记分予以清除，发还机动车驾驶证；考试不合格的，继续参加学习和考试（第24条）。对违章记分已达到12分，但拒不参加学习和考试的，由公安机关交通管理部门公告其机动车驾驶证停止使用（第25条）。此外，机动车驾驶证到期换证时，一律进行机动车驾驶证审验（第26条）。这样做大大减轻了机动车驾驶人的机动车驾驶证审验负担，强化了审验效果。

5）关于交通事故现场快速处理

《道路交通安全法》规定："道路交通事故仅造成财产损失，当事人对事实及成因无争议的，可以撤离现场自行协商损害赔偿事宜。"据统计，道路交通事故中有70%以上是仅造成轻微财产损失的小事故。在我国道路交通流量日益增大的情况下，实现交通事故现场快速处理，尽快恢复交通，减少拥堵，有利于减少交通事故导致的他人和社会的负担。为了既能够实现交通事故现场快速处理，又能使当事人能够妥善处理保险理赔等损害赔偿事宜，本条例规定：机动车与机动车、机动车与非机动车在道路上发生未造成人身伤亡的交通事故，当事人对事实及成因无争议的，可以在记录交通事故的时间、地点、对方当事人的姓名和联系方式、机动车牌号、驾驶证号、保险凭证号、碰撞部位，并共同签名后，撤离现场，自行协商损害赔偿事宜。当事人对交通事故事实及成因有争议的，应当迅速报警（第86条）。

3.11 《内河交通安全管理条例》应用

《内河交通安全管理条例》的颁布实施，进一步促进各级政府落实安全生产责任制，促进船舶改善技术状况、提高船员素质，对维护内河交通安全管理秩序，保障内河交通安全发挥着重要的作用。

(1) 本条例实施主体

本条例明确，在中华人民共和国内河通航水域从事航行、停泊和作业以及与内河交通安全有关的活动必须遵守本条例。本条例实施的主体包括行政主体和行政相对主体，即享有权利和承担义务的组织和个人。

1）国务院交通主管部门

本条例规定：国务院交通主管部门主管全国内河交通安全管理工作。这一定位，体现了交通运输部作为国务院交通主管部门对内河交通安全全面主管的地位。

在本条例中明确按国务院交通主管部门规定及国家规定执行的条款有：船员配备规定，船舶配载和系固安全技术规范，船舶污染损害责任，沉船打捞责任，保险文书和财务保证文书的规定，船舶报废规定，船舶航行、避让和信号显示规则，客船、载运危险货物船舶申请引航规定，船舶载货、载客条件规定，在内河通航水域或岸线作业和活动审批规定，内河禁止运输的危险货物规定，船舶运输危险货物的规定和安全技术规范，渡口船舶识别标志规定，内河通航水域航道、航标和其他标志通航安全的规定，沉没物、漂浮物、搁浅物设置标志的规定，交通事故善后工作的规定，特大交通事故报告、调查和处理的规定等。

2）国家海事管理机构

本条例规定，国家海事管理机构在国务院交通主管部门的领导下，负责全国内河交通安全监督管理工作。这一定位，与国务院批准成立中华人民共和国海事局的定位是一致的。《国务院办公厅关于印发交通部职能配置内设机构和人员编制规定的通知》（国办发［1998］67号）规定，海事局作为交通部直属机构，主要负责行使国家水上安全监督管理的职权；《国务院办公厅关于印发交通部直属海事机构设置方案的通知》（国办［1999］90号）明确，海事管理机构为国家执法监督机构。本条例体现了海事管理机构分水域管理的原则，即交通部在中央管理水域设立的海事管理机构负责在中央管理水域（沿海、对外开放水域及长江、珠江、黑龙江）实施水上交通安全监督管理；省、自治区、直辖市人民政府设立的地方海事管理机构负责在中央管理水域以外的其他水域实施水上交通安全监督管理，统称为海事管理机构。

3）地方人民政府

本条例明确了县级以上各级地方人民政府及乡（镇）人民政府对本行政区域内的内河交通安全管理工作的安全管理职责，以及对救助的领导和协调，交通高峰期安全维护的组织、协调，对水上交通事故的善后工作。这些条款将地方政府对人命关天的大事的责任升为行政法规的国家意志，体现了政府对安全工作的领导地位，也体现了国务院对各级地方人民政府的安全要求。

4）其他管理机构

本条例中涉及相关管理部门有：船舶检验部门、港口管理机构、航道航标主管部门、渔业主管部门、公安机关等。

5）船舶与浮动设施所有人、经营人，渡口经营者，船员

这类行政相对主体是构成水上交通安全的社会主体，也是本条例规定的实施义务主体。

这类主体法定义务的明确，体现了国家明确企业对安全负责的体制原则。

(2) 各方义务

根据本条例的规定，船舶与浮动设施所有人和经营人、渡口经营者、船员，以及地方人民政府、海事管理机构和其他管理部门都必须履行相应的义务，作出一定行为或不能作出一定行为。

1）船舶与浮动设施所有人、经营人的义务

对于船舶、浮动设施的所有人或者经营人的安全管理责任，本条例特别明确：不得聘用无适任证书或者其他适任证件的人员担任船员；不得指使、强令船员违章操作。

2）渡口经营者的义务

有关渡口经营人的义务有：渡口设置或者撤销的审批、渡口的设置条件、渡口经营者的安全管理责任、渡口工作人员的任职要求、渡口船舶的技术要求、渡口船舶渡运管理和航行要求。

3）船舶与浮动设施（管理人）的义务

①属于船舶基本技术条件的义务主要包括：航行或从事有关活动具备的条件；应当保持适于安全航行、停泊或者从事有关活动的状态；配载和系固要求。

②属于船舶航行、停泊、作业的义务主要包括：船舶航速要求；船舶航行的基本航路规则；船舶航行的驾驶要求和避让规则；船舶进出港口签证手续；船舶的引航规定；船舶进出港口和通过特殊区域的规定；从事货物或者旅客运输船舶的技术要求和安全管理要求；船舶载运或者拖带超重、超长、超高、超宽、半潜的物体的安全管理要求；船舶锚泊管理。

③属于船舶载运危险货物义务主要包括：载运危险货物船舶的检验和安全技术规范要求；进出港口安全管理要求；航行、装卸或者停泊时信号要求；避让危险货物事故应急预案的编制和相应的应急救援设备、器材的配备。

④属于船舶与浮动设施在救助中的义务主要包括：船舶、浮动设施遇险和事故的应急措施以及向海事管理机构报告；船舶、浮动设施遇险后其他船舶的救助责任。

4）船员的义务

船员的义务主要包括：船员的任职条件；救助遇险报告；接受海事管理机构调查。

5）地方人民政府的义务

县级以上地方各级人民政府对内河交通安全管理的责任：乡（镇）人民政府对本行政区域内的内河交通安全管理应履行的职责；渡口安全管理责任制度的建立和监督检查；水上搜救和善后；特殊时段安全管理责任。

6）海事管理机构的义务

海事管理机构的义务主要包括：涉及交通安全管理的作业或者活动的审批；航行通告或者航行警告的发布；水上遇险事故的救助；内河交通事故的调查、取证及调查结论；建立、健全内河交通安全监督检查制度，并组织落实；对船舶、浮动设施、船员和通航安全环境的监督检查；对内河交通密集区域、多发事故水域以及货物装卸、乘客上下比较集中的港口，对客渡船、滚装客船、高速客轮、旅游船和载运危险货物的船舶的安全巡查；海事管理机构的工作人员执法要求。

7）其他管理机构及有关人员的义务

属管理对象的有：拖放竹、木；通航水域作业；危险货物码头、泊位验收；危险货物运输。属管理者的有：航道部门的航道管理和渔政部门的渔政管理；内河通航水域的航道、航标和其他标志的规划、建设、设置、维护。

(3) 本条例授予的权力

本条例为了保证海事管理机构履行水上交通安全监督职责，树立管理的权威，赋予了海事管理机构相应的职权。

1）行政许可权

海事管理机构的行政许可权包括：对船舶检验机构的认可；船舶登记许可；船员考试发证许可；船舶进出港口签证许可；四超一潜船舶航行核定；船舶紧急停泊报告；水上水下作业批准；涉及航道水域的水产养殖区设置意见；水文航道作业备案；危险货物码头验收；运输危险货物进出港意见；渡口设置或撤销意见。

2）行政措施权

海事管理机构的行政措施具体是：维护通航秩序措施；限制船舶航速措施；交通管制措施；航行通（警）告措施；救助指挥措施；水上交通事故处理中保证航路畅通措施。

3）行政强制权

海事管理机构行政强制权有：强制卸载；拆除动力装置；暂扣船舶；强制拖离；强制清除；强制设置标志或组织打捞清除。

4）行政命令权

海事管理机构的行政命令具体有：责令立即消除或限期消除隐患；责令改正或限期改正；责令临时停航、停止作业、驶向指定地点；禁止进港、离港：责令立即离港。

5）行政处罚权

海事管理机构行政处罚具体有：警告处罚；罚款处罚；暂扣或吊销船员适任证书处罚；没收船舶；没收证书证件及没收违法所得。

6）行政确认权

海事管理机构的行政确认权，是指海事管理机构对内河交通事故的行政鉴定行为，本条例明确的行政确认权实质为交通事故责任鉴定，所作出的调查结论可以作为证据由人民法院予以采用，也是海事管理机构对相对人处以行政处罚的依据。

7）其他行政管理权力

县级人民政府对渡口设置或撤销及渡运路线审批、核定的行政许可行为；县级人民政府指定部门对渡口安全监督检查权；县级人民政府指定部门对渡口工作人员颁发合格证许可权；船检机构发船舶检验合格证许可权；航道、渔政、海事管理机构对水产养殖区及航道划定相互涉及事项的共同许可权；海事管理机构、港口管理机构对船舶装运危险货物进出港口的共同许可权；涉及水工建筑需其他部门审批的共同许可权；公安机关对违反《治安管理处罚条例》行为的处罚权。

(4) 法律责任

本条例中对从事内河交通安全监督管理的海事管理机构、地方政府部门及船舶与浮动设施所有人、经营人、船员等相对人的不作为明确了法律责任。

1）海事管理机构不作为行为法律责任

不依据法定的安全条件进行审批、许可的；对审批、许可的安全事项不实施监督检查的；发现船舶不再具备安全航行、停泊、作业条件而不及时撤销批准或许可并予以处理的；对未经审批、许可擅自从事旅客、危险货物运输的船舶不实施监督检查；发现内河交通安全隐患不及时依法处理的；对违法行为不依法予以处罚的。上述不作为构成事实，对负有责任的主管人员和其他直接责任人员根据不同情节，给予降级或者撤职的行政处分；造成重大内河交通事故或者致使公共财产、国家和人民利益遭受重大损失的，依照刑法关于滥用职权罪、玩忽职守罪或者其他罪的规定，依法追究刑事责任。

2）地方政府部门不作为法律责任

对县级人民政府批准的渡口不依法实施监督检查的；对未经县级人民政府批准擅自设立的渡口不予查处的；对渡船超载，人与大牲畜混载，人与爆炸品、压缩气体和液化气体、易燃液体、易燃固体、自燃物品和遇湿易燃物品、氧化剂和有机过氧化物、有毒品和腐蚀品等危险品混载，以及其他危及安全的行为，不及时纠正并依法处理的。

上述不作为构成事实，根据不同情节，对负有责任的主管人员和其他直接责任人员，给予降级或者撤职的行政处分；造成重大内河交通事故或者致使公共财产、国家和人民利益遭受重大损失的，依照刑法关于滥用职权罪、玩忽职守罪或者其他罪的规定，依法追究刑事责任。

3）船舶与浮动设施所有人、经营人、船员及相关人员刑事责任

①伪造、变造、买卖、转借、冒用国家机关公文、证件罪。伪造、变造、买卖、转借、冒用船舶检验证书、船舶登记证书、船员适任证书或者其他适任证件，触犯刑律的，依照刑法关于伪造、变造、买卖国家机关公文、证件罪或者其他罪的规定，依法追究刑事责任。

②重大责任事故罪。船舶、浮动设施的所有人或者经营人指使、强令船员违章操作，造成重大伤亡事故或者严重后果的，依照刑法关于重大责任事故罪或者其他罪的规定，依法追究刑事责任。

③交通肇事罪。船舶在内河航行、停泊或者作业，不遵守航行、避让和信号显示规则，造成重大内河交通事故的，依照刑法关于交通肇事罪或者其他罪的规定，依法追究刑事责任。船舶、浮动设施发生内河交通事故后逃逸，触犯刑律的，依照刑法关于交通肇事罪或者其他罪的规定，依法追究刑事责任。

④重大劳动安全事故罪。船舶不具备安全技术条件从事货物、旅客运输，或者超载运输货物、旅客，发生重大伤亡事故或者造成其他严重后果的，依照刑法关于重大劳动安全事故罪或者其他罪的规定，依法追究刑事责任。

⑤妨害公务罪。以暴力、威胁方法阻碍内河交通事故调查、取证的，依照刑法关于妨害公务罪的规定，依法追究刑事责任。

3.12 《铁路运输安全保护条例》应用

(1)《铁路运输安全保护条例》的主要内容

本条例根据新的形势和要求，对铁路线路安全保护、铁路营运安全保护以及社会公众对保护铁路安全运输的义务等都作了全面规定。

本条例完善了铁路管理部门的安全监管职责，明确规定了地方各级人民政府及县级以上地方人民政府有关部门保护铁路运输安全的职责，设立了铁路线路、桥梁、隧道、站场的安全保护制度，完善了铁路道口建设和安全管理制度，明确规定了铁路运输企业的安全生产责任，强化了对危险货物和特种货物运输的安全管理等。

本条例对加强铁路运输安全管理，推进依法行政，保障铁路运输安全和畅通，保护人身安全、财产安全以及其他合法权益，促进铁路运输业和经济社会的协调发展，具有重要的意义。

(2) 铁路线路安全保护措施

《铁路运输安全保护条例》本着既要尽可能地方便人民群众的生产、生活，又要满足铁路线路安全保护需要的原则，针对铁路线路安全存在的突出问题，主要从以下 6 个方面建立、健全相应的保护制度和措施，确保铁路线路的安全和畅通。

1）设立了铁路线路安全保护区。禁止在安全保护区内建造建筑物、构筑物，禁止实施取土、挖砂，放养牲畜，堆放、悬挂物品等危及铁路运输安全的行为。

2）严格限制在铁路桥梁跨越的河道上下游一定范围内从事采砂等活动。任何单位和个人不得在铁路桥梁跨越的河道上下游各 1 000 米范围内围垦造田、抽取地下水、拦河筑坝、架设浮桥、修建其他影响或者危害铁路桥梁安全的设施。

3）禁止在铁路线路两侧各 200 米范围内设立生产、加工、储存和销售易燃、易爆或者放射性物品等危险物品的场所、仓库。禁止在铁路线路两侧 1 000 米范围内从事采矿、采石及爆破作业，确保铁路运输安全畅通。

4）明确规定了道路、铁路两用桥的安全责任和管理原则。道路、铁路两用桥的墩、梁等共用部分的检测、维修由铁路运输企业和道路管理部门或者道路经营企业共同负责，定期检查，共同维护，保证道路、铁路两用桥处于安全的技术状态。

5）解决了铁路线路与道路、水路、通信线路、油气管线等设施交叉、重叠时存在的安全责任不明确的问题。

6）完善了铁路道口建设和安全管理制度。规定了任何单位和个人不得擅自设置或拓宽铁路道口、人行过道。

(3) 铁路营运安全的保护方法

铁路营运安全是铁路运输安全的另一个重要方面。铁路营运安全主要包括对铁路机车车辆、铁路道岔等设施、设备本身的安全质量保证，以及对铁路运输企业运输行为的安全要求。

1）本条例对关系铁路运输安全的重要设施、设备，第一次规定了实行安全准入制度。对其他直接关系铁路运输安全的铁路专用设备、器材、工具和安全检测设备，实行产品强制认证制度。

2）本条例明确规定了铁路运输企业的安全生产责任。铁路运输企业应当加强铁路运输安全管理，建立、健全安全生产管理制度，设置安全管理机构，保证铁路运输安全所必需的资金投入，确保铁路运输设施、设备性能完好和安全运行。铁路机车车辆的驾驶人员应当经国务院铁路主管部门考试合格后，方可上岗。

3）本条例强化了对危险货物和特种货物运输的安全管理。对运输危险货物和特种货物规定了相应的安全要求和安全保障措施。

(4) 地方政府保护铁路运输安全的职责

铁路运输除了具有高度专业性、技术性的特点外，还具有跨地区的网络性，铁路的安全管理就要充分发挥有关部门和地方各级人民政府的作用，形成统一协调、责任明确、相互配合的铁路运输安全管理长效机制。

本条例明确规定了地方人民政府及其有关部门保护铁路运输安全的职责：要加强对保护铁路运输安全的教育；落实护路联防责任制；防范和制止危害铁路运输安全的行为，协调和处理有关铁路运输安全事项；预防、应急处理和治理铁路沿线地质灾害；建立相应的定期信息通报制度和运输安全生产协调机制；做好铁路线路安全保护区的划定工作；配合铁路管理机构审批铁路道口的设置。本条例分别规定了河道、航道管理部门在管理船舶通过铁路桥梁航行和进行与铁路桥梁安全有关的疏浚作业活动中应承担的安全责任；水行政主管部门在管理与铁路桥梁安全有关的围垦造田、抽取地下水、拦河筑坝等活动中应承担的安全责任；信息产业主管部门对埋设、铺设、架设铁路信号、通信光（电）缆的监督管理责任。

(5) 社会公众保护铁路运输安全的义务

《铁路运输安全保护条例》从以下 3 个方面加强了社会公众保护铁路运输安全的义务：

1）禁止任何单位或者个人实施危害铁路运输安全的 17 类行为。例如，禁止非法拦截列车，禁止在铁路线路上行走、坐卧或者在未设平交道口、人行过道的铁路线路上通过等。

2）禁止任何单位或者个人实施危及铁路通信、信号设施安全的行为，包括在埋有地下光（电）缆设施的地面上方进行钻探等 5 类行为。

3）禁止任何单位或者个人实施危害电气化铁路设施的行为，包括向电气化铁路接触网抛掷物品，在铁路电力线路导线附近升放风筝、气球，触碰电气化铁路接触网等 6 类行为。

(6) 铁路管理机构的安全管理职责

根据《铁路法》第 3 条“国家铁路运输企业行使法律、行政法规授予的行政管理职能”的规定，《铁路运输安全保护条例》明确了国务院铁路主管部门及铁路管理机构的责任，规定了应当对有关铁路安全的法律、法规执行情况进行监督检查；制止各种侵占、损坏铁路运输的设施、设备、标志、用地及其他违反条例的行为；特别是要加强对铁路运输高峰时期，铁路运输关键环节和要害设施、设备的安全状况及应急预案的建立和落实情况的监督检查；对发现的安全隐患立即排除，及时处理铁路运输安全事故等。

3.13 《国务院关于特大安全事故行政责任追究的规定》应用

(1) 制定本规定的主要目的以及特大安全事故的类别

1）制定本规定的主要目的

为了有效地防范发生特大安全事故，严肃追究特大安全事故的行政责任，保障人民群众生命、财产安全，制定本规定。

2）特大安全事故的类别

地方人民政府主要领导人和政府有关部门正职负责人对下列特大安全事故的防范、发生，依照法律、行政法规和本规定的规定有失职、渎职情形或者负有领导责任的，依照本规定给予行政处分；构成玩忽职守罪或者其他罪的，依法追究刑事责任：特大火灾事故；特大交通安全事故；特大建筑质量安全事故；民用爆炸物品和化学危险品特大安全事故；煤矿和其他矿山特大安全事故；锅炉、压力容器、压力管道和特种设备特大安全事故；其他特大安全事故。

(2) 地方各级政府和政府有关部门防范特大安全事故的职责

1）地方各级政府和政府有关部门防范特大安全事故的一般性职责

地方各级人民政府及政府有关部门应当依照有关规定，采取行政措施，对本地区实施安全监督管理，对本地区或者职责范围内防范特大安全事故的发生、特大安全事故发生后的迅速和妥善处理负责；应当组织有关部门按照职责分工对本地区容易发生特大安全事故的单位、设施和场所安全事故的防范明确责任、采取措施，并组织有关部门对上述单位、设施和场所进行严格检查；必须制定本地区特大安全事故应急处理预案。本地区特大安全事故应急处理预案经政府主要领导人签署后，报上一级人民政府备案。

2）市（地、州）、县（市、区）人民政府的职责

市（地、州）、县（市、区）人民政府应当组织有关部门对本规定所列各类特大安全事故的隐患进行查处；发现特大安全事故隐患的，责令立即排除；特大安全事故隐患排除前或者排除过程中，无法保证安全的，责令暂时停产、停业或者停止使用。

市（地、州）、县（市、区）人民政府及其有关部门对本地区存在的特大安全事故隐患，超出其管辖或者职责范围的，应当立即向有管辖权或者负有职责的上级人民政府或者政府有关部门报告；情况紧急的，可以立即采取包括责令暂时停产、停业在内的紧急措施，同时报告；有关上级人民政府或者政府有关部门接到报告后，应当立即组织查处。

3）中小学校的职责

中小学校对学生进行劳动技能教育以及组织学生参加公益劳动等社会实践活动，必须确保学生安全。严禁以任何形式、名义组织学生从事接触易燃、易爆、有毒、有害等危险品的劳动或者其他危险性劳动。严禁将学校场地出租作为从事易燃、易爆、有毒、有害等危险品的生产、经营场所。

(3) 在发生特大事故后，有关方面应采取的措施

1）上报事故情况

特大安全事故发生后，有关地区人民政府及政府有关部门应当按照国家规定的程序和时限立即上报，不得隐瞒不报、谎报或者拖延报告。

2）协助事故调查

特大安全事故发生后，有关地区人民政府及政府有关部门应当配合、协助事故调查，不得以任何方式阻碍、干涉事故调查。

3）组织救助

特大安全事故发生后，有关地方人民政府应当迅速组织救助，有关部门应当服从指挥、调度，参加或者配合救助，将事故损失降到最低限度；省（自治区、直辖市）人民政府应当按照国家有关规定迅速、如实发布事故消息；按照国家有关规定组织调查组对事故进行调查。事故调查工作应当在规定期限内完成，并由调查组提出调查报告。调查报告应当包括依照本规定对有关责任人员追究行政责任或者其他法律责任的意见。省（自治区、直辖市）人

民政府应当自调查报告提交之日起30日内，对有关责任人员作出处理决定。必要时，国务院可以对特大安全事故的有关责任人员作出处理决定。

(4) 重大事故的责任人应受到的行政处罚和应承担的刑事责任

1）中小学校重大事故的责任人应承担的法律责任

中小学校违反法律、法规和规章规定的，按照学校隶属关系，对县（市、区）、乡（镇）人民政府主要领导人和县（市、区）人民政府教育行政部门正职负责人，根据情节轻重，给予记过、降级直至撤职的行政处分；构成玩忽职守罪或者其他罪的，依法追究刑事责任。

2）安全生产事项负责行政审批的政府部门或者机构的责任人的法律责任

依法对涉及安全生产事项负责行政审批（包括批准、核准、许可、注册、认证、颁发证照、竣工验收等）的政府部门或者机构，必须严格依照法律、法规和规章规定的安全条件和程序进行审查；不符合法律、法规和规章规定的安全条件的，不得批准；弄虚作假，骗取批准或者勾结串通行政审批工作人员取得批准的，负责行政审批的政府部门或者机构除必须立即撤销原批件外，应当对弄虚作假骗取批准或者勾结串通行政审批工作人员的当事人依法给予行政处罚；构成行贿罪或者其他罪的，依法追究刑事责任。负责行政审批的政府部门或者机构对不符合法律、法规和规章规定的安全条件予以批准的，对部门或者机构的正职负责人，根据情节轻重，给予降级、撤职直至开除公职的行政处分；与当事人勾结串通的，应当开除公职；构成受贿罪、玩忽职守罪或者其他罪的，依法追究刑事责任。

3）市（地、州）、县（市、区）人民政府责任人的法律责任

市（地、州）、县（市、区）人民政府未依照本规定履行职责，造成本地区发生特大安全事故的，对政府主要领导人，根据情节轻重，给予降级或者撤职的行政处分；构成玩忽职守罪的，依法追究刑事责任。负责行政审批的政府部门或者机构、负责安全监督管理的政府有关部门，未依照本规定履行职责，发生特大安全事故的，对部门或者机构的正职负责人，根据情节轻重，给予撤职或者开除公职的行政处分；构成玩忽职守罪或者其他罪的，依法追究刑事责任。

4）发生社会影响特别恶劣的特大安全事故时，对负有领导责任的人员的行政处罚

发生特大安全事故，社会影响特别恶劣或者性质特别严重的，由国务院对负有领导责任的省长（自治区主席、直辖市市长）和国务院有关部门正职负责人给予行政处分。

地方人民政府或者政府部门阻挠、干涉对特大安全事故有关责任人员追究行政责任的，对该地方人民政府主要领导人或者政府部门正职负责人，根据情节轻重，给予降级或者撤职的行政处分。

4 安全评价相关行政规章应用

4.1 《安全生产违法行为行政处罚办法》应用

(1) 安全生产违法行为行政处罚的原则和适用范围

1）安全生产违法行为行政处罚的原则

对安全生产违法行为实施行政处罚遵循公正、公开的原则。安全生产监督管理部门或者煤矿安全监察机构实施行政处罚，必须以事实为依据。行政处罚应与安全生产违法行为的事实、性质、情节以及社会危害程度相当。

2）安全生产违法行为行政处罚的适用范围

县级以上人民政府安全生产监督管理部门对生产经营单位及其有关人员在生产经营活动中违反有关安全生产的法律、行政法规、部门规章、国家标准、行业标准和规程的违法行为实施行政处罚，适用本办法。

(2) 生产经营单位及有关人员的权利

生产经营单位及其有关人员对安全生产监督管理部门或者煤矿安全监察机构给予的行政处罚，享有陈述权、申辩权；对行政处罚不服的，有权依法申请行政复议或者提起行政诉讼；因安全生产监督管理部门或者煤矿安全监察机构违法给予行政处罚受到损害的，有权依法提出赔偿要求。

(3) 行政处罚的种类

安全生产违法行为行政处罚的种类如下：警告；罚款；没收违法所得；责令改正、责令限期改正、责令停止违法行为；责令停产停业整顿、责令停产停业、责令停止建设；拘留；关闭；吊销有关证照；安全生产法律、行政法规规定的其他行政处罚。

(4) 行政处罚的程序

1）简易程序

①当场作出处罚决定。违法事实确凿并有法定依据，对个人处以 50 元以下罚款、对生产经营单位处以 1 000 元以下罚款或者警告的行政处罚的，安全生产监察员可以当场作出行政处罚决定。

②填写行政处罚决定书。安全生产监察员当场作出行政处罚决定，应当填写统一制作的行政处罚决定书并当场交付当事人。

③备案。安全生产监察员当场作出行政处罚决定的，最迟在 5 日内报所属安全生产监督管理部门或者煤矿安全监察机构备案。

2）一般程序

①立案。除依照简易程序当场作出的行政处罚外，安全生产监督管理部门或者煤矿安全

监察机构发现生产经营单位及其有关人员应当给予行政处罚的行为的，应当予以立案，填写统一的立案审批表。

②调查。进行立案调查时，安全生产监察员不得少于两人。有下列情形之一的，安全生产监察员应当回避：本人是本案的当事人或是其他当事人的近亲属；本人或其近亲属与本案有利害关系；与本人有其他利害关系，可能影响案件的公正处理。

③审查和决定。案件调查终结后，安全生产监督管理部门或者煤矿安全监察机构负责人应当及时对有关案件材料、当事人的陈述和申辩材料、听证会笔录等调查结果进行审查，根据不同情况，分别作出如下决定：确有应受行政处罚的违法行为的，根据情节轻重及具体情况，作出行政处罚决定；违法行为轻微，依法可以不予行政处罚的，不予行政处罚；违法事实不能成立的，不得给予行政处罚；违法行为已构成犯罪的，移送司法机关。

对重大违法行为给予责令停产停业整顿、责令停产停业、吊销有关证照、较大数额罚款和没收违法所得折合人民币 3 万元以上的行政处罚的，应由安全生产监督管理部门或者煤矿安全监察机构的负责人集体讨论决定。

④制作行政处罚决定书。安全生产监督管理部门或者煤矿安全监察机构依照本办法第 21 条的规定给予行政处罚，应当制作行政处罚决定书。行政处罚决定书应当在宣告后当场交付当事人。

⑤时间限制。案件自立案之日起，一般应当在 30 日内办理完毕；由于客观原因不能完成的，经安全生产监督管理部门或者煤矿安全监察机构负责人同意，可以延长，但不得超过 90 日；特殊情况需进一步延长的，应当经上一级安全生产监督管理部门或者煤矿安全监察机构批准，可延长至 180 日。

3）听证程序

安全生产监督管理部门或者煤矿安全监察机构作出责令停产停业整顿、责令停产停业、吊销有关证照、较大数额罚款等行政处罚决定之前，应当告知当事人有要求举行听证的权利；当事人要求听证的，安全生产监督管理部门或者煤矿安全监察机构应当组织听证，不得向当事人收取听证费用。

当事人提出听证要求后，安全生产监督管理部门或者煤矿安全监察机构应当在举行听证会的 7 日前，通知当事人举行听证的时间、地点。听证参加人由听证主持人、听证员、案件调查人员、当事人及其委托代理人、书记员组成。

①当事人在听证中的权利和义务。当事人在听证中的权利和义务如下：有权对案件涉及的事实、适用法律及有关情况进行陈述和申辩；有权对案件调查人员提出的证据质证并提出新的证据；如实回答主持人的提问；遵守听证会场纪律，服从听证主持人指挥。

②听证程序。听证按下列程序进行：听证书记员宣布听证会场纪律、当事人的权利和义务，听证主持人宣布案由，核实听证参加人名单，宣布听证开始；案件调查人员提出当事人的违法事实、出示证据，说明拟作出的行政处罚的内容及法律依据；当事人或其委托代理人对案件的事实、证据、适用的法律等进行陈述和申辩，可以向听证会提交新的证据；听证主持人就案件的有关问题向当事人、案件调查人员、证人询问；案件调查人员、当事人或其委托代理人相互辩论；当事人或其委托代理人作最后陈述；听证主持人宣布听证结束。

(5) 行政处罚的适用、执行和备案

1）行政处罚的适用

①一般生产经营单位及其有关人员的安全生产违法行为。生产经营单位及其有关人员的安全生产违法行为，由县级以上人民政府安全生产监督管理部门实施行政处罚。其中，对煤矿及其有关人员的安全生产违法行为由煤矿安全监察机构实施行政处罚。

生产经营单位的决策机构、主要负责人、个人经营的投资人不依照规定保证安全生产所必需的资金投入，致使生产经营单位不具备安全生产条件的，责令限期改正，提供必需的资金；逾期未改正的，责令生产经营单位停产停业整顿。

a. 生产经营单位的主要负责人有下列行为之一的，责令限期改正；逾期未改正的，责令生产经营单位停产停业整顿：未建立、健全本单位安全生产责任制的；未组织制定本单位安全生产规章制度和操作规程的；未保证本单位安全生产投入有效实施的；未督促、检查本单位安全生产工作，及时消除生产安全事故隐患的；未组织制定并实施本单位生产安全事故应急救援预案的。

b. 生产经营单位主要负责人或者其他主管人员有下列行为之一的，给予警告，可以并处1万元以下的罚款：违章指挥工人或者强令工人违章、冒险作业的；对工人屡次违章作业熟视无睹，不加制止的；对重大事故预兆或者已发现的事故隐患不及时采取措施的；拒不执行安全生产监督管理部门或者煤矿安全监察机构及其安全生产监察员的安全监察指令的；伪造、故意破坏事故现场的；阻碍、干涉事故调查工作，拒绝接受调查取证、提供有关情况和资料的。

生产经营单位有下列行为之一的，给予警告，可以并处1万元以下的罚款：拒绝、阻碍安全生产监督管理部门或者煤矿安全监察机构及其安全监察员监督检查的；提供虚假情况的；隐瞒存在的事故隐患以及其他安全问题的；拒不执行安全生产监督管理部门或者煤矿安全监察机构及其安全生产监察员的安全监察指令的；对查封或者扣押的设施、设备、器材，擅自启封或者使用的；伪造、故意破坏事故现场的；阻碍、干涉事故调查工作，拒绝接受调查取证、提供有关情况和资料的。

c. 生产经营单位有下列行为之一的，责令限期改正；逾期未改正的，责令停产停业整顿，可以并处2万元以下的罚款：未按照规定设立安全生产管理机构或者配备安全生产管理人员的；危险物品的生产、经营、储存单位以及矿山、建筑施工单位的主要负责人和安全生产管理人员未按照规定经考核合格的；未按照规定对从业人员进行安全生产教育和培训的；未按照规定如实向从业人员告知作业场所和工作岗位存在的危险因素、防范措施以及事故应急措施的；特种作业人员未按照规定经专门的安全作业培训并取得特种作业操作资格证书，擅自上岗作业的。

d. 生产经营单位有下列行为之一的，责令限期改正；逾期未改正的，责令停止建设或者停产停业整顿，可以并处5万元以下的罚款：矿山建设项目或者用于生产、储存危险物品的建设项目没有安全设施设计或者安全设施设计未按照规定报经有关部门审查同意的；矿山建设项目或者用于生产、储存危险物品的建设项目的施工单位未按照批准的安全设施设计施工的；矿山建设项目或者用于生产、储存危险物品的建设项目竣工投入生产或者使用前，安全设施未经验收合格的；未在有较大危险因素的生产经营场所和有关设施、设备上设置明显的安全警示标志的；安全设备的安装、使用、检测、改造和报废不符合国家标准或者行业标准的；未对安全设备进行经常性维护、保养和定期检测的；未为从业人员提供符合国家标准或者行业标准的劳动防护用品的；特种设备以及危险物品的容器、运输工具未经取得专业资质的机构检测、检验合格，取得安全使用证或者安全标志，投入使用的；使用国家明令淘汰、禁止使用的危及生产安全的工艺、设备的。

②生产经营单位在生产、经营、储存危险物品方面的违法行为

a. 生产经营单位未经依法批准，擅自生产、经营、储存危险物品的，责令停止违法行为或者予以关闭，没收违法所得，并按照下列规定处以罚款：违法所得 10 万元以上的，并处违法所得 1 倍以上 5 倍以下的罚款；没有违法所得或者违法所得不足 10 万元的，单处或者并处 2 万元以上 10 万元以下的罚款。

b. 生产经营单位有下列行为之一的，责令限期改正；逾期未改正的，责令停产停业整顿，可以并处 2 万元以上 10 万元以下的罚款：生产、经营、储存、使用危险物品，未建立专门安全管理制度、未采取可靠的安全措施或者不接受有关主管部门依法实施的监督管理的；对重大危险源未登记建档，或者未进行评估、监控，或者未制定应急预案的；进行爆破、吊装等危险作业，未安排专门管理人员进行现场安全管理的。

c. 生产经营单位将生产经营项目、场所、设备发包或者出租给不具备安全生产条件或者相应资质的单位或者个人的，责令限期改正，没收违法所得，并按照下列规定处以罚款：违法所得 5 万元以上的，并处违法所得 1 倍以上 5 倍以下的罚款；没有违法所得或者违法所得不足 5 万元的，单处或者并处 1 万元以上 5 万元以下的罚款。

d. 生产经营单位与承包单位、承租单位之间有下列行为之一的，责令限期改正；逾期未改正的，责令停产停业整顿：未与承包单位、承租单位签订专门的安全生产管理协议的；未在承包合同、租赁合同中明确各自的安全生产管理职责的；未对承包单位、承租单位的安全生产统一协调、管理的。

e. 生产经营单位有下列行为之一的，责令限期改正；逾期未改正的，责令停产停业整顿：生产、经营、储存、使用危险物品的车间、商店、仓库与员工宿舍在同一座建筑内，或者与员工宿舍的距离不符合安全要求的；生产经营场所和员工宿舍未设有符合紧急疏散需要、标志明显、保持畅通的出口，或者封闭、堵塞生产经营场所或者员工宿舍出口的。

f. 危险物品的生产、经营、储存单位以及矿山企业、建筑施工单位有下列行为之一的，责令改正，可以并处 1 万元以下的罚款：未建立应急救援组织的；未配备必要的应急救援器材、设备，并进行经常性维护、保养，保证正常运转的。

生产经营单位不具备法律、行政法规和国家标准或者行业标准规定的安全生产条件，经停产停业整顿仍不具备安全生产条件的，予以关闭；有关部门应当依法吊销其有关证照。

③矿山企业的违法行为

a. 矿山企业的机电设备、安全仪器，未按照下列规定操作、检查、维修和建立档案的，责令改正，可以并处 2 万元以下的罚款：未定期对机电设备及其防护装置、安全检测仪器检查、维修和建立技术档案的；非负责设备运行人员操作设备的；非值班电气人员进行电气作业的；操作电气设备的人员，没有可靠的绝缘保护和检修电气设备带电作业的。

b. 矿山企业作业场所空气中的有毒有害物质浓度，未按照下列规定检测的，责令改正，

可以并处2万元以下的罚款：粉尘作业点，每月检测少于2次的；三硝基甲苯作业点，每月检测少于1次的；放射性物质作业点，每月检测少于3次的；其他有毒有害物质作业点，井下每月检测少于1次的。

c. 矿山企业井下采掘作业，未按照作业规程的规定管理顶帮；通过地质破碎带或者其他顶帮破碎地点时，未加强支护；露天采剥作业，未按照设计规定，控制采剥工作面的阶段高度、宽度、边坡角和最终边坡角；采剥作业和排土作业，对深部或者邻近井巷造成危害的，责令改正，可以并处2万元以下的罚款。

d. 矿山企业井下采掘作业遇下列情形之一，未采取探水前进的，责令改正，可以并处2万元以下的罚款：接近承压含水层或者含水的断层、流沙层、砾石层、溶洞、陷落柱的；接近与地表水体相通的地质破碎带或者接近连通承压层的未封孔的；接近积水的老窑、旧巷或者灌过泥浆的采空区的；发现有出水征兆的；掘开隔离矿柱或者岩柱放水的。

e. 开采放射性物质的矿山企业有下列行为之一的，责令改正，可以并处2万元以下的罚款：未及时封闭采空区和已经报废或者暂时不用的井巷的；用留矿法作业的采场未采用下行通风的；未严格管理井下污水的。

④危险化学品生产、储存单位的违法行为

a. 未经审查批准，危险化学品生产、储存单位擅自改建、扩建，或者危险化学品单位生产、经营、使用国家明令禁止的危险化学品或者使用剧毒化学品生产灭鼠药以及其他可能进入人民日常生活的化学产品和日用化学品的，予以关闭或者责令停产停业整顿，责令无害化销毁国家明令禁止生产、经营、使用的危险化学品或者用剧毒化学品生产的灭鼠药以及其他可能进入人民日常生活的化学产品和日用化学品；有违法所得的，没收违法所得；违法所得10万元以上的，并处违法所得1倍以上5倍以下的罚款；没有违法所得或者违法所得不足10万元的，并处5万元以上50万元以下的罚款。

b. 危险化学品单位未根据危险化学品的种类、特性，在车间、库房等作业场所设置相应的监测、通风、防晒、调温、防火、灭火、防爆、泄压、防毒、消毒、中和、防潮、防雷、防静电、防腐、防渗漏、防护围堤或者隔离操作等安全设施、设备的，责令立即或者限期改正，并处2万元以上10万元以下的罚款。

c. 危险化学品单位有下列行为之一的，责令立即或者限期改正，并处1万元以上5万元以下的罚款；逾期不改正的，责令停产停业整顿：危险化学品生产企业未在危险化学品包装内附有与危险化学品完全一致的化学品安全技术说明书，或者未在包装（包括外包装件）上加贴、拴挂与包装内危险化学品完全一致的化学品安全标签的；危险化学品生产企业发现危险化学品有新的危害特性时，不立即公告并及时修订其安全技术说明书和安全标签的；危险化学品经营企业销售没有化学品安全技术说明书和安全标签的危险化学品的。

d. 危险化学品单位有下列行为之一的，责令立即或者限期改正，并处1万元以上5万元以下的罚款；逾期不改正的，由原发证机关吊销危险化学品生产许可证、经营许可证和营业执照：未对其生产、储存装置进行定期安全评价，并报所在地设区的市级人民政府安全监督管理部门备案，或者对安全评价中发现的存在现实危险的生产、储存装置不立即停止使用，予以更换或者修复，并采取相应的安全措施的；未在生产、储存和使用危险化学品场所设置通信、报警装置，并保持正常适用状态的；危险化学品未储存在专用仓库内或者未设专人管理的；危险化学品出入库未进行核查登记或者入库后未定期检查的；危险化学品专用仓库不符合国家标准对安全的要求，未设置明显标志，或者未对专用仓库的储存设备和安全设施定期检测的；危险化学品经销商店存放非民用小包装的危险化学品或者危险化学品；民用小包装的存放量超过国家规定限量的；剧毒化学品以及构成重大危险源的其他危险化学品未在专用仓库内单独存放，或者未实行双人收发、双人保管，或者未将储存剧毒化学品以及构成重大危险源的其他危险化学品的数量、地点以及管理人员的情况，报当地安全监督管理部门备案的；危险化学品生产单位不如实记录剧毒化学品的产量、流向、储存量和用途，或者未采取必要的保安措施防止剧毒化学品被盗、丢失、误售、误用的；危险化学品经营企业不记录剧毒化学品购买单位的名称、地址，购买人员的姓名、身份证号码及所购剧毒化学品的品名、数量、用途，或者不每天核对剧毒化学品的销售情况的。

e. 危险化学品单位在转产、停产、停业或者解散时，未采取有效措施，处置危险化学品生产、储存设备、库存产品及生产原料的，责令改正，并处 2 万元以上 10 万元以下的罚款。

⑤中介机构违法行为。承担安全评价、认证、检测、检验工作的机构，出具虚假证明，尚不够刑事处罚的，没收违法所得，违法所得在 5 000 元以上的，并处违法所得 2 倍以上 5 倍以下的罚款；没有违法所得或者违法所得不足 5 000 元的，单处或者并处 5 000 元以上 2 万元以下的罚款，对其直接负责的主管人员和其他直接责任人员处 5 000 元以上 5 万元以下的罚款。

⑥可从轻或者减轻行政处罚的情况。生产经营单位及其有关人员有下列情形之一的，应当依法从轻或者减轻行政处罚：主动消除或者减轻安全生产违法行为危害后果的；受他人胁迫有安全生产违法行为的；配合安全生产监督管理部门或者煤矿安全监察机构查处安全生产违法行为有立功表现的；其他依法应予从轻或者减轻行政处罚的。安全生产违法行为轻微并及时纠正，没有造成危害后果的，不予行政处罚。

2）行政处罚的执行

①当事人应当在行政处罚决定的期限内履行决定。

②当事人对行政处罚决定不服申请行政复议或者提起行政诉讼的，行政处罚不停止执行，法律另有规定的除外。

③当事人逾期不履行行政处罚决定的，作出行政处罚决定的安全生产监督管理部门或者煤矿安全监察机构可以采取罚款等措施；当事人确有经济困难的，经当事人申请和有关部门批准，可以暂缓或者分期缴纳。

3）行政处罚的备案

县级人民政府安全生产监督管理部门处以 5 000 元以上罚款、责令停产停业、停产停业整顿的行政处罚的，应当自作出行政处罚之日起 7 日内报市（地）级人民政府安全生产监督管理部门备案。

4.2 《煤矿安全生产基本条件规定》应用

(1) 目的

为保障煤矿安全生产，防止和减少生产安全事故，依据《安全生产法》等有关法律、法规，国家安全生产监督管理总局在原国务院安全生产委员会办公室印发的《小煤矿安全生产基本条件》（安委办字［2002］6号）基础上，根据各地执行过程中提出的意见和建议，对《小煤矿安全生产基本条件》进行了修改，形成《煤矿安全生产基本条件规定》。

(2) 主要内容

《煤矿安全生产基本条件规定》对矿井主要生产系统、主要设备设施和安全管理机制做出了明确规定。“基本条件”实际上是煤矿安全生产的最低条件。根据国务院办公厅有关通知要求，将由地方人民政府按照这些条件对煤矿逐个进行审核评估。凡有一项基本条件达不到标准，一律停产整顿，限期达标。逾期未能达标的，由地方人民政府强制关闭。这有利于淘汰落后矿井、推进煤矿改善安全生产条件。

煤矿的安全生产基本条件包括以下几方面的内容：

1）主体资格

煤矿必须依法取得采矿许可证、煤炭生产许可证和工商营业执照，严禁无证经营。

2）人员资格

矿长必须经煤矿安全监察机构培训取得矿长资格证书和矿长安全资格证书；井下作业人员上岗前必须进行安全培训，经考试合格后方可上岗；特种作业人员必须取得操作资格证书，并持证上岗。

3）基本安全条件

必须有正规设计的安全设施并经过煤矿安全监察机构的验收；矿井的安全出口必须有两个以上并且保持通畅；完整的通风系统，严禁风井出煤；建立完善的通信系统，矿内外、井上下和主要作业地点通信必须通畅；建立瓦斯检查、管理日报审查制度，必须配备数量足够的专职瓦斯检查员和瓦斯检测仪器等。

4）劳动者安全生产保护

煤矿必须与就近的救护队签订救护协议；必须与从业人员签订劳动用工合同，并报当地劳动和社会保障部门备案；必须为井下作业人员办理意外伤害保险和支付保险费，建立安全风险抵押金制度并缴纳安全风险抵押金。

4.3 《煤矿建设项目安全设施监察规定》应用

(1) 目的

为了便于企业严格执行煤矿建设项目安全设施与主体工程同时设计、同时施工、同时投入使用的“三同时”原则，规范煤矿建设项目的各项审查验收程序，从源头上杜绝煤矿建设项目投入生产后的安全隐患，制定本规定。

(2) 煤矿建设项目的范围

根据《煤矿建设项目安全设施监察规定》第 2 条规定，煤矿的新建、改建和扩建工程项目简称为煤矿建设项目。

1）新建是指新设计建设的矿井。新建矿井的各大系统及首采工作面建成试采后要完成整体的验收工作，后续的延伸工程如果不改变原设计，要逐一进行竣工验收；如果改变原设计，则按照改建项目执行。

2）改建是指在原有矿井的基础上改变原矿井设计，对整个矿井或矿井的某些系统及重大设施进行改造，以提高矿井的生产能力或增加其安全可靠性。如通风系统的改造、提升系统的改造、生产布局和延伸工程的重大改变调整等。

3）扩建是指在原有矿井的基础上改变原矿井设计，扩大生产能力和生产范围的建设工程。

(3) 煤矿建设项目安全设施设计审查及竣工验收的分级

1）设计能力（包括改扩建后）在 120 万吨/年以上的井工煤矿建设项目，由国家煤矿安全监察局负责设计审查和竣工验收，同时报省局备案。

2）设计能力（包括改扩建后）在 45 万吨/年以上、120 万吨/年以下的井工煤矿建设项目，由省级煤矿安全监察局负责设计审查和竣工验收。

3）设计能力（包括改扩建后）在 45 万吨以下的井工煤矿建设项目，由所辖煤矿安全监察办事处负责设计审查和竣工验收。

(4) 对煤矿建设工程安全设施设计审查和竣工验收的要求

1）煤矿建设工程安全设施设计必须经煤矿安全监察机构审查同意，未经同意的，不得施工。擅自施工的，煤矿监察机构责令停止施工，拒不执行的，由煤矿安全监察机构移送地质矿产部门依法吊销采矿许可证。

2）煤矿建设工程竣工后或投产前，应当经煤矿安全监察机构对其安全设施和条件进行验收，未经验收或验收不合格的，不得投入生产。

(5) 煤矿建设工程审查与验收的阶段性工作划分

1）第一阶段：安全预评价

评价时间：在煤矿建设项目可行性研究阶段进行。

评价单位：具有国家规定资质的安全中介机构。

评价方式：煤矿企业与中介机构签署书面委托合同，明确双方的权利和义务。

评价内容：对项目潜在的危险因素的种类和危险程度、对公共安全的影响以及预防和控制的可能性进行定性和定量分析、论证和预测，按规定标准和程序进行评价并形成预评价报告。

评价报告内容：主要危险、有害因素和危害程度以及对公共安全影响的定性、定量评价；预防和控制的可能性评价；建设项目可能造成职业危害的评价；安全对策措施、安全设施设计原则；预评价结论；其他需要说明的事项。

2）第二阶段：安全设施设计专篇审查

审查时间：预评价报告备案后、可研报告批准后、初步设计阶段进行。

审查单位：煤矿安全监察机构。

审查方式：煤矿企业向煤矿安全检查机构提交如下材料：安全设施设计审查申请报告及申请表；立项和可行性研究报告批准文件；安全预评价报告书；初步设计及安全专篇；其他需要说明的材料。

审查内容：设计单位的资质；煤矿水、火、瓦斯、煤尘、顶板等主要灾害处的防治措施；安全设施设计与建设工程强制性标准、煤矿安全规程和行业技术规范的符合程度；所确定使用的设施、设备、器材是否符合国家标准和行业标准；设计是否符合国家煤矿安全监察局规定的其他条件。

时效：自收到审查申请起 30 日内审查完毕。

答复：经审查同意的，以文件形式批复；不同意的，提出审查意见，以书面形式答复。

3）第三阶段：施工和联合试运转

时间：以上两个阶段及初步设计及图样完成并批准后进行。

施工单位：具有国家规定资质的施工单位。

试运转单位：具有国家认可资质的检验机构。

方式：煤矿企业与施工单位签署施工合同，严格按照设计组织施工和各类工程验收；与检验机构签署委托合同，对试运转的设施和设备进行检测检验。

内容：严格按照设计做好工程验收工作，整理好各种验收资料。项目竣工完成后，在正式投产前进行联合试运转。

最后根据检测检验结果编制联合试运转报告。

时效：联合试运转时间最少 1 个月，最长不超过 6 个月。

4）第四阶段：安全验收评价

评价时间：联合试运转正常后进行。

评价单位：具有国家规定资质的安全中介机构。

评价方式：煤矿企业与中介机构签署书面委托合同，明确双方的权利和义务。

评价内容：对照设计文件、规程、规范对联合试运转的相关资料、检测检验报告及工程验收资料进行定性定量分析，对各项安全设施的符合性和有效性及煤矿整体安全条件进行全面评价，指出存在的安全缺陷及问题，提出解决办法并形成安全验收评价报告。

评价报告内容：安全设施符合法律、法规、标准和规程规定及设计文件的评价；安全设施在生产或使用中的有效性评价；职业危害防治措施的有效性评价；建设项目的整体安全性评价；存在的安全问题和解决问题的建议；验收评价结论；有关试运转期间的技术资料、现场检测检验数据和统计分析资料；其他需要说明的事项。

时效：提出验收评价报告 30 日内报煤矿安全监察机构备案。

5）第五阶段：安全设施及条件竣工验收

验收时间：安全验收评价达到验收条件后进行。

验收单位：煤矿安全监察机构。

验收方式：煤矿企业向煤矿安全检查机构提交如下材料：验收申请报告及申请表，初步设计、安全专篇及设计修改的有关文件、资料，安全设施工程质量认证书复印件，施工期间安全事故及其他重大工程质量事故的有关资料，安全管理机构、矿长及特种作业人员安全资格的有关资料，联合试运转报告，安全验收评价报告书，其他需要说明的事项。

验收内容：安全设施和条件是否符合设计并通过工程质量认证；安全设施和条件能否满足正常生产和使用；安全生产管理机构的设置；矿长及特种作业人员的数量和资格；施工及检测检验机构的资质；设计变更程序是否合法；现场的所有安全设施是否合理、齐全、可靠等。

时效：自收到验收申请起 30 日内验收完毕。

答复：签署合格或不合格意见，并以书面形式答复。

4.4 《安全生产行政复议规定》应用

为了增强安全生产行政复议的公信力和透明度，国家安全生产监督管理总局颁布了《安全生产行政复议规定》，规定当事人可以口头提出申请行政复议，符合条件的行政复议案件可以进行听证、调解和赔偿。

（1）行政复议范围

该规定指出公民、法人或者其他组织对安全监管监察部门作出的具体行政行为不服，可以申请行政复议，这些具体行政行为分别是：行政处罚决定、行政强制措施；行政许可的变更、中止、撤销、撤回等决定；认为符合法定条件，申请安全监管监察部门办理许可证、资格证等行政许可手续，安全监管监察部门没有依法办理的；认为安全监管监察部门违法收费或者违法要求履行义务的；认为安全监管监察部门其他具体行政行为侵犯其合法权益的。安全监管监察部门作出的生产安全事故调查报告、不具有强制力的行政指导行为和信访答复行为、生产安全事故隐患认定、公告信息发布以及法律、行政法规规定的非具体行政行为不属于安全生产行政复议范围。

（2）行政复议申请

该规定指出，行政复议可以书面申请，也可以当场口头申请。书面申请可以采取当面递交、邮寄或者传真等方式提出。当场口头提出申请的，安全生产行政复议机构应当当场制作行政复议申请笔录交申请人核对或者向申请人宣读，并由申请人签字确认。

（3）行政复议听证

该规定明确，行政复议原则上采取书面审理的方式，但对重大、复杂的案件，申请人提出要求或者安全生产行政复议机构认为必要时，可以采取听证的方式审理。听证应当保障当事人平等的陈述、质证和辩论的权利。

（4）调解、赔偿

该规定指出，公民、法人或者其他组织对安全监管监察部门行使法律、行政法规规定的自由裁量权作出的具体行政行为不服申请行政复议的，以及当事人之间的行政赔偿或者行政补偿的纠纷，安全生产行政复议机构可以按照自愿、合法的原则进行调解。当事人经调解达成协议的，安全生产行政复议机关应当制作行政复议调解书。调解未达成协议或者调解书生效前一方反悔的，安全生产行政复议机关应当及时作出行政复议决定。改变了过去行政复议不调解的局面，真正实现案结事了。该规定明确，申请人在申请行政复议时一并提出行政赔偿请求，安全生产行政复议机关对符合《国家赔偿法》有关规定应当给予赔偿的，在决定撤销、变更具体行政行为或者确认具体行政行为违法时，应当同时决定被申请人依法给予赔偿。

4.5 《煤矿安全监察行政处罚办法》应用

(1) 目的

为了制裁煤矿安全违法行为，规范煤矿安全监察行政处罚工作，保障煤矿依法进行生产，根据《煤矿安全监察条例》及其他有关法律、行政法规的规定，原国家安全生产监督管理局（国家煤矿安全监察局）制定了《煤矿安全监察行政处罚办法》。

(2) 适用范围

国家煤矿安全监察局、省级煤矿安全监察局和煤矿安全监察办事处（以下简称煤矿安全监察机构），对煤矿及其有关人员违反有关安全生产的法律、行政法规、部门规章、国家标准、行业标准和规程的行为（以下简称煤矿安全违法行为）实施行政处罚，适用本办法。本办法未作规定的，适用安全生产违法行为行政处罚办法。有关法律、行政法规对行政处罚另有规定的，依照其规定。

省级煤矿安全监察局、煤矿安全监察办事处实施行政处罚按照属地原则进行管辖。国家煤矿安全监察局认为应由其实施行政处罚的，由国家煤矿安全监察局管辖。两个以上煤矿安全监察机构因行政处罚管辖权发生争议的，由其共同的上一级煤矿安全监察机构指定管辖。

当事人对煤矿安全监察机构所给予的行政处罚，享有陈述、申辩权；对行政处罚不服的，有权依法申请行政复议或者提起行政诉讼。当事人因煤矿安全监察机构违法给予行政处罚受到损害的，有权依法提出赔偿要求。

(3) 主要处罚

1）煤矿安全违法行为现场处理决定

煤矿安全监察机构及其煤矿安全监察员对检查中发现的煤矿安全违法行为，可以做出下列现场处理决定：

①当场予以纠正或者要求限期改正。

②责令限期达到要求。

③责令立即停止作业（施工）或者立即停止使用。

经现场处理决定后拒不改正，或者依法应当给予行政处罚的煤矿安全违法行为，依法做出行政处罚决定。

2）擅自施工处罚规定

煤矿建设工程安全设施设计未经煤矿安全监察机构审查同意，擅自施工的，按照下列规定处罚：

①对煤矿企业责令停止施工，可以并处5万元以下的罚款。

②对从事施工的煤矿企业责令停止施工，可以并处5万元以下的罚款。

3）煤矿作业现场处罚规定

煤矿作业场所有下列情形之一的，责令限期改正；逾期不改正的，责令停产整顿，并处3万元以下的罚款：

①未使用专用防爆电器设备的。

②未使用专用放炮器的。

③未使用人员专用升降容器的。

④使用明火明电照明的。

4.6 《煤矿企业安全生产许可证实施办法》应用

(1) 实施目的和原则

为了严格规范煤矿企业安全生产条件，做好煤矿企业安全生产许可证的颁发管理工作，根据《安全生产许可证条例》和有关法律、行政法规，制定本实施办法。

煤矿企业必须取得安全生产许可证。未取得安全生产许可证的，不得从事生产活动。安全生产许可证的颁发管理工作实行企业申请、两级发证、属地监管的原则。国家煤矿安全监察局负责中央管理的煤矿企业（集团公司、总公司、上市公司）安全生产许可证的颁发和管理。国家煤矿安全监察局在省、自治区、直辖市设立的煤矿安全监察局和直属煤矿安全监察办事处负责其他煤矿企业安全生产许可证的颁发和管理；未设立煤矿安全监察机构的省、自治区、直辖市，由省、自治区、直辖市人民政府指定的部门（以下与省级煤矿安全监察机构统称省级安全许可证颁发管理机关）负责本行政区域内煤矿企业安全生产许可证的颁发和管理。

(2) 安全许可证申请

煤矿企业主要负责人和安全生产管理人员的安全生产知识和管理能力应当经考核合格。中央管理的煤矿企业（集团公司、总公司、上市公司）申请领取安全生产许可证，向国家煤矿安全监察局提出申请，其他煤矿企业及其所属煤矿向所在地省级安全生产许可证颁发管理机关提出申请。

煤矿申请领取安全生产许可证的，应当提供采矿许可证（复制件），矿长、安全生产管理人员考核合格的证明材料，特种作业人员操作资格证书的证明材料，从业人员安全生产教育考试合格的证明材料等。

对已经受理的申请，安全生产许可证颁发管理机关应在征得煤矿企业所在地人民政府安全生产监督管理部门或者有关部门同意后，指派有关人员对申请材料和安全生产条件进行审查；需要到现场审查的，应到现场进行审查。负责审查的有关人员应当向安全生产许可证颁发管理机关提出审查意见。安全生产许可证颁发管理机关应当对有关人员提出的审查意见进行讨论，并在受理申请之日起45个工作日内作出颁发或者不予颁发安全生产许可证的决定。对决定颁发的，安全生产许可证颁发管理机关应当自决定之日起10个工作日内送达或者通知申请人领取安全生产许可证；对不予颁发的，应当在10个工作日内书面通知申请人并说明理由。

经审查符合规定的，安全生产许可证颁发管理机关应当分别向煤矿企业及其所属煤矿颁发安全生产许可证。安全生产许可证的有效期为3年。安全生产许可证有效期满需要延期的，煤矿企业应当于期满前3个月向原安全生产许可证颁发管理机关提出延期申请。

煤矿企业在安全生产许可证有效期内符合有关条件的，安全生产许可证有效期届满时，经原安全生产许可证颁发管理机关同意，不再审查，直接办理延期手续。

煤矿企业在安全生产许可证有效期内有下列情形之一的，应当向原安全生产许可证颁发管理机关申请变更安全生产许可证：

1）变更主要负责人的。

2）变更隶属关系的。

3）变更企业名称的。

4）改建、扩建工程经验收合格的。

变更第1）、2）、3）项的，自工商营业执照变更之日起10个工作日内提出申请，安全生产许可证颁发管理机关在对申请人提交的相关文件、资料审核后，即可办理安全生产许可证变更手续；变更第4）项的，应当在改建、扩建工程验收合格后10个工作日内提出申请。

煤矿企业停办、关闭的，应当自停办、关闭之日起10个工作日内向原安全生产许可证颁发管理机关申请注销安全生产许可证。

(3) 处罚

煤矿企业有下列行为之一的，由安全生产许可证颁发管理机关责令停止生产，没收违法所得，并处10万元以上50万元以下的罚款；造成重大事故或者其他严重后果，构成犯罪的，依法追究刑事责任：

1）未取得安全生产许可证，擅自进行生产的。

2）接受转让的安全生产许可证的。

3）冒用安全生产许可证的。

4）使用伪造安全生产许可证的。

煤矿企业在安全生产许可证有效期满未办理延期手续，继续进行生产的，由安全生产许可证颁发管理机关责令停止生产，限期补办延期手续，没收违法所得，并处5万元以上10万元以下的罚款；逾期仍不办理延期手续，继续进行生产的，由安全生产许可证颁发管理机关责令停止生产，没收违法所得，并处10万元以上50万元以下的罚款；造成重大事故或者其他严重后果，构成犯罪的，依法追究刑事责任。

煤矿企业在安全生产许可证有效期内，主要负责人、隶属关系、企业名称发生变化，未按申请、办理变更手续的，由安全生产许可证颁发管理机关责令限期办理变更手续，并处1万元以上3万元以下罚款。

煤矿企业转让安全生产许可证的，由安全生产许可证颁发管理机关没收违法所得，处10万元以上50万元以下的罚款；构成犯罪的，依法追究刑事责任。

4.7 《非煤矿矿山建设项目安全设施设计审查与竣工验收办法》应用

(1) 目的

为规范非煤矿山新建、改建和扩建的工程项目（以下简称建设项目）安全设施设计审查与竣工验收工作，保障建设项目按照国家有关安全生产法律、法规和国家安全监管总局有关建设项目安全生产设施设计审查和竣工验收的规定进行设计、施工，竣工投产后达到国家规定的安全标准，国家安全生产监督管理总局制定了《非煤矿矿山建设项目安全设施设计审查与竣工验收办法》。

（2）适用范围

本规定适用于非煤矿山建设项目安全设施设计审查和竣工验收工作程序。国家法律法规另有规定的从其规定。

（3）监管原则

建设项目安全设施的设计审查和竣工验收，实行分级分类、属地监管的原则。

（4）安全预评价

建设项目应当由具有资质的安全评价机构进行安全预评价，安全预评价报告实行备案制。

（5）设计审查

1）建设单位完成初步设计后，按分级监管的权限，向相应的安全监管部门提出安全设施设计审查申请。申请材料包括：

①安全设施设计审查申请报告及申请表。

②立项和可行性研究报告批准文件。

③安全预评价报告书。

④初步设计及安全专篇。

⑤其他需要提交的材料。

2）审查的主要内容：

①设计单位的资质条件。

②设计是否符合国家有关安全方面的法律法规。

③对重大危险源和主要危险、危害因素的预防与控制措施的设计是否完善。

④选用的安全设施、设备、器材是否符合国家或行业的有关标准。

⑤对预评价报告提出问题的落实情况。

⑥安全设施投资的概算情况。

⑦初步设计的安全专篇。

⑧其他需要审查的内容。

3）有下列情形之一的，为设计审查不合格：

①安全预评价报告由不具备相应资质的评价机构承担的。

②安全设施设计由不具备相应资质的设计单位承担的。

③主要灾害防治措施不符合规定的。

④安全设施设计不符合工程建设强制性标准和行业技术规范的。

⑤所确定的设施、设备、器材不符合国家标准和行业标准的。

⑥不符合国务院安全生产监督管理部门规定的其他条件的。

（6）竣工验收评价和竣工验收

1）建设项目应当由具有资质的安全评价机构进行安全验收评价，安全验收评价报告实行备案制。安全验收评价报告的评审和备案工作，与安全设施竣工验收工作一并进行。负责评审、备案和竣工验收的安全生产监督管理部门组织相关专家组对申请资料、验收评价报告进行审查和现场验收。

2）建设项目安全设施竣工并完成竣工验收评价后，建设单位向相应的安全监督管理部门提出安全验收评价报告评审备案和竣工验收申请，申请材料包括：

①验收申请报告及申请表。

②安全设施设计经审查合格及设计修改的有关文件、资料。

③主要安全设施、特种设备检测检验报告。

④施工单位资质证明材料。

⑤施工期间生产安全事故及其他重大工程质量事故的有关资料。

⑥矿长、安全生产管理人员及特种作业人员安全资格的有关资料。

⑦安全验收评价报告书和评审备案申请表。

⑧其他需要提交的材料，如建设项目竣工报告、安全设施设计变更情况报告、安全设施施工情况报告、安全设施试运行情况报告等。

3）验收程序

①验收组听取相关单位的《建设项目竣工报告》《安全设施设计变更情况报告》《安全设施施工情况报告》《安全设施试运行情况报告》《安全验收评价情况报告》以及法律法规要求的情况介绍。

②验收组分若干个专业组对建设项目安全设施进行现场检查验收，检查的主要内容包括：

a. 施工单位的资质条件。

b. 安全设施是否符合设计要求。

c. 安全设施的施工质量。

d. 安全标志及设置。

e. 安全管理机构及安全管理制度。

f. 企业法人及安全管理人员的安全任职资格证书，特种作业人员操作资格证书。

g. 生产安全事故的预防措施及应急预案。

h. 验收评价报告提出问题的落实情况。

i. 安全资金的投入情况。

j. 其他需要验收审查的内容。

③专家组对安全验收评价报告提出评审意见。

④在现场检查、资料审查和对安全验收评价报告评审的基础上，验收组作出建设项目安全设施是否通过竣工验收的结论意见，形成建设项目安全设施竣工验收意见，经组长签字，与建设单位交换验收意见。

4）有下列情形之一的，为验收不合格：

①安全设施和安全条件不符合设计要求的。

②安全设施和安全条件不能满足正常生产和使用的。

③未按规定建立安全生产管理部门和配备安全生产管理人员的。

④矿长、安全生产管理人员和特种作业人员不具备相应资格的。

⑤不符合国务院安全生产监督管理部门规定的其他条件的。

4.8 《非煤矿矿山企业安全生产许可证实施办法》应用

(1) 实施目的和原则

为了严格规范非煤矿矿山企业安全生产条件，做好非煤矿矿山企业安全生产许可证的颁发管理工作，根据《安全生产许可证条例》和有关法律、行政法规，制定本实施办法。

非煤矿矿山企业，是指从事非煤矿矿产资源地质勘探、生产和采掘施工的企业，包括含有非煤矿矿山或者设有尾矿库的其他非矿山企业的矿山生产系统或者尾矿库（含赤泥库、灰渣库）。非煤矿矿山企业必须取得安全生产许可证。未取得安全生产许可证的，不得从事生产活动。非煤矿矿山企业安全生产许可证的颁发管理工作实行企业申请、两级发证、属地监管的原则。国务院安全生产监督管理部门负责中央管理的非煤矿矿山企业（集团公司、总公司、上市公司）和海洋石油天然气企业安全生产许可证的颁发和管理。省、自治区、直辖市人民政府安全生产监督管理部门（以下称省级安全生产许可证颁发管理机关）负责其他非煤矿矿山企业，以及含有非煤矿山或者设有尾矿库的其他非矿山企业安全生产许可证的颁发和管理。

(2) 安全许可证申请

非煤矿矿山企业取得安全生产许可证，其主要负责人和安全生产管理人员的安全生产知识和管理能力应当经考核合格；特种作业人员经有关业务主管部门考核合格，取得特种作业操作资格证书；其他从业人员按照规定接受安全生产教育和培训，并经考试合格。

中央管理的非煤矿矿山企业（集团公司、总公司、上市公司）和海洋石油天然气企业申请领取安全生产许可证，向国务院安全生产监督管理部门提出申请，其他非煤矿矿山企业以及含有非煤矿矿山或者设有尾矿库的其他非矿山企业申请领取安全生产许可证，向企业所在地省级安全生产许可证颁发管理机关提出申请。

非煤矿山企业申请领取安全生产许可证，应当提交采矿许可证（勘察许可证）、工商营业执照副本、主要负责人和安全生产管理人员安全生产知识和管理能力考核合格的证明材料、特种作业人员取得操作资格证书的证明材料等。非煤矿矿山企业所属独立生产系统申请领取安全生产许可证，也应当提交采矿许可证（勘察许可证）、工商营业执照副本、主要负责人和安全生产管理人员安全生产知识和管理能力考核合格的证明材料、特种作业人员取得操作资格证书的证明材料等。

已经受理的申请，省级安全生产许可证颁发管理机关应在征得非煤矿矿山企业所在地人民政府安全生产监督管理部门或者有关部门同意后，指派有关人员对申请材料和安全生产条件进行审查；需要到现场审查的，应当到现场进行审查。负责审查的有关人员应当向安全生产许可证颁发管理机关提出审查意见。安全生产许可证颁发管理机关应当对有关人员提出的审查意见进行讨论，并在受理申请之日起 45 个工作日内作出颁发或者不予颁发安全生产许可证的决定。对决定颁发的，应当自决定之日起 10 个工作日内送达或者通知申请人领取安全生产许可证；对决定不予颁发的，应当在 10 个工作日内书面通知申请人并说明理由。

经审查符合安全生产条件的，安全生产许可证颁发管理机关应当按下列规定颁发安全生产许可证：

1）对中央管理的非煤矿矿山企业（集团公司、总公司、上市公司），向企业颁发安全生产许可证。

2）对金属与非金属矿山企业，向企业及其所属各独立生产系统分别颁发安全生产许可证。

3）对非煤矿矿山地质勘探、采掘施工企业，向企业颁发安全生产许可证。

4）对陆上石油天然气企业，向企业及其分公司、子公司和管道运输分公司以及分公司、子公司下属生产单位等，分别颁发安全生产许可证。

5）对海洋石油天然气企业，向企业及其所属石油天然气设施分别颁发安全生产许可证。

6）对含有非煤矿矿山或者设有尾矿库的其他非矿山企业，向企业的矿山生产系统或者尾矿库颁发安全生产许可证。

安全生产许可证的有效期为3年。有效期满后需要延期的，应当于有效期满前3个月向原安全生产许可证颁发管理机关申请办理延期手续。非煤矿矿山企业在安全生产许可证有效期内符合有关条件的，当有效期届满时，经原安全生产许可证颁发管理机关同意，不再审查，直接办理延期手续。

非煤矿矿山企业在安全生产许可证有效期内有下列情形之一的，应当向原安全生产许可证颁发管理机关申请变更安全生产许可证：

①变更主要负责人的。

②变更隶属关系的。

③变更企业名称的。

④新建、改建、扩建项目安全设施经验收合格的。

变更第①、②、③项的，自工商营业执照变更之日起10个工作日内提出申请，安全生产许可证颁发管理机关对申请人提交的相关文件、资料审核后，即可办理安全生产许可证变更手续；变更第④项的，应当在新建、改建、扩建项目验收合格后10个工作日内提出申请。

（3）处罚

取得安全生产许可证的非煤矿矿山企业不具备本实施办法第5条规定的安全生产条件之一的，由安全生产许可证颁发管理机关予以警告，责令整改，并处1万元以上3万元以下罚款。

非煤矿矿山企业有下列行为之一的，由安全生产许可证颁发管理机关责令停止生产，没收违法所得，并处10万元以上50万元以下的罚款；造成重大事故或者其他严重后果，构成犯罪的，依法追究刑事责任：

1）未取得安全生产许可证，擅自进行生产的。

2）接受转让的安全生产许可证的。

3）冒用安全生产许可证的。

4）使用伪造的安全生产许可证的。

非煤矿矿山企业在安全生产许可证有效期内，主要负责人、隶属关系、企业名称发生变化，未按规定申请、办理变更手续的，由安全生产许可证颁发管理机关责令限期办理变更手续，并处1万元以上3万元以下罚款。

非煤矿矿山企业在安全生产许可证有效期满未办理延期手续，继续进行生产的，责令停止生产，限期补办延期手续，没收违法所得，并处5万元以上10万元以下的罚款；逾期仍不办理延期手续，继续进行生产的，由安全生产许可证颁发管理机关责令停止生产，没收违法所得，并处10万元以上50万元以下的罚款；造成重大事故或者其他严重后果，构成犯罪的，依法追究刑事责任。

非煤矿矿山企业转让安全生产许可证的，由安全生产许可证颁发管理机关没收违法所得，并处10万元以上50万元以下的罚款；构成犯罪的，依法追究刑事责任。

4.9 《危险化学品生产企业安全生产许可证实施办法》应用

(1) 实施目的和原则

为严格规范危险化学品生产企业安全生产条件，做好危险化学品生产企业安全生产许可证的颁发管理工作，根据《安全生产许可证条例》和有关法律、行政法规，制定本实施办法。

危险化学品生产企业必须取得安全生产许可证。未取得安全生产许可证的，不得从事生产活动。安全生产许可证的颁发管理工作实行企业申请、两级发证、属地监管的原则。国务院安全生产监督管理部门负责中央管理的危险化学品生产企业（集团公司、总公司、上市公司）安全生产许可证的颁发和管理。省、自治区、直辖市人民政府安全生产监督管理部门（以下称省级安全生产许可证颁发管理机关）负责其他危险化学品生产企业安全生产许可证的颁发和管理。

(2) 安全生产许可证申请

危险化学品生产企业主要负责人、安全生产管理人员的安全生产知识和管理能力应当经考核合格。特种作业人员应当经有关业务主管部门考核合格，取得特种作业操作资格证书。其他从业人员应当按照国家有关规定，经安全教育和培训并考核合格。

中央管理的危险化学品生产企业（集团公司、总公司、上市公司）申请领取安全生产许可证，向国务院安全生产监督管理部门提出申请。中央管理的危险化学品生产企业（集团公司、总公司、上市公司）所属分公司、子公司以及分公司、子公司下属的生产单位申请领取安全生产许可证，由中央管理的危险化学品生产企业所属的分公司、子公司分别向所在地省级安全生产许可证颁发管理机关提出申请。中央管理的危险化学品生产企业以外的其他危险化学品生产企业及其分公司、子公司和分公司、子公司下属的生产单位申请领取安全生产许可证，由该危险化学品生产企业或其子公司分别向所在地省级安全生产许可证管理机关提出申请。

危险化学品生产企业申请领取安全生产许可证，应当提交主要负责人、安全生产管理人员、特种作业人员考核合格的证明材料和工商营业执照副本或者工商核准通知。

对已经受理的申请，安全生产许可证颁发管理机关应在征得危险化学品生产企业所在地人民政府安全生产监督管理部门或者有关部门同意后，指派有关人员对申请材料和安全生产条件进行审查；需要到现场审查的，应当到现场进行审查。负责审查的有关人员应当向安全生产许可证颁发管理机关提出审查意见。安全生产许可证颁发管理机关应当对有关人员提出的审查意见进行讨论，并在受理申请之日起45个工作日内作出颁发或者不予颁发安全生产许可证的决定。对决定颁发的，应当自决定之日起 10 个工作日内送达或者通知申请人领取安全生产许可证；对不予颁发的，应当在 10 个工作日内书面通知申请人并说明理由。

经审查符合规定的，安全生产许可证颁发管理机关应当分别向危险化学品生产企业及其分公司、子公司以及分公司、子公司下属的生产单位颁发安全生产许可证。安全生产许可证有效期为 3 年。有效期满后继续生产危险化学品的，应当于有效期满前 3 个月，向原安全生产许可证颁发管理机关提出延期申请。危险化学品生产企业在安全生产许可证有效期内符合规定条件的，安全生产许可证有效期届满时，经原安全生产许可证颁发管理机关同意，不再审查，直接办理延期手续。

危险化学品生产企业在安全生产许可证有效期内有下列情形之一的，应当向原安全生产许可证颁发管理机关申请变更安全生产许可证：

1）变更主要负责人的。

2）变更隶属关系的。

3）变更企业名称的。

4）新建、改建、扩建项目经验收合格的。

变更第 1）、2）、3）项的，自工商营业执照变更之日起 10 个工作日内提出申请，安全生产许可证颁发管理机关在对申请人提交的文件、资料审核后，即可办理安全生产许可证变更手续；变更第 4）项的，应当在新建、改建、扩建项目验收合格后 10 个工作日内提出申请。

(3) 处罚

危险化学品生产企业有下列行为之一的，由安全生产许可证颁发管理机关责令停止生产，没收违法所得，并处 10 万元以上 50 万元以下的罚款；造成重大事故或者其他严重后果，构成犯罪的，依法追究刑事责任：

1）未取得安全生产许可证，擅自进行危险化学品生产的。

2）接受转让的安全生产许可证的。

3）冒用安全生产许可证的。

4）使用伪造的安全生产许可证的。

危险化学品生产企业在安全生产许可证有效期满未办理延期手续，继续进行生产的，由安全生产许可证颁发管理机关责令停止生产，限期补办延期手续，没收违法所得，并处 5 万元以上 10 万元以下的罚款；逾期仍不办理延期手续，继续进行生产的，由安全生产许可证颁发管理机关责令停止生产，没收违法所得，并处 10 万元以上 50 万元以下的罚款；造成重大事故或者其他严重后果，构成犯罪的，依法追究刑事责任。

危险化学品生产企业在安全生产许可证有效期内，主要负责人、隶属关系和企业名称发生变化，未按规定申请、办理变更手续的，由安全生产许可证颁发管理机关责令限期办理变更手续，并处 1 万元以上 3 万元以下罚款。

4.10 《烟花爆竹生产企业安全生产许可证实施办法》应用

(1) 实施目的和原则

为严格规范烟花爆竹生产企业安全生产条件，做好烟花爆竹生产企业安全生产许可证的颁发管理工作，根据《安全生产许可证条例》和有关法律、行政法规，制定本实施办法。烟花爆竹生产企业必须取得安全生产许可证。未取得安全生产许可证的，不得从事烟花爆竹生产活动。

安全生产许可证的颁发管理工作实行企业申请、一级发证、属地监管的原则。省、自治区、直辖市人民政府安全生产监督管理部门（以下称安全生产许可证颁发管理机关）负责本行政区域内烟花爆竹生产企业安全生产许可证的颁发和管理。

(2) 安全生产许可证申请

烟花爆竹生产企业主要负责人、安全生产管理人员的安全生产知识和管理能力应当经考核合格。烟花爆竹药物混合、造粒、筛选、装药、筑药、压药、切引等工序的特种作业人员应当接受烟花爆竹专业知识培训，并经考核合格取得操作资格证书。其他岗位从业人员须经本岗位安全生产知识教育和培训并考核合格。

烟花爆竹生产企业申请领取安全生产许可证，应当提交主要负责人、安全生产管理人员考核合格的证明材料，特种作业人员取得操作资格证书的证明材料、从业人员安全生产教育和培训合格的证明材料，公安部门对烟花爆竹生产企业周边安全距离的审核意见等。

对已经受理的申请，安全生产许可证颁发管理机关应在征得烟花爆竹生产企业所在地人民政府安全生产监督管理部门或者有关部门同意后，指派有关人员对申请材料和安全生产条件进行审查；需要到现场审查的，应当到现场进行审查。负责审查的有关人员应当向安全生产许可证颁发管理机关提出审查意见。安全生产许可证颁发管理机关应当对有关人员提出的审查意见进行讨论，并在受理申请之日起45个工作日内作出颁发或者不予颁发安全生产许可证的决定。对决定颁发的，应当自决定之日起10个工作日内送达或者通知申请人领取安全生产许可证；对不予颁发的，应当在10个工作日内书面通知申请人并说明理由。

经审查符合规定的，安全生产许可证颁发管理机关应当向烟花爆竹生产企业颁发安全生产许可证。烟花爆竹企业安全生产许可证有效期限为3年。有效期满需要延期的，应当于安全生产许可证有效期满前3个月向原安全生产许可证颁发管理机关办理延期手续。烟花爆竹生产企业在安全生产许可证有效期内符合规定条件的，在安全生产许可证有效期届满时，经原安全生产许可证颁发管理机关同意，不再审查，直接办理延期手续。

烟花爆竹生产企业在安全生产许可证有效期内有下列情形之一的，应当向原安全生产许可证颁发管理机关申请变更安全生产许可证：

1）变更主要负责人的。

2）变更隶属关系的。

3）变更企业名称的。

4）新建、改建、扩建项目经验收合格的。

变更第1）、2）、3）项的，自工商营业执照变更之日起10个工作日内提出申请，安全生产许可证颁发管理机关在对申请人提交的文件、资料审核后，即可办理安全生产许可证变更手续；变更第4）项的，应当在新建、改建、扩建项目验收合格后10个工作日内提出申请。

(3) 处罚

烟花爆竹生产企业有下列行为之一的，由安全生产许可证颁发管理机关责令停止生产，没收违法所得，并处10万元以上50万元以下的罚款；造成重大事故或者其他严重后果，构成犯罪的，依法追究刑事责任：

1）未取得安全生产许可证，擅自进行烟花爆竹生产的。

2）接受转让的安全生产许可证的。

3）冒用安全生产许可证的。

4）使用伪造的安全生产许可证的。

烟花爆竹生产企业在安全生产许可证有效期满未办理延期手续，继续进行生产的，责令停止生产，限期补办延期手续，没收违法所得，并处5万元以上10万元以下的罚款；逾期仍不办理延期手续，继续进行生产的，由安全生产许可证颁发管理机关责令停止生产，没收违法所得，并处10万元以上50万元以下的罚款，造成重大事故或者其他严重后果，构成犯罪的，依法追究刑事责任。

烟花爆竹生产企业在安全生产许可证有效期内，主要负责人、隶属关系、企业名称发生变化，未按本实施办法规定申请、办理变更手续的，责令限期办理变更手续，并处1万元以上3万元以下罚款。

烟花爆竹生产企业转让安全生产许可证的，没收违法所得，并处10万元以上50万元以下的罚款；构成犯罪的，依法追究刑事责任。

4.11 《民用爆破器材安全生产许可证实施办法》应用

(1) 实施目的和原则

为严格规范民爆器材生产企业安全生产条件，做好民爆器材生产企业安全生产许可证的颁发管理工作，根据《安全生产许可证条例》和有关法律、行政法规，制定本实施办法。从事民爆器材生产活动的企业，应当申请领取民爆器材安全生产许可证（以下简称安全生产许可证）。企业未取得安全生产许可证的，不得从事民爆器材生产活动。

国防科工委负责全国民爆器材生产企业安全生产许可证的颁发和监督管理工作。各省、自治区、直辖市及计划单列市民爆器材行政主管部门（以下简称省区市民爆器材行政主管部门）受国防科工委的委托，负责本辖区内民爆器材生产企业安全生产许可证申请的受理、审查、考核、颁发及日常监督管理。

(2) 安全生产许可证申请

民爆器材生产企业取得安全生产许可证，其主要负责人和安全生产管理人员应参加民爆器材行业组织的培训，并经考试合格取得安全资格上岗证书；特种作业人员应依照《安全生产法》的规定，经有关业务主管部门考核合格，取得特种作业操作资格证书；从事民爆器材生产作业的人员必须通过所在省、自治区、直辖市民爆器材行业或企业自己组织的安全生产教育和培训，并经考试合格取得上岗资格证书；具有国防科工委颁发的民爆器材生产企业凭照、工商部门颁发的营业执照等。凡获得民爆器材生产企业凭照的企业，正式生产前，应当向所在省区市民爆器材行政主管部门提出领取安全生产许可证的申请，提供相关证照（含营业执照）、文件、资料。

省区市民爆器材行政主管部门应当自受理申请之日起 30 个工作日内完成对申请材料的审查及必要的安全生产条件考核。安全生产许可证申请经审查合格的，省区市民爆器材行政主管部门应当自审查完毕之日起 5 个工作日内将有关材料报国防科工委备案。国防科工委自收到备案材料之日起 7 个工作日内未提出异议的，由省区市民爆器材行政主管部门颁发民用爆破器材安全生产许可证；有异议的，书面通知省区市民爆器材行政主管部门重新审查。

安全生产许可证有效期为 3 年。有效期满需要延期的，企业应当在期满前 3 个月向所在省区市民爆器材行政主管部门提出延期申请。经省区市民爆器材行政主管部门审查，符合延期条件的，批准其安全生产许可证延期，并于批准之日起 7 个工作日内向国防科工委备案。延期时间为 3 年。不符合延期条件的企业，依照规定的条件重新申报。

(3) 处罚

企业违反规定，未取得安全生产许可证擅自进行生产的，由省区市民爆器材行政主管部门责令停止生产，没收违法所得，并处 10 万元以上 50 万元以下的罚款；构成犯罪的，依法追究刑事责任。

企业违反规定，在安全生产许可证有效期满时未办理延期手续，继续进行生产的，由省区市民爆器材行政主管部门责令其停止生产，没收违法所得，限期补办延期手续，并处 5 万元以上 10 万元以下的罚款；逾期仍不办理延期手续，继续进行生产的，由省区市民爆器材行政主管部门责令停止生产，没收违法所得，并处 10 万元以上 50 万元以下的罚款，构成犯罪的，依法追究刑事责任。

擅自转让安全生产许可证的，由省区市民爆器材行政主管部门没收违法所得，处 10 万元以上 50 万元以下的罚款，并报国防科工委备案，由国防科工委吊销其安全生产许可证；构成犯罪的，依法追究刑事责任。接受转让、冒用安全生产许可证或者使用伪造的安全生产许可证的，由省区市民爆器材行政主管部门责令停止生产，没收违法所得，并处 10 万元以上 50 万元以下的罚款，构成犯罪的，依法追究刑事责任。

被吊销安全生产许可证的企业不得从事民爆器材生产活动，并在 5 年内不得重新申请安全生产许可证。

企业名称或法定代表人发生变更时，企业应在一个月内申请更换民爆器材生产企业凭照和安全生产许可证，逾期不换的，由所在省区市民爆器材行政主管部门暂扣其安全生产许可证，并报国防科工委备案。

4.12 《小型露天采石场安全生产暂行规定》应用

(1) 目的

为预防和减少小型露天采石场生产安全事故，保障从业人员的安全与健康，根据《安全生产法》《矿山安全法》《安全生产许可证条例》和有关法律、行政法规，制定本规定。

(2) 技术规定

1）小型露天采石场在设点（包括新办、移址、招标拍卖及综合治理矿点等）前，由国土资源管理部门会同安全生产监督管理部门、公安部门进行联合踏勘，否则，不得为其申报安全生产许可证。

2）小型露天采石场在开工建设前，应提交由具备资质的矿山安全中介机构编制的《矿山开采方案与安全技术措施》。经安全生产监督管理部门审查合格后，出具“关于同意有关矿山生产活动的证明”，方可开工建设。建设项目竣工后，应当委托有资质的机构进行安全验收评价，并提交安全验收评价报告书及相关材料，由安全生产监督管理部门进行竣工验收，通过验收的，须为其办理竣工验收证明手续。若采石场的作业方式、年开采量和开采方式等发生重大变化，须由矿山安全中介机构重新编制《矿山开采方案与安全技术措施》。

3）关于相邻采石场之间应当设置大于 30 米的隔离带及明确此区间的矿产资源开采归属权问题，对于新办矿山，各地必须监督矿山企业并配合国土资源管理部门在联合踏勘和会审时执行这一规定。对于在开矿山，各级安全生产监督管理部门一方面应要求双方尽早协调并提出由一方开采相邻矿产资源的方案；另一方面要监督先开采至距相邻边坡 30 米的矿山企业，停止向前开采，并使其作业面山脊一侧的临时终边坡角应控制在 70 度以内。各露天采石场进行爆破作业时，爆破警戒区域内的矿山企业必须要相互约定具体实施爆破的时间，配备符合规程要求的爆破警报器。

4）全面查禁淘汰落后和不安全的开采方式，露天矿山实现自上而下分层分台阶开采，推广中深孔爆破等安全适用技术。坚决禁止扩壶爆破、掏底崩落开采，一经发现应依法立即予以关闭；限制和逐步淘汰浅孔爆破开采，积极推广应用中深孔爆破、分台阶和规范的分层开采方法。要采取法制、行政和经济等手段，加大推广中深孔爆破开采的力度，提高露天矿山安全水平。加强露天采场边坡管理的监管力度。推进小采石场的规模化、机械化开采。要进一步加强采场边坡管理，有效遏制采场滑坡、坍塌等较大事故多发的势头。

4.13 《危险化学品生产储存建设项目安全审查办法》应用

(1) 目的

为加强危险化学品生产、储存企业新建、改建、扩建项目安全审查工作，保障危险化学品生产、储存企业的安全生产，根据《安全生产法》《危险化学品安全管理条例》等法律、行政法规，原国家安全生产监督管理局（国家煤矿安全监察局）制定了《危险化学品生产储存建设项目安全审查办法》。

(2) 适用范围

设立危险化学品生产、储存企业和现有危险化学品生产、储存企业新建、改建、扩建危险化学品生产、储存装置与设施（以下统称危险化学品生产、储存建设项目）的安全审查，适用本办法。

国家对危险化学品生产、储存实行统一规划、合理布局和严格控制，并对危险化学品生产、储存实行审批制度。危险化学品生产、储存建设项目应当依法经安全生产监督管理部门进行安全审查。经审查合格后，方可进行建设。

(3) 安全条件论证和安全评价

危险化学品生产、储存建设项目应当在省、自治区、直辖市及设区的市、地区、盟、自治州人民政府批准的规划区域内建设。危险化学品生产、储存建设项目在可行性研究阶段，应当进行安全条件论证；在进行初步设计前，应当进行安全评价。

危险化学品生产、储存建设项目安全评价应当包括以下主要内容：

1）危险、有害因素的辨识。

2）定性、定量分析生产、储存的工艺、方式、规模或者能力、设备、设施等安全可靠程度。

3）危险化学品生产、储存建设项目与已有生产装置、设施之间的相互影响。

4）作业场所职业危害程度。

5）管理人员和技术人员配备的合理性。

6）与周边社区的相互影响及风险程度。

7）自然条件的影响。

8）其他需要说明的事项。

(4) 安全审查

危险化学品生产、储存建设项目单位，应当向相应的安全生产监督管理部门提出安全审查申请，并提交下列文件、资料：

1）申请书。

2）可行性研究报告。

3）生产原料、中间产品、最终产品或者储存的危险化学品的名称、燃点、自燃点、闪点、爆炸极限、毒性等理化性能指标。

4）包装、储存、运输的技术要求。

5）安全评价报告。

6）事故应急救援措施。

对已经受理的申请，安全生产监督管理部门应当指派有关人员或者组成专家组对申请材料进行审查；需要到现场审查的，应当到现场进行审查。负责审查的有关人员或者专家组应当向安全生产监督管理部门提出审查意见。

安全生产监督管理部门应当对有关人员或者专家组提出的审查意见进行讨论，并在受理申请之日起15日内完成审查工作；审查结束后，应当向申请人出具结论为“合格”或者“不合格”的安全审查意见书。

(5) 监督管理

安全生产监督管理部门应当坚持公开、公平、公正的原则，严格依据安全生产法律、行政法规、规章、国家标准或者行业标准和本办法的规定，对危险化学品生产、储存建设项目的安全生产条件进行审查。安全生产监督管理部门应当建立健全危险化学品生产、储存建设项目安全审查的档案管理制度。

(6) 罚则

安全生产监督管理部门工作人员在危险化学品生产、储存建设项目安全审查中滥用职权、玩忽职守、徇私舞弊的，依照有关规定给予行政处分；构成犯罪的，依法追究刑事责任。未经安全审查或者安全审查不合格，擅自从事危险化学品生产、储存建设项目的，给予警告，并处 3 万元以下的罚款。已经取得结论为“合格”的安全审查意见书的危险化学品生产、储存建设项目未按本办法第 16 条规定重新进行安全审查的，给予警告，并处 1 万元以下的罚款；情节严重的，处 3 万元以下的罚款。

5 安全评价相关技术标准规范应用

5.1 《煤矿安全规程》应用

《煤矿安全规程》是根据宪法关于“改善劳动条件，加强劳动保护”的规定，总结新中国成立以来的安全生产经验教训，在《煤矿安全生产试行规程》的基础上制定的。《煤矿安全规程》是保障煤矿安全生产和职工人身安全，防止煤矿事故的行政规章，是煤矿安全法规体系中一部最重要的安全技术法规。新中国成立以来，随着煤炭生产技术的发展和事故教训的积累，国务院煤炭行业主管部门，先后修订颁布了 8 部《煤矿安全规程》，每次修订都使其科学性、规范性、法制性、适用性增强，对保障煤矿安全生产、维护职工健康、预防煤矿事故发挥了重要作用。

(1) 主要内容

1）安全第一

煤矿生产建设必须考虑到水、火、瓦斯、尘毒、顶板等自然灾害，创造良好的安全生产条件，否则就不能顺利进行生产。根据这一客观规律，新规程强调了要贯彻党的安全生产方针，坚持“安全第一”思想，即煤炭系统各企业、事业单位和地质、设计、基建、生产、制造单位以及干部、劳资、供应、科研、教育等部门，都必须把安全生产放在第一位。

2）建立健全安全生产责任制

据分析，当前煤矿大量的伤亡事故主要是严重不负责任造成的，因此新规程明确规定：省（区）煤炭局局长、矿务局局长和矿长，都必须对安全工作负全面责任；总工程师对安全工作负技术责任，各职能部门负责业务保安，班组长和工人要对所在岗位的安全工作负责。

3）安全监察机构

新规程规定了“煤炭工业部、省（区）煤炭局和矿务局必须建立安全监察机构，各矿务局向各矿派驻安全监察站”。安全监察机构代表上级对所在单位执行有关安全工作的方针、法令和本规程的规定行使监察权。这也是总结了几十年来安全生产正反两个方面的经验教训才这样规定的。

4）教育先行、奖惩严明

要求加强职工的培训和教育，规定了奖惩准则。对模范遵守规程和防止发生事故有功人员要表扬奖励，对违章指挥、违章作业造成事故的责任者要分别情况减发奖金或给予纪律处分，直至由司法部门追究刑事责任。

5）矿井安全技术标准

规程对矿井安全出口、使用自救器、矿井的排水设备能力和水仓容积、瓦斯矿井等级划分和配风量计算、防尘标准、综合机械化采煤工作面沼气浓度的规定、高沼气矿井使用架线电机车以及采用钢丝绳罐道时提升容器和井壁间的间隙等一系列问题，都作出了明确规定。

(2)《煤矿安全规程》特点

1）煤矿必须坚持“安全第一”的指导思想

把“安全第一”的原则作为搞好安全生产的指导思想写入规程中，这是几十年来同自然灾害作斗争中总结出来的一条最重要的经验。安全第一，就是要求各级行政和有关部门都要把安全工作放在第一位来抓，层层抓紧，在生产和安全发生矛盾时，要坚决服从安全，各级领导干部不只是口头上，而是在具体工作安排上，必须把工人的生命安全放在第一的位置上，在编制规划、计划的同时，必须编制安全技术发展规划和安全技术措施计划，在资金、材料、设备的分配使用上，要优先保证安全生产的需要。安全第一，还要求熟悉并掌握矿井可能发生事故的各种自然因素，事先采取措施加以防治；并要制订矿井灾害事故的预防和处理计划，严格贯彻执行。安全第一，就一定要搞文明生产、科学管理，创造安全、卫生、无害的劳动条件。

2）强调了安全生产责任制与奖惩标准

建立安全生产责任制和规定奖惩标准，是搞好煤矿安全工作的一项重要措施。当前煤矿的大多数事故，都是部分人特别是少数领导干部严重不负责任造成的，加上安全工作本身又是一项政策性很强、技术性很强的综合性工作，因此，《煤矿安全规程》首先强调了主要领导负责，明确规定了各级主要领导人对本单位安全工作负全面责任。同时明确了各级总工程师或技术负责人对安全工作负技术责任；各职能部门都要建立安全生产责任制，实行业务保安，班、组长和工人要对所在岗位的安全工作负责，从而取消了原规程的革委会负责的笼统规定。只有明确安全生产责任制，才能落实业务保安。实践证明，只有所有单位、所有领导和所有人都来重视安全，才能实现安全生产。

为贯彻“有法可依，有法必依，执法必严，违法必究”的方针，《煤矿安全规程》明确规定了奖和惩的原则，对模范遵守《煤矿安全规程》和防止事故有功的人员要给予表彰和物质奖励；对违章作业、违章指挥以至造成事故的人员，要分别给以经济制裁、纪律处分直至追究刑事责任，必须造成一个遵章守纪光荣、安全生产有功、违章乱纪可耻、造成事故有罪的社会舆论，以提高广大职工严格遵章守纪的自觉性。

3）确立了各级安全监察机构

国内外的生产实践证明，要搞好煤矿安全，必须强化安全监察机构。《煤矿安全规程》是煤矿安全生产的法规，必须要有执法机构来监督检查法规的执行，否则规程将成一纸空文。因此，规程明确规定了各级单位必须建立安全监察机构，其职权是代表上级对所在单位执行有关安全工作的方针、法令和本规程行使监察权。

4）安全技术标准和要求

《煤矿安全规程》是我国煤矿几十年来安全生产经验教训的总结，同时又吸收了近几年国外安全技术的新成就。从我国实际条件出发，按照各煤矿不同的技术水平和装备条件，规定了不同的安全技术标准，做到了既强调了规程的可靠性，又注意了规程的可行性。

5）预防为主、教育先行的精神

预防为主和教育先行是搞好煤矿安全的基础。预防为主的精神贯穿在整个规程中，《煤矿安全规程》要求从地质、计划、设计、基建、生产、科研、制造等各个部门，在各个环节上都要为安全、卫生创造条件。其中有些安全设施、工程是“防患未然，以备万一”的，即使这样也必须认真执行规程规定，以便给矿工创造一个安全、卫生、无害的良好工作条件。对于教育先行，规程明确规定了“矿务局、矿的劳资、干部和教育部门应有计划地组织职工进行安全规程和安全技术业务学习，并定期组织技术业务考核”。而且对新工人下井、调换工种、各种专业司机等的安全教育分别作了具体规定。《煤炭工业部关于颁布〈煤矿安全规程〉的决定》（[86] 煤安字第 91 号）中要求：“各单位必须组织干部和工人认真学习本规程，并进行考试，不及格的要补考，达到合格的要求，否则干部不准担任原职务，工人不准独立顶岗位操作。”特别是领导干部要带头学习好，全面理解规程，成为执行和遵守规程的模范。这里更要强调的是，领导不仅要带头学好，并应对所属单位职工的教育和学习负有责任。因此，规程规定了“对职工不按规定进行安全教育和培训，职工缺乏安全技术知识，操作错误造成事故的”，要“追究主要领导人的行政或法律责任”。广大职工也要自觉地本着干什么学什么的原则，积极参加规程学习，做到熟悉、掌握、执行规程。

煤矿的生产建设工作，必须严格按规程办事。把执行不执行《煤矿安全规程》，作为考核提拔干部、评选先进企业与个人、进行奖励的一个重要条件。对违反规程的要及时追究、教育和严肃处理，使违反现象逐渐减少，直至最少最轻的程度；千方百计采取各种技术组织措施，达到《煤矿安全规程》的安全技术标准和要求。努力杜绝顶板、瓦斯、煤尘、水、火、运输等重大恶性事故，百万吨死亡率降到本单位历史最低水平，并做到逐年下降，矿井工程质量标准化，设备完好，安全设施完善可靠，生产环境和工业卫生好，使安全生产和文明生产制度化、经常化。

5.2 《金属非金属矿山安全规程》应用

(1) 目的

为切实加强对金属非金属矿山的安全监管，规范企业安全生产行为，督促企业落实安全生产主体责任，国家安全生产监督管理总局组织国内 40 余位专家，历时 5 年，在总结历年来金属非金属矿山安全生产经验的基础上，完成了对《金属非金属露天矿山安全规程》（GB 16423—1996）和《金属非金属地下矿山安全规程》（GB 16424—1996）的修订工作，并将其合二为一，更名为《金属非金属矿山安全规程》（GB 16423—2006）。

(2) 适用范围

1）空间上

中华人民共和国领域，包括领土、12 海里的领海和 200 海里的专属经济区。

2）矿种上

煤矿、煤系硫铁矿及其他与煤共生的矿藏的开采不适用；石油、天然气、矿泉水等液态或气态矿藏的开采也不适用。

3）机构

各种所有制形式的矿山企业和施工单位，包括全民、乡镇集体、中外合资、中外合作、私营和个体；有关科研、设计、评价、培训、检测检验等技术服务机构；政府主管部门。

4）人员

一切从事设计、施工、生产、技术服务、监督和管理的人员。

(3) 主要内容

《金属非金属矿山安全规程》规定了金属非金属矿山设计、建设和开采过程中的安全技术要求，以及职业危害的管理与监测、作业人员的健康监护要求。

该规程在规范非煤矿山安全管理，保障矿山安全生产，预防矿山事故，保护矿工安全健康和促进非煤采矿业健康发展等方面发挥了重要作用，同时也为依法进行非煤矿山安全监督管理提供了技术依据。

修订后的《金属非金属矿山安全规程》包括前言及正文7章。

1）范围：该规程的适用范围，也称标准的效力范围。

2）规范性应用文件：未注明日期的应用文件，其最新版本适用本标准。本标准共引用了30个文件，已专门编制了引用标准汇编。

3）术语和定义：是规程适用范围或规程中特定事项的适用范围的再次界定。

4）总则：原地下和露天矿山规程的管理部分完善、修改而来，是共同遵守的。

5）露天部分：包括基本规定、露天开采、运输、排土场、电气安全、防排水和防灭火等9个小节，对露天矿山的安全管理和作业技术标准作出规定。

6）地下部分：包括矿山井巷、地下开采、通风防尘等6个小节，对地下矿山的安全管理和作业技术标准作出规定。

7）职业危害防治：包括管理和监测、健康监护2个小节，对职业危害的防治与管理、监测、职业病以及职业禁忌症作出了规定。

5.3 《烟花爆竹工厂设计安全规范》应用

《烟花爆竹工厂设计安全规范》既是我国有史以来的第一个烟花爆竹工厂安全设计规范，又是新建、改建、扩建烟花爆竹工厂的标准。该规范的实施，对烟花爆竹行业的安全生产起到重大的指导和保证作用。

(1) 规范适用范围

该规范明文规定："烟花爆竹企业指生产烟花、爆竹及生产用于烟花爆竹产品的黑火药、烟火药、引火线工厂。"这个规定，明确了烟花行业生产厂的范围，即烟花爆竹企业不仅包括生产烟花爆竹的工厂，也包括生产用于烟花产品的烟火药原材料厂。

根据花炮生产特性，该规范第1.0.2条规定"本规范适用于烟花爆竹工厂的新建、改建和扩建工程"，突出了对新建、扩建工程的要求，即开始建厂或扩建时，就要建成一个安全型的工厂。

(2) 主要内容

该规范所执行的方针是"安全第一，预防为主"。内容包括在厂址选择、建筑物危险等级、工厂规划与内外距离、工艺布置及消防设施等方面。其目的在于，对新建烟花爆竹工厂，要达到符合安全要求，投产后，对国家和人民生命财产有安全保障；对现有的工厂，通过按该规范改造，达到符合该规范的要求。

1）建筑物的危险等级

专家们在经过对花炮、民爆、军工等建筑的充分调查分析之后，重点依据花炮生产特性，将花炮工厂建筑科学地划分为A、C两级。具体来说，将破坏力与TNT相当的列为A_2级，破坏力与黑火药相当的列为A_3级，其他列为C级。然后，依据其破坏力的大小，确定建筑物结构形式与相互之间的安全距离。制定了花炮常用药剂的危险等级，例如，将凡含氯酸盐、高氯酸盐、笛音剂、爆炸膏剂及感度高的药剂列为A_2级，其他的为A_3级；并且还确定，凡加工A_2级药剂的工序、工房均为A_2级建筑，从而使工厂在实际执行中有了统一规定。

2）花炮工厂规划与建筑物内外距离

①工厂选址，应避开村庄、居民点、工厂、学校、公路、铁路、桥梁、高压电力设施、重点建筑和旅游区等。

②工艺设计，应根据生产品种特性、危险等级划分区域。具体为：行政生活区、非危险品生产区、危险品生产区、危险品总仓库区、销毁场、燃烧试验场等四区两场的规范要求。

③规定了以存药量的多少为依据，确定建筑物内外距离和建筑结构形式等。

3）明确了花炮工厂十不准和十应该的要求

①不准将特性不同的产品设在一条生产线上，应该分小区生产。

②不准不同性质的药剂同库存放和同时使用，应该分库存放，分开使用。

③不准同性质的危险品分别存放，应该集中存放。

④不准将危险性大、污染严重的工序在工厂中心设置，应该设在工厂边缘或安全地带。

⑤不准将危险性建筑物长面相对，应该错开布置。

⑥不准危险品工房与非危险性工房联建，应该单独设置。

⑦不准操作间门窗向内开和装插销，应该向外开启。

⑧不准用坚固物料作房盖，应该采用轻质易碎原料。

⑨不准使用易产生火花的地面，应采用柔性、导静电和不发生火花的地面。

⑩不准使用普通电气设备，应该采用防爆型电气等。

5.4 《烟花爆竹劳动安全技术规程》应用

国家标准《烟花爆竹劳动安全技术规程》是烟花爆竹行业的重要标准，更是一个涉及安全的标准。

(1) 主题内容与适用范围

本标准规定了烟花爆竹企业在生产和储运过程中的劳动安全技术要求，适用于烟花爆竹企业，包括引线厂、烟火药厂，也适用于厂外加工。

(2) 烟火药制造

1）原料准备

制作烟火药的原材料，必须符合有关烟火药原材料质量标准，并且有产品合格证，进厂后通过化验和工艺鉴定后，方可使用。烟火药所用的化工原材料使用前须进行理化检验和工艺鉴定，合格后方可使用。在备料和使用过程中不得混入对药物增加感度的物质。化工原材料在长时间储存时，由于环境、空气、湿度影响，有可能会使化工原材料变质，因此，出厂期超过一年的原材料，必须重做检验，合格后方可使用。

2）粉碎、筛选

粉碎是一个较危险的工序，同时粉碎的好坏也影响烟火药及产品的质量，因此规定粉碎应在单独工房进行，粉碎前后应筛选掉机械杂质。筛选时不得使用铁质等产生火花的工具。粉碎易燃易爆物料时，必须在有安全防护墙的隔离保护下进行。黑火药所用原材料一般可采用单料粉碎，但应尽量把木炭和硫黄两种原料混合粉碎。烟火药所用的原材料只能分机单独进行粉碎，感度高的物料应专机粉碎。

机械粉碎物料，应注意的事项有：粉碎前对设备进行全面检查，并认真清扫粉尘；必须远距离操作，人员未离开机房，严禁开机；进出料时，必须停机断电；进料和出料，应停机10分钟，散热后进行；注意通风、散热、防止粉尘浓度超标。

用湿法粉碎时，严禁物料泡沫外溢。粉碎的物料包装后，应立即贴上标签。防止吸湿和搞混。

3）配制与混合

烟火药各成分的干法混合，宜采用木转鼓、纸转鼓或导电橡胶转鼓等设备。混合应在单独工房内进行，采用导电橡胶工作台或木质工作台，操作工具用铜网筛和有韧性拉力强度大的纸张。严禁在物料库和其他操作工房进行配料。黑火药在进行多元球磨混合时，应在单独工房内进行，远距离操作，并有防爆设施。含氯酸盐等高感度药剂的配制，必须有专用工房，使用专用工具，并有防护设施，其工房工具如需改作他用时，应重新清洗干净，方可使用。湿法配制含铝或铝镁合金粉的烟火药剂时，应及时做好散热处理。

4）压药与造粒

机械压药与造粒工序，每间定机1台，手工压药造粒，定员不能超过3人。机器造粒运转时，药物温升不得超过20℃，在造粒时，除操作人员外任何人不得进入工房内。操作人员如发现机器在运转时有不正常现象应立即关闭电源，停机寻找原因。烟火药造粒，采用干法机械生产时应有防爆墙隔离，才能进行操作。手工造粒时，应采用湿法生产，每间工房药物停滞量不能超过5千克。湿法制成的亮球，必须摊开放置，摊开厚度不能超过1.5厘米。黏合剂的pH值应为6～9，不能酸性太强也不能碱性太强，以免腐蚀烟火药原料。亮珠的筛选分级，必须在未干之前进行，每次药量不得超过3千克。

5）药物干燥

严禁用明火直接烘烤药物，烘房温度不能超过60℃，被烘干的药层厚度不能超过1.5厘米。药物在干燥时，不得去翻动和收取，必须冷却至室温时才能入库收藏。干燥后的药物，水分含量不得高于1.5%。

(3) 产品制作

1）领药限量

由于爆炸威力一般与药量成正比，要保证安全就必须控制药量，在一旦发生事故时，将爆炸威力控制在最低限度，因此各种产品装、筑药的领量不得超过限量，未列入规定的烟火药，干药每人每次限领1千克，含水量在5%～15%的每人每次限领3千克。

2）装药与筑药

装药与筑药应在单独工房操作，工房使用面积不得少于3.5米^2，装、筑含高感度烟火药时，应在有防护墙的工房内进行，每间定员 1 人。每次限量药物用完后，应及时将半成品送入中转库或指定地点。筑药工应靠近窗口，台高应略高于窗台。筑药工具应采用木、铜、铝或其他不产生火花的材质，严禁使用铁质工具。工作台上应垫以接地导电橡胶板。机械筑药时，冲击部分必须垫上接地导电橡胶板。操作人员未经安全员许可，不得改变作业方法。

3）钻孔与割切

有药半成品的铅孔和割切，应在未用工房内进行。所使用的铅切工具，要求刃口锋利，使用时应涂粉擦油或交替使用，工具不合要求时不得强行操作。

4）封口、贴招纸

操作人员人均使用面积不得少于 2 米^2。操作间主通道宽度不得少于 12 米，半成品停滞量的总药量人均不得超过装填压药工序量的 2 倍，半成品封口必须牢实，严防药物外泄。

5）产品组装

①礼花弹。装填药料时，每间工房不得超过 2 人操作，人均使用面积不得少于 3.5 米^2，只能轻轻按压，不许进行强烈冲击，每人每次装球限量，按表 5—1 进行。

表 5—1　礼花弹装球限量

球径（厘米）	<7.4	7.4～15	15～25	>25
每人每次装填数（个）	10	5	2	1

在安装外导火索和发射药盒时，不许有药粉外泄。

②组合烟花。每次组装定量不应大于表 5—2 的规定。

表 5—2　烟花组装限量

药剂（千克）	1	≤2	≤3	≤5
每人每次组装数（个）	4	3	2	1

每间工房不得超过 4 人，人均使用面积不得少于 3.5 米^2，主要通道宽度不少于 1.5 米。

6）引火线制作与裁切

①硝酸钾引火线制作。手工生产引火线应在单独工房内进行，每间定员不得超过 2 人，人均使用面积 3.5 米^2，每人每次领药限量为 1 千克。机器生产引火线，每间工房不得超过 2 台机组，机组间距不得少于 2 米，工房内药物停滞量不得超过 2.5 千克。盛装引火线药的器皿，必须用不产生火花和静电积累的材质制成，严禁敲打、撞击。

②氯酸钾引火线制作。无论手工、机器生产，都只能单人单间工房操作，药量不得超过 0.5 千克。盛装引火药的器皿应不产生火花和静电积累的材质制成。

③裁切引火线。捆扎引火线与裁切引火线分开，捆扎引火线房的引火线停滞量按药量计算，不得超过 5 千克。裁切引火线应单人单间操作，裁切氯酸钾引火线，停滞量按药量计算，不得超过 0.5 千克，裁切硝酸钾引火线按药量计算，不得超过 1 千克。工房应保持清洁，药粉和引火线头应及时清除。

7）产品干燥

有药产品干燥严禁采用明火直接烘烤，可采用日光、热风散热器，蒸汽干燥和红外线干燥等方式。

8）燃放试验

燃放试验要在规定场所进行，场地要求应符合《烟花爆竹工厂设计安全规范》。燃放试验应注意风向、风速，对熄引、瞎火及未燃完的试验物应及时慎重处理。

(4) 包装、运输与储存

1）包装

盛装烟火药原料的包装容器，必须使用不与内装物起化学作用的材料制作的防潮加盖容器。成品包装工序的最大停滞量，应按产品总量中所含药量计算，不得超过各种装、筑、压药工房中所规定药量的2倍。包装车间人均使用面积不得少于2米^2，主要通道宽度不得少于1.2米。

2）运输

搬运烟火药的运输车辆，应使用汽车、板车、手推车，不许使用三轮车和畜力车，禁止使用翻斗车和各种挂车，运输时加盖要严密。进入仓库区的机动车辆，必须有防火花装置，装卸作业中，只许单件搬运，不得碰撞、拖拉、摩擦、翻滚和剧烈震动，不许使用铁棍等铁质工具。厂外运输应符合危险品运输规定。

3）储存

企业应按物质性质分别放置化工原料、黑火药、烟火药、纸张、附加材料、半成品、成品等，入库的材料应贴有明显的标签，包括名称、产地、出厂日期、危险等级及质量等。仓库建造要求应符合规范，库区内应放置相应的消火栓、水池、灭火器材等消防工具。

烟火药的原材料和花炮产品的储存条件应符合有关规定。烟火药及其原材料储存应配备相应的灭火器材和灭火物质。

(5) 设备与维修

1）设备

设备造型应符合规范要求。粉碎设备，必须是专机专用。制药工房的机械设备安装位置，应不影响操作人员的安全出入。

2）维修

与药物接触的机械设备、器具，应对其性能经常进行检查，禁止带故障设备运行。在有药工房进行设备检修时，必须将工房内的药物搬走，清除设备上的药尘，将设备拆除移至修配车间进行修理。机械设备，应有专人负责日常维修保养，非设备管理人员，不得擅自装拆移动。对新进厂和更换工种的工人必须进行安全教育和技术培训，取得操作合格证后，才能上岗生产。严禁穿戴硬底、钉底鞋和不防静电、易燃的化纤衣物，不准带有钢铁制品的纽扣、发夹、刀剪、锁链等进入危险生产区。严禁酒后上班，作业时不许离岗串岗，不得穿戴有药尘的工作服进入其他工房。工厂应根据工作性质和劳动条件，配备符合要求的防护用品，工人应着符合规定的工作服上班。

(6) 生产条件

生产区应按规范配备相应的消防设施。生产中的废气、废药、废渣、废水应妥善处理。在清扫工房、车间、药库时：应在清扫前，将药物、半成品搬走；采用湿法清扫，严禁使用铁器清理垃圾；搬动设备时，必须轻松轻放，不许拖拉。厂区、车间、仓库、工房附近应种植有抗污染性能的绿化植物。

5.5 《民用爆破器材工厂设计安全规范》应用

遵照国家基本建设有关政策，贯彻“安全第一，预防为主”的方针，针对民爆产品特点，调查了全国民爆行业工厂设计及安全工作现状，总结了近十年来工厂设计方面的经验和安全技术科研成果，吸收国外适合我国实际情况的先进技术，广泛征求了有关单位的意见，最后形成《民用爆破器材工厂设计安全规范》。

(1) 适用范围

本规范适用于民用爆破器材工厂的新建、改建、扩建和技术改造工程。国家民爆行业主管部门曾明确要求，承担民用爆破器材工厂设计的资格必须是经审批的有民用爆破器材工厂设计资格的设计研究院所。

(2) 主要内容

本规范主要内容包括工艺、总图、建筑、结构、电气、自控、水道、暖通与热机等9个专业的安全规定。

1) 建筑物的危险等级和存药量

对制造、加工或储存危险品的建筑物划分危险等级的目的，主要是为了确定建筑物的内、外部距离和建筑物的结构形式，以及其他各种安全技术措施。建筑物的危险等级是根据建筑物内所含的生产工序或建筑物内所储存危险品的危险等级决定的。危险品生产工序的危险等级或储存的危险品的危险等级的划分，首先是根据危险品发生爆炸事故时所产生的破坏能力；其次是危险品的感度、生产工艺等影响事故概率因素，以及建筑物本身抗爆泄爆措施等综合因素确定。根据上述危险等级划分原则，将建筑物的危险等级划分为A级、B级、D级。

建筑物的存药量应包括建筑物内的生产设备、运输设备、运输工具中能形成同时爆炸的药量和暂存的原料、半成品、成品中能形成同时爆炸的药量。位于厂房外防护屏障内的危险品，应计算在厂房的存药量内。

2) 工厂规划和外部距离

在工厂规划时，要从整体布局上将组成工厂的各区分开布置，其目的是有利于安全，同时也便于工厂管理。危险品生产区内的各危险性建筑物与其周围村庄、公路、铁路、城镇、本厂生活区等之间的距离，均属外部距离。

由于各危险性建筑物的危险等级及其存药量不尽相同，所以所需外部距离也不一样。因此，在确定外部距离时，应根据危险品生产区内A级、B级、D级建筑物的各自要求，经分别计算后，取其最大值。

3) 总平面布置和内部最小允许距离

总结多年来的设计经验，提出了对危险品生产区和总仓库区总平面布置的一般原则和基本要求。建筑物之间要满足最小允许距离的要求，系指危险性建筑物一旦发生意外爆炸事故后，对周围建筑物的影响不应超过所允许的破坏标准。由于危险品生产厂房抗爆间室的轻型面，实际上是爆炸时的泄压面，为了安全起见，在总平面布置时，应注意避免将抗爆间室的泄爆方向面对人多、车辆多的主干道和主要厂房。对于雷管生产线而言，不仅因其敏感度大，而且又是提供爆炸的起爆器材，雷管生产线宜布置在独立的场地上。

危险品生产区内各建筑物之间的距离为内部最小允许距离。危险品生产区内不仅有 A_1 级、A_2 级、A_3 级、B 级、D 级等建筑物，还有为生产服务的公用建筑物、构筑物，如锅炉房、变电所、水池、水塔等。对这些不同危险等级和不同用途的公用建筑物、构筑物，都规定有各自不同的最小允许距离要求。在确定各建筑物之间的距离时，要全面考虑到彼此各方的要求，从中取其最大值，即为所确定的符合要求的距离。

危险品总仓库区内各建筑物之间的最小允许距离，应根据各仓库的危险等级和存药量分别计算，并取其计算结果的最大值。最小允许距离应自危险性建筑物的外墙轴线算起。

防护屏障可以有多种形式，如钢筋混凝土挡墙、防护土堤等。不论采用何种形式，都应能起到防护作用。

4）工艺与布置

目前，国内民用爆破器材生产工艺技术是比较落后的。在危险品生产工艺设计中应采用行之有效的先进技术，隔离操作，使用自动控制和计算机技术，在满足生产工艺情况下应尽量减少厂房存药量及操作人员。同时，本规范强调了采用的新技术应能满足安全上的要求。

5）危险品储存和运输

危险品生产区内应减少危险品储存，为满足危险品运输的要求，宜用汽车运输。由于翻斗车的车厢型式不利于装载危险品，万一翻斗机构失灵就更加危险。挂车因刹车等因素易产生车辆碰撞，故禁止使用。用三轮车和畜力车运输危险品也有不安全因素，因此不宜使用。

6）建筑与结构

根据民用爆破器材工厂各类危险品的生产厂房性质分析，A、B 级厂房是炸药、起爆药的制造、加工厂房，都具有爆炸、燃烧的危险；D 级基本是氧化剂、燃烧剂一类的生产厂房，且厂房周围多有爆炸源，也具有燃烧、爆炸危险。所以，A 级、B 级、D 级生产厂房的危险程度要比现行国家标准《建筑设计防火规范》（GBJ16—1987）中甲类生产厂房大得多。

7）消防给水

民用爆破器材工厂极易发生燃烧事故，无论在起火时或爆炸后引起火灾时，都需要有足够的水用来进行扑救，以防小火烧成大火，燃烧导致爆炸。这里强调能供给足够消防用水的消防给水系统，是指不但要有足够水量的消防水源，还应有能够供给足够用水的管网和供水设备。

8）废水处理

民用爆破器材工厂的生产废水中，有的含有害、有毒物质，必须采取必要的治理措施，达到国家规定的排放标准后排放。由于这部分含有害、有毒物质的废水在全厂的废水中所占的比重不一定很大，为了避免将不需要处理的近似清洁废水混入，增加废水处理量，甚至溶入更多的有害、有毒物质，使处理过程复杂化，有必要强调工厂排水应做到清污分流。

9）采暖、通风和空气调节

火药、炸药对火焰的敏感度都比较高，如与明火接触便会剧烈燃烧或爆炸，因此，在 A 级、B 级、D 级厂房中严禁用明火采暖。A 级、B 级、D 级厂房应采用热风或散热器采暖。在 A 级、B 级、D 级厂房中，有一些生产设备或操作岗位散发有大量的火药、炸药粉尘或气体，如不及时处理，不仅危害人们的身体健康，更重要的是增加了发生事故的可能性。为了避免或减少事故的发生，《民用爆破器材工厂设计安全规范》规定了在这些设备或操作岗位处，必须设计局部排风，将粉尘排走。

10）电气

目前，我国虽有比较适合火药、炸药危险区域使用的电气设备的生产标准，但产品尚未广泛生产，从安全可靠要求出发，应首先考虑将电气设备安装在危险区域之外。

为了留有安全裕度，电气与控制线路的电线和电缆额定电压均规定为不小于500伏。铜芯线在电气物理性能和机械强度方面比铝线好，在危险区域为了安全和提高可靠性，防止因线路事故中断供电，或引起燃爆事故，故应采用铜芯线。

为了避免意外事故，设在危险品生产区和危险品总仓库区的10千伏及以下的变电所，宜采用户内式。若电网供电质量太差，可设自备电源。电源装置可与变电所联建。

35千伏及以上的线路一般为区域性电源线路，如受到破坏而中断供电，影响太大，所以与危险性建筑物的距离要求较远，并严禁穿越危险品生产区和危险品总仓库区。厂区室外线路最好采用电缆，因其安全可靠，维护方便。为了防止雷击线路时，高电位侵入有爆炸危险性建筑物，造成事故，低压线路宜全长采用电缆埋地引入。黑火药的生产过程中，粉尘较多，容易发生事故，电气线路在不正常情况下，是引起事故的因素，所以低压线路应全长采用电缆。

输送危险物质的各种室外架空金属管道，应每隔20～25米接地一次，每处冲击接地电阻不应大于20欧。平行敷设的管道，当净距小于100毫米时，在接地处管道之间应设跨接线。当管道引入危险性建筑物时，还应与建筑物的防雷电感应接地装置相连接。危险区域应采取相应的防静电措施。

民用爆破器材工厂宜设置小型程控电话交换机。危险品生产区可采用行政电话兼作火灾报警信号系统。在易发生火灾的工作间宜设置手动火灾报警装置。危险品总仓库区应设火灾报警专用电话，并设防盗报警系统。

11）危险品殉爆试验场和销毁场

殉爆试验场是工厂经常做产品殉爆试验的地方，由于试验噪声较大，因此希望能布置在偏僻地带，如厂区后面丘陵洼谷中。当受条件限制时，可以将危险品殉爆试验场与销毁场设置在同一场地内，两个作业地点之间需设置不低于3米高度的防护屏障，重要的一点是，为了安全，这两个作业地点不能同时使用。销毁场是工厂不定期销毁危险品的地方，为了不影响工厂安全，故规定销毁场应布置在厂区以外有利于安全的偏僻地带。

12）现场混装炸药车地面制备厂

确定了硝酸铵储存、破碎、氧化剂溶液、油相、乳化液（乳胶体）等制备工序和装车作业的危险等级、电气、防雷、消防等要求。

13）自动控制

自动控制设计中所采用的电气仪表和控制装置均属电气设备，因此，自动控制设计除应符合本专业技术要求外，应符合本规范第12章电气的有关规定，同时也应符合现行国家标准《工业自动化仪表工程施工及验收规范》（GBJ 93—1986）中第7章“电气防爆和接地”和《爆炸和火灾危险环境电力装置设计规范》（GB 50058—1992）的有关规定。

5.6 《石油化工企业设计防火规范》应用

《石油化工企业设计防火规范（GB 50160—2008)》是由中国石油化工总公司会同有关部门制定的强制性国家标准，在指导石油化工企业防火设计，防止和减少石油化工企业火灾爆炸事故的发生，减少事故的资产损失和人员的伤亡方面，发挥了积极作用。

(1) 适用范围

《石油化工企业设计防火规范》是进行以石油、天然气及其产品为原料的石油化工新建、改建、扩建工程的防火设计必须遵守的主要规范之一，从可燃物质的火灾危险性分类、站址的选择、平面布置、工艺装置、储运设施、含可燃液体的污水管道及污水处理场和循环水场、消防、电气等方面作了详细的规定和要求，是进行石油化工工程设计的依据和原则。

(2) 原则

石油化工企业区域规划与工厂总体布置在满足生产、符合安全防火的条件下，应遵循如下原则：

1）在进行区域规划时，应根据石油化工企业及其相邻的工厂或设施的特点和火灾危险性，结合地形、方向等条件，合理布置。石油化工企业的生产区宜位于城镇或居住区的全年最小频率风向的上风侧；布置在山区和丘陵地区时，应避免布置在窝风地带；在江河海岸布置时，应采取防止泄漏的可燃液体进入水域的措施；公路和架空电力线路，严禁穿越生产区。

2）工厂总平面布置，应按工厂的生产流程及各组成部分的生产特点和火灾危险性，结合地形、风向等条件，按功能分区集中布置。液化烃及可燃液体罐组不应布置在高于工艺装置、全厂重要设施或人员集中场所的阶梯上，不宜紧靠排洪沟布置。

3）工厂的主要出入口不应小于两个，并宜布置在不同的方位。两条或两条以上的主要出入口道路，应避免与同一条铁路平交；主要干道及其厂外延伸部分，应避免与调车频繁的厂内铁路或附近厂区的厂外铁路平交。生产区的道路宜采用双车道，工艺装置区、液化烃罐区应设环行消防车道。液化烃、可燃液体的铁路装卸区，应设与铁路轨道平行的消防车道。

4）厂内铁路宜集中布置在厂区边缘。当液化烃装卸台与可燃液体装卸台布置在同一装卸区时，液化烃、可燃液体的铁路装卸线停放车辆的线段，不应小于20米。

5）工艺设备、储运设施本体机器基础、管道及其支、吊架和基础、设备和管道的保温层应采用非燃烧材料；设备和管道应根据其内部物料和火灾危险性以及操作条件，设置相应的仪表、报警信号、自动连锁保护系统或紧急停车装置；建筑物、构筑物及厂房的设计应按现行国家标准《建筑设计防火规范》的有关规定执行。

6）设备宜露天或半露天布置，并宜缩小爆炸危险区域的范围。爆炸危险区域的范围，应按现行国家标准《爆炸和火灾危险环境电力装置设计规范》的规定执行；可燃气体压缩机宜布置在敞开或半敞开的厂房内；液化烃泵、可燃液体泵宜露天或半露天布置。

7）可燃气体、液化烃、可燃液体的金属管道除需要采用法兰连接外，均应采用焊接连接，应架空或沿地敷设，不得穿过与其无关的建筑物。在使用或生产甲类气体或甲、乙类液体的装置内，宜按区域控制和重点控制相结合的原则，设置可燃气体报警装置。液化烃储罐、可燃气体储罐和助燃气体储罐，应分别成组布置。液化烃的铁路装卸栈台宜单独设留，汽车装卸车场应采用现浇混凝土地面。

(3) 技术指标

可燃物质的火灾危险性分类技术指标如下：

1）可燃气体按与空气混合物的爆炸下限分类：与空气混合物的爆炸下限＜10％（体积）的为甲类；与空气混合物的爆炸下限＞10％（体积）的为乙类。

2）液化烃、可燃液体按闪点分类：15℃时的蒸汽压力＞0.1 兆帕的烃类液体及其他类似液体为甲 A 类；甲 A 类以外闪点＜28℃的可燃液体为甲 B 类；闪点在 28～45℃的可燃液体为乙 A 类；闪点在 45～60℃的可燃液体为乙 B 类；闪点在 60～120℃的可燃液体为丙 A 类；闪点＞120℃的可燃液体为丙 B 类。

3）固体的火灾危险性分类，按现行国家标准《建筑设计防火规范》（1997 年版）的有关规定执行。消防水泵用电设备的电源应满足现行国家标准《供配电系统设计规范》（GB 50052—2009）所规定的一级负荷供电要求，消防水泵房及其配电室应设事故照明。事故照明可采用蓄电池作为备用电源，其连续供电时间不应小于 20 分钟。

5.7 《建筑设计防火规范》应用

按照国家有关消防法律法规和"预防为主，防消结合"的消防工作方针，在总结我国建筑防火和消防科学技术研究成果、建筑设计和建筑火灾经验教训的基础上，吸收和研究国外有关标准规范，形成了《建筑设计防火规范》。

该规范是设计人员使用最多的规范，是防火标准中一个基础的国家标准，是实践中总结出的规范，是我国建筑防火设计中指导工程建设的基础技术规范，其综合性、技术性、政策性都很强，涉及面比较广，一直指导着建筑工程的消防设计、审核和防火监督检查。

(1) 确定工艺设备的防火措施

对生产和储存物品的火灾危险性作了定性和定量的分类，在同一座厂房或厂房中同一个防火分区存在不同火灾危险性的生产，确定了建筑或区域火灾危险性的原则，对于较多火灾危险生产，如有甲类生产，能构成爆炸或燃烧危险的，坚持就高不就低的原则。但是，如果采取了相应工艺保护和防火防爆分隔措施，即使有火灾发生也不能蔓延时，可以按火灾危险性较小的确定。其前提条件是厂房面积很大，火灾危险性较大的生产占用面积比例小。

(2) 强调安全出口和防火分隔

1）燃煤、燃油或燃气锅炉房、油浸电力变压器、充有可燃油的高压电容器和多油开关等用房宜单独建造，不宜布置在主体建筑物内。这些设备容易发生火灾和爆炸事故，有必要采取一定的安全防范措施。

2）关于防火分隔，一是住宅部分与非住宅部分（包括商业服务网点）之间应采用不开门窗洞口的耐火极限不低于 2 小时的不燃烧体隔墙和不低于 1.5 小时的不燃烧体楼板进行完全分隔，居住部分的安全出口和疏散楼梯应独立设置。二是柴油发电机房、锅炉房、变压器室与其他部分之间应采用耐火极限不低于 2 小时的不燃烧体隔墙和不低于 1.5 小时的不燃烧体楼板隔开，当开门窗时，应设甲级防火门窗。三是附设在建筑物内的消防控制室、固定灭火系统的设备室、消防水泵房和通风空气调节机房等，也同样采用耐火极限不低于 2 小时的不燃烧体隔墙和不低于 1.5 小时的不燃烧体楼板进行分隔。四是该规范第 7.2.2 条、第 7.2.3 条规定的场所和建筑的部位的隔墙也都统一规定采用耐火极限不低于 2 小时的不燃烧体的隔墙，包括变压器室与配电室之间的墙。

3）建筑物地下室、半地下室的楼梯间要在首层采用耐火极限不低于 2 小时的不燃烧体的隔墙与其他部位隔开，并要求直通室外，在隔墙上开门要设乙级防火门，同时要有明显标志。

4）限定防火卷帘的使用范围。对建筑物的封闭楼梯间、防烟楼梯间、消防电梯间前室及合用前室，规定不准设置防火卷帘。同时，对民用建筑及厂房（仓库）的疏散门也作了不准设置卷帘门的限定，并对防火分区间采用防火卷帘分隔时，提出了不同防护要求，避免设计和使用上混乱。

(3) 提高标准的技术含量

1）甲、乙类厂房的防爆问题，应根据长径比大小，实行分段计算，控制长径比过大产生超压的问题。保证设计和施工泄压面积能有效发挥作用。同时，规定各计算段中的公共截面不得作为泄压面积。

2）材料上，该规范规定宜优先采用轻质屋盖，墙体屋盖选用容重小，构造节点要易摧毁、脱落的材料。规定泄压面积的构配件的单位质量不大于 60 千克/米^2，减少爆炸引起破坏作用。

3）引入新产品，提高防范措施。对人员密集场所的窗口、阳台部位要求设置辅助疏散逃生设施，如逃生袋、救生绳、缓降器、滚梯、滑梯等设备。增设防排烟设施，减少烟气量的产生，控制烟气流动方向。具体方法是：设置防烟隔断，限制烟气的扩散；设置机械排烟设施，将烟气有序地排出建筑物；也可通过增设自动喷水灭火系统，来降低火灾产生的热量和烟量，为人员疏散争取宝贵的逃生时间，并从多方面预防和控制电气火灾，对供电线路安装漏电火灾报警系统，有效监控电气线路的故障和异常状态，及时发现电气火灾隐患。

6　安全评价通则及导则应用

6.1 《安全评价通则》应用

6.1.1　安全评价分类及管理要求

(1) 安全评价分类

《安全评价通则》中规定，安全评价按照实施阶段的不同分为三类：安全预评价、安全验收评价、安全现状评价。

在建设项目可行性研究阶段需进行安全预评价，同时要求工业园区在规划阶段或生产经营活动在组织实施之前进行安全预评价。

在建设项目竣工后进行试运行或试生产阶段进行安全验收评价。根据《安全生产法》第26条、第27条规定，矿山建设项目和用于生产、储存危险物品的建设项目必须实施“三同时”。这些项目建设完成，在试运行或试生产期间需要进行安全验收评价。工业园区建设完成后也要进行安全验收评价。

安全现状评价既适用于对一个生产经营单位或一个工业园区的评价，也适用于某一特定的生产方式、生产工艺、生产装置或作业场所的评价。安全现状评价的基本内容是针对生产经营活动中、工业园区内的事故风险、安全管理等情况，辨识与分析其存在的危险、有害因素，审查确定其与安全生产法律法规、规章、标准、规范要求的符合性，预测发生事故或造成职业危害的可能性及其严重程度，提出科学、合理、可行的安全对策措施建议，做出安全现状评价结论。根据《安全生产法》和《危险化学品安全管理条例》（国务院令第344号）的规定，剧毒化学品的生产企业、危险化学品的生产企业、重大危险源等应定期进行安全现状评价。

(2) 安全评价管理要求

1)《安全评价通则》规定了安全评价管理要求，针对评价对象的管理要求不同，评价主要包括以下6条内容：

①对于法律法规、规章所规定的、存在事故隐患可能造成伤亡事故或其他有特殊要求的情况，应进行安全评价。企业根据实际需要自愿请中介机构帮助进行安全评价，评价机构应该有责任帮助企业进行安全评价。

②企业应自主选择具备相应资质的安全评价机构按有关规定进行安全评价。《安全评价机构管理规定》（国家安全生产监督管理局令第13号）和《关于贯彻实施〈安全评价机构管理规定〉的通知》（安监管司办字［2004］139号）中规定，取得甲级资质证书的安全评价机构，可以根据资质证书确定的业务范围在全国范围内从事安全评价活动，不受地域、项目

或者企业规模的限制；取得乙级资质证书的安全评价机构，可以根据资质证书确定的业务范围在所在省、自治区、直辖市范围内从事投资规模2亿元人民币以下建设项目的安全预评价、验收评价和国有（含国有控投）以外的企业安全现状评价。国家另有规定的从其规定。不得超出资质证书确定的业务范围，在资质证书确定的业务范围内如果超规模，评价机构需要向资质管理部门提出申请，说明理由，得到批准后方可从事评价工作。否则属违规，评价报告无效。

③企业应该为安全评价机构创造必备的工作条件，如实提供所需的资料等。企业提供的资料如果不实，或者是虚假的，造成的后果由企业负责。评价机构或评价人员如果发现了，应该向企业明确指出，并予以纠正。但是，如果评价机构要求企业提供的评价资料清单不完整，导致评价内容不全面，评价结果出现偏差，其责任由评价机构承担。

④企业应根据安全评价报告提出的安全对策措施建议及时进行整改，针对评价过程中发现的事故隐患（硬件方面）和薄弱环节（软件方面）提出的整改建议，企业应限期整改；对于暂时有困难的，提出整改计划和整改承诺，评价机构对企业的整改情况应予以确认。确保安全生产不留隐患。

⑤同一企业的安全预评价和安全验收评价，宜由不同的安全评价机构分别承担。企业根据保密的需要或者熟悉情况的需要，也可以请同一安全评价机构从事安全预评价和安全验收评价。

⑥任何部门和个人不得干预安全评价机构的正常活动，不得指定企业接受特定安全评价机构开展安全评价，不得以任何理由限制安全评价机构开展正常业务活动。这是评价机构的权力，评价机构的运作依市场规律进行。

2)《安全评价通则》规定了安全评价的工作规则，包括资质和资格管理、机构运行规则和过程控制3个方面。

在资质和资格管理方面共有8条要求：

①安全评价机构实行资质许可制度，评价机构必须依法取得安全评价机构资质许可。不得超越相应资质等级、业务范围承担和开展安全评价业务。

②对于评价机构的资质实行年度考核制度，未通过年度考核的评价机构，就不能保持资质。考核分为机构自检、现场考核和会审三个阶段。根据国家安全生产监督管理总局《关于开展甲级资质安全评价机构年度考核的通知》（规划函［2006］46号）的规定，评价机构应提交年度工作总结、年度分类报表、企业调查反馈表。考核主要内容包括资质基本条件保持情况、业务范围符合性、行为规范和管理运行情况、安全评价项目按照过程控制要求执行情况。考核结论分为保持资格、暂停资格、撤销资格3种情况，考核结论通过有关媒体公布，并按规定办理机构资质年审手续，体现在安全评价资质证书上。

③取得安全评价机构资质应经过初审、条件核查、许可审查、公示、许可决定等程序。政府主管部门依据社会区域经济结构、发展水平和安全生产工作的实际需要，制定安全评价机构发展规划，本着科学、合理的原则，对评价机构的数量实行宏观控制，优胜劣汰，以利于安全评价工作的有序、健康发展。

④安全评价的业务范围划分为两大类。

⑤安全评价人员应按有关规定参加安全评价人员继续教育，保持资格。

⑥取得安全评价人员资格证书的人员，在履行从业登记，取得从业登记编号后，方可从事安全评价工作。安全评价人员应在所登记的安全评价机构从事安全评价工作。

⑦不得在两个或两个以上安全评价机构从事安全评价工作。一旦受到举报，经核实后，不仅个人安全评价资质保不住，评价机构还会受到影响。

⑧从业的安全评价人员应按规定参加安全评价人员的业绩考核。

3)《安全评价通则》在安全评价机构运行规则方面共有 9 条要求：

①评价机构与企业存在投资咨询、工程设计、工程监理、工程咨询、物资供应等各种利益关系的，不得参与企业关联项目的安全评价活动，实行利益相关方面的回避制度。

②评价机构不得以不正当手段获取安全评价业务。

③规则要求评价机构、评价人员应遵纪守法，恪守职业道德、诚实守信，并自觉维护安全评价市场秩序，公平竞争。评价机构在评价项目投标时，应遵守《中介服务收费管理办法》(国家发展计划委员会、国家经济贸易委员会、财政部、监察部、审计署、国务院纠风办颁布）的规定。

④保守评价对象的技术和商业秘密，是评价公司和评价人员的最重要的责任之一。

⑤“科学、客观、公正、独立”地开展安全评价，评价要真实地反映项目的情况，尤其是安全对策措施，一定要有依据。

⑥通过定性、定量评价得出的评价结果本身是客观的，有好有坏，真实地反映项目的实际情况，不要添加人为因素。

⑦评价机构年审之前，填写年度机构工作业绩汇总表并接受资质管理部门的考核。

⑧根据《国家安全监管总局关于加强和规范安全评价工作监管的若干意见》(安监总规划［2007］59 号）和《关于加强安全评价机构监督管理工作的通知》(安监总规划［2006］108 号）的有关规定，评价机构和评价人员应接受政府主管部门的监督检查。

⑨评价机构、评价人员应对做出的安全评价结果承担法律责任。

6.1.2 安全评价过程控制要求

《安全评价通则》规定了安全评价的过程控制要求。

(1) 评价机构应根据原国家安全生产监督管理局《安全评价过程控制文件编写指南》的规定编制安全评价过程控制文件，严格按过程控制文件规范安全评价过程和行为，保证安全评价质量。过程控制文件要符合评价机构自身特点，保持正确、有效地运行，并达到持续改进的目的。

(2) 过程控制条件主要包括机构管理、项目管理、人员管理、内部资源管理和公共资源管理等内容。

《安全评价过程控制文件编写指南》规定，过程控制文件包括过程控制手册、程序文件和作业文件。过程控制文件内容包括：风险分析、实施评价、报告审核、技术支撑、作业文件、内部管理、档案管理、检查改进等 8 个方面。

(3) 评价机构制定了这些过程控制文件，在开展评价工作时，应遵循这些文件的规定，对安全评价全过程实施有效的控制，并持续改进。

一份合格的安全评价报告，至少应该包括以下内容：

1）安全评价报告风险分析表。

2）安全评价报告编制过程控制表。

3）安全评价报告内部审核记录表。

4）安全评价报告技术负责人审核表。

5）安全评价报告过程控制负责人审核记录表。

6.1.3　安全评价报告格式要求

《安全评价通则》附录 D 规定了评价报告的基本格式要求、报告书的规格、封面格式，对安全预评价报告、安全验收评价报告、安全现状评价报告封面及著录项作了统一规定。报告书排版装订的顺序是封面、安全评价资质证书影印件、著录项、前言、目录、正文、附件、附录。

在著录项首页只写 3 个人的名字，即法定代表人、技术负责人、评价项目负责人，不要多写也不要少写。

评价人员一览表签字栏必须是本人签字，不要复印件。

评价人员一览表下面是参与评价工作的技术专家。这一项不能缺少。安全预评价报告是指导项目安全设施初步设计的，评价人员不可能是全才，设计院专业分工是很细的，因此，要聘请相关行业、相关专业高水平的技术专家参与报告的编制和审核。

6.1.4　安全评价的内容要求

安全评价的内容要求包括以下 6 个方面：

(1) 前期准备

根据评价对象的性质、内容和范围，收集评价所需要依据的法律法规、标准、规章、规范等资料。安全预评价主要依据项目可行性研究报告，安全验收评价主要依据项目初步设计、施工图设计等资料，安全验收评价和安全现状评价还要备齐检测设备、工具等。

(2) 辨识分析危险、有害因素

评价对象的危险有害因素辨识分析主要包括：物质的危险有害因素；生产过程的危险有害因素；配套公用工程和辅助设施的危险有害因素；自然条件及周边环境的危险有害因素；其他方面的危险有害因素。

通过辨识分析，确定其存在的部位、方式，以及发生作用的途径和变化规律。建议列出项目主要危险有害场所、部位一览表，主要危险有害物质一览表（包括年用量、最大储存量、危险性类别、CN 号、UN 号等）。

(3) 划分评价单元遵循的原则

评价单元划分应科学、合理、便于实施评价，相对独立且具有明显的特征界限。

评价单元的划分尽可能遵循自然分割的原则，例如，按项目设计主项划分。同时评价方法对评价单元也有具体要求，把两者结合起来，覆盖整个评价对象的范围，不要有漏项。为了体现评价的客观性，尽可能减少人为因素。

(4) 定性、定量评价

定性、定量评价内容应覆盖评价对象的所有评价单元，通过采用合适的评价方法，找出最危险有害的单元，进行定量评价，确定其发生事故的可能性及其严重程度，作为设计、安全验收、安全监管的依据。

(5) 对策措施建议遵循针对性、技术可行性、经济合理性的原则

针对评价找出的危险场所、危险部位，提出消除或减弱危险、危害的技术和管理对策措施建议。这些对策措施建议按照针对性和重要性的不同，可分为应采纳和宜采纳两种类型。对策措施建议应尽可能减少或避免原则性的建议，做到具体翔实，具有可操作性。

(6) 评价结论应明确

评价结论主要包括定性、定量评价结果汇总，对评价结果高度概括，从风险管理角度给出带时效性的安全生产法律法规符合性结论，给出危险场所、危险部位事故发生的可能性和严重程度的预测性结论，以及采取安全对策措施建议后能够达到安全状态。评价机构对评价结论承担法律责任。

6.2 《安全预评价导则》应用

《安全预评价导则》适用于建设项目、工业园区规划或生产经营活动的安全预评价。《安全预评价导则》共给出了6个方面的内容要求。

(1) 前期准备阶段，主要是针对评价对象的性质，收集预评价所依据的资料，包括现场收集生产经营单位的类比资料、事故案例等。安全预评价参考资料目录列在附录B上。安全预评价最主要的依据可行性研究报告、工业园区规划设计报告在附录B上未列出。附录B上要求给出安全设施、设备、装置描述与说明。

(2) 在进行各种危险有害因素辨识和分析的基础上，要分析危险、有害因素发生作用的途径及其变化规律，建议针对各种危险、有害因素列表分析可能要简单一些，简明扼要、便于下一步定性定量评价。

(3) 在安全预评价阶段，评价单元的划分以自然条件、基本工艺条件、危险有害因素分布及状况，便于实施评价为原则进行。

(4) 对于评价方法的选择原则，首先选用综合性的评价方法，不论是定性还是定量、半定量评价方法，通过对评价对象进行全面的、地毯式的搜索，找出最危险的区域或设备单元，再进一步采用定量的评价方法，以表征评价对象最大的危险有害程度，作为设计和安全监管的决策依据。

(5) 安全预评价报告的对策措施，主要是为了指导项目安全设施的初步设计、施工图设计、工程建设等，这也是安全预评价报告的作用。导则要求应从评价对象的总图布置、功能分布、工艺流程、设施、设备、装置等方面提出安全对策措施，从评价对象的组织机构、人员管理、物料管理、应急救援管理等方面提出安全管理对策措施，从保证评价对象安全运行的需要提出安全对策措施。

(6) 安全预评价结论和《安全评价通则》的要求是一致的，首先是概括评价结果，也就是定性、定量评价结果汇总给出评价对象在评价时的条件下与法律法规的符合性结论，给出危险有害因素引发各类事故的可能性及其严重程度的预测性结论，给出评价对象建成或实施后能否安全运行的明确结论。

6.3《安全验收评价导则》应用

《安全验收评价导则》适用于对建设项目竣工验收前或工业园区建设完成后进行的安全验收评价。它所规定的评价内容增加了事故发生的可能性及其严重程度的预测和安全对策措施建议两个方面。

《安全验收评价导则》共给出了6个方面的内容要求。

(1) 前期准备工作，主要是收集安全验收评价所依据施工和验收方面的标准规范、安全预评价报告、初步设计文件、施工图、工程监理报告、符合性评价的证据等。其中项目的可行性研究报告不应该作为安全验收评价的依据，而是作为安全预评价的主要依据。在安全验收评价阶段，初步设计及其安全专篇，施工图设计、变更设计、工程监理报告、交工报告、试运行或试生产报告、检测检验报告等作为主要依据。

(2) 安全生产条件符合性评价的单元划分原则包括：

1) 法律、法规方面的符合性。

2) 设备、设施、装置及工艺方面的安全性。

3) 物料、产品安全性能。

4) 公用工程、辅助设施配套性。

5) 周边环境适应性。

6) 应急救援有效性。

7) 人员管理和安全培训方面充分性。

这7个方面都是安全生产的前提条件和基本条件，我们在评价过程中根据项目的实际情况，也可以适当地增加内容，如运输条件、“三废”处理条件、有害因素的控制条件等。

(3) 选择适用的评价方法，符合性评价建议采用安全验收检查表，其内容至少应包括上述7个方面。事故发生的可能性及其严重程度的预测需要采取定量的评价方法。

(4)《安全验收评价导则》要求检查各类安全生产相关证照是否齐全；检查项目是否满足安全生产法律、法规、标准规范的要求；检查安全设施、设备、装置是否已与主体工程实现“三同时”；检查安全预评价中各项安全对策措施建议的落实情况；检查安全生产管理措施是否到位；检查安全生产规章制度是否健全；检查是否建立了事故应急救援预案，预案内容是否符合《生产经营单位安全生产事故应急预案编制导则》（AQ/T 9002—2006）的规定以及项目的实际情况。

检查内容可能和预评价报告中的相关内容重复，主要是通过安全验收评价，再核实一下项目需要重点监控的重大危险源、危险有害场所和地点，包括设备设施，再核实一下这些重大危险源，易燃、易爆、有毒的生产设备、储存设施发生火灾、爆炸和大量事故性泄漏的最大危害程度，作为企业在生产过程中监控的依据，作为安全生产监督管理部门对企业进行安全监管的依据。

(5) 安全对策措施建议内容不能照抄安全预评价报告的内容，因为安全预评价报告的作用是以项目可研报告为依据，对项目初步设计和施工、监理、验收及建立安全管理制度、网络、人员培训等方面提供安全对策措施；而安全验收评价报告主要是针对安全操作规程、安全管理制度、应急救援能力、重大危险源监控、危险有害场所和地点的监控、人员的定期教育培训、人员的健康监护等方面提供安全防范措施。这些生产过程中需要采取的防范措施应具有针对性、可操作性和经济合理性。

(6) 安全验收评价结论包括：项目安全条件符合性评价结果汇总；生产过程中存在的主要危险有害因素及其危险危害程度（定量评价结果）；明确给出项目是否具备安全验收的条件；针对安全条件符合性评价过程中发现的事故隐患和薄弱环节提出整改措施建议。

评价机构还有义务配合当地安全生产监督管理部门对企业整改情况进行现场确认，确认整改后是否符合国家安全生产法律法规和技术标准的规定。

《安全验收评价导则》规定了安全验收评价报告的总体要求，其中作为安全条件符合性评价证据的资料、证件、图表、照片等建议全部作为报告附件，并且编号，在安全验收检查表备注栏中注明附件编号，以体现评价的客观性。

《安全验收评价导则》规定了安全验收评价报告 8 个方面的基本内容：

1）阐述编制安全验收评价报告的目的，主要是为安全生产监督管理部门对项目安全设施竣工验收提供依据，为项目安全地进入生产领域把住最后一道关卡。

2）评价依据应该主要由安全预评价时的各项设计规范转变为各项施工和验收规范。

3）介绍项目的主要设施、设备、装置，以及主要原材料、产品、中间产品，尽可能按照项目初步设计完整地列出设备一览表、压力容器一览表、特种设备一览表、主要安全设施一览表、所有物料一览表，便于有关部门对项目危险源进行安全监管。

4）项目危险有害因素辨识与分析，要求列出辨识依据、阐述辨识过程、明确在生产和运行过程中实际存在和潜在的危险、有害因素。这部分内容可以参照安全预评价报告中的相关内容，结合项目初步设计安全专篇，以及现场安全验收检查时发现的事故隐患和薄弱环节进行编写。最好能结合厂区内的建构筑物一览表、危险有害场所一览表、操作岗位设置一览表进行辨识，增加适用性。

5）阐述划分评价单元的原则、分析过程等。这主要是针对项目安全条件符合性评价内容包括哪些方面进行划分。同时，针对项目重大危险源、主要危险有害场所、设备设计进行定量评价而划分。

6）对选择适当的评价方法做简单介绍。针对安全条件符合性评价，采用安全验收检查表，针对事故发生的可能性及其严重程度分析计算，采用定量的评价方法，尽可能不要停留在定性的基础上，同时要求描述符合性评价过程。具体内容包括依据项目初步设计编制安全验收检查表，提交业主做好现场安全验收检查的准备工作，包括证据的准备工作，去现场实施安全验收检查，填写安全验收检查表，并收集有关证据，包括证照复印件、有关文件、资料、图表、照片等。汇总安全验收检查结果，针对检查中发现的事故隐患和薄弱环节提出整改措施建议，提交业主进行整改或制定整改计划等。

对安全条件符合性评价结果和事故发生可能性及其严重程度计算得出的评价结果要进行分析，在分析的基础上提出安全防范措施和整改建议。

7）列出安全对策措施建议的依据、原则、内容。

8）评价结论要求根据评价结果列出评价对象存在的危险、有害因素种类及其危险危害程度，说明评价对象是否具备安全验收的条件。这一条主要根据项目安全条件符合性评价的安全验收检查表的内容来确定，针对符合项的百分比划红线，超过红线为符合安全验收要求，或基本符合安全验收要求，事故隐患和薄弱环节需要限期整改。达不到红线要求，就不具备安全验收要求。对达不到安全验收要求的评价对象，《安全验收评价导则》要求明确提出整改措施建议，明确评价结论。

6.4 《煤矿安全评价导则》应用

(1) 主题内容和适用范围

本导则依据《安全评价通则》制定，规定了煤矿建设项目安全预评价、煤矿建设项目安全验收评价和煤矿安全现状综合评价的目的、基本原则、内容、程序和方法，适用于煤矿建设项目和煤矿的安全评价。

(2) 安全评价内容

1）煤矿建设项目安全预评价

在煤矿建设项目可行性研究报告完成后，根据建设项目可行性研究报告的内容，定性、定量分析和预测该建设项目可能存在的各种危险、有害因素，确定其危险度，提出合理可行的安全对策措施及建议。

①分析煤矿建设项目的规模、范围、厂址及其周边情况。

②评价煤层瓦斯赋存条件和自燃倾向性、煤尘爆炸性、岩（煤）体含水储水条件和岩石力学、老窑分布等与安全生产有关的数据资料的充分性。

③分析和预测煤矿建设项目投入生产后可能存在的危险、有害因素，预测发生重大事故的危险度。

④分析并明确安全设施、设备在生产和使用中的作用和要求，提出合理可行的安全对策措施及建议。

2）煤矿建设项目安全验收评价

在煤矿建设项目竣工、试生产运行正常后，通过对煤矿建设项目的设施、设备、装置实际情况和管理状况的调查分析，查找该煤矿建设项目投产后存在的危险、有害因素，确定其危险度，提出合理可行的安全对策措施及建议。

①检查各类安全生产相关资质（资格）、证件、数据资料的系统性和充分性，说明是否满足安全生产法律法规和技术标准的要求。

②评价安全设施与有关规定、标准、规程的符合性及其确保安全生产的可行性、可靠性。

③评价安全管理模式、制度的系统性和科学性，明确安全生产责任制、安全管理机构及安全管理人员、安全生产制度等与安全管理相关内容是否满足安全生产法律法规和技术标准的要求及其落实执行情况。

④通过对煤矿的运营系统、开采方式、生产场所及其设施、设备的实际情况、管理状况的调查分析，查找该煤矿投产后危险、有害因素，确定其危险度。

⑤评价生产系统和辅助系统，明确是否形成了煤矿安全生产系统，提出合理可行的安全对策措施及建议。

对于一矿多井的企业，应先分别对各个自然井按上述要求进行安全验收评价，然后再根据所属自然井的安全验收评价结果对全矿井进行安全验收评价。

3）煤矿安全现状综合评价

通过对煤矿设施、设备、装置实际情况和管理状况的调查分析，定性、定量分析其生产过程中存在的危险、有害因素，确定其危险度，对其安全管理状况给予客观的评价，对存在的问题提出合理可行的安全对策措施及建议。

①评价煤矿安全管理模式对确保安全生产的适应性，明确安全生产责任制、安全管理机构及安全管理人员、安全生产制度等与安全管理相关内容是否满足安全生产法律法规和技术标准的要求及其落实执行情况，说明现行企业安全管理模式是否满足安全生产的要求。

②评价煤矿安全生产保障体系的系统性、充分性和有效性，明确其是否满足煤矿实现安全生产的要求。

③评价各生产系统和辅助系统及其工艺、场所、设施、设备是否满足安全生产法律法规和技术标准的要求。

④识别煤矿生产中的危险、有害因素，确定其危险度。

⑤评价生产系统和辅助系统，明确是否形成了煤矿安全生产系统，对可能的危险、有害因素，提出合理可行的安全对策措施及建议。

对于一矿多井的企业，应先分别对各个自然井按上述要求进行安全现状综合评价，然后再根据所属自然井的安全评价结果对全矿井进行安全现状综合评价。

(3) 安全评价程序

煤矿安全评价程序一般包括：前期准备；危险、有害因素识别与分析；划分评价单元；现场安全调查；定性、定量评价；提出安全对策措施及建议；作出安全评价结论；编制安全评价报告；安全评价报告评审等。

1）前期准备

明确评价对象和范围，进行煤矿建设项目或煤矿现场调查，初步了解煤矿建设项目或煤矿状况，收集国内外相关法律法规、技术标准及与评价对象相关的煤矿行业数据资料。

2）危险、有害因素识别与分析

根据煤矿的开拓工艺、开采方式、生产系统和辅助系统、周边环境及水文地质条件等特点，识别和分析生产过程中的危险、有害因素。

3）划分评价单元

对于生产系统复杂的煤矿建设项目（或煤矿），为了安全评价的需要，可以按安全生产系统、开采水平、生产工艺功能、生产场所、危险与有害因素类别等划分评价单元。评价单元应相对独立，便于进行危险、有害因素识别和危险度评价，且具有明显的特征界限。

4）现场安全调查

针对煤矿生产的特点，对照安全生产法律法规和技术标准的要求，采用安全检查表或其他系统安全评价方法，对煤矿的各生产系统及其工艺、场所和设施、设备等进行安全调查。

5）定性、定量评价

选择科学、合理、适用的定性、定量评价方法，对可能引发事故的危险、有害因素进行定性、定量评价，给出引起事故发生的致因因素、影响因素及其危险度，为制定安全对策措施提供科学依据。

6）提出安全对策措施及建议

根据现场安全检查和定性、定量评价的结果，对那些违反安全生产法律法规和技术标准或不适合本煤矿的行为、制度、安全管理机构设置和安全管理人员配置，以及不符合安全生产法律法规和技术标准的工艺、场所、设施和设备等，提出安全改进措施及建议；对那些可能导致重大事故发生或容易导致事故发生的危险、有害因素提出安全技术措施、安全管理措施及建议。

7）做出安全评价结论

简要地列出对主要危险、有害因素的评价结果，指出应重点防范的重大危险、有害因素，明确重要的安全对策措施。

对于煤矿建设项目安全验收评价，还应做出开拓方式、开采方法、生产工艺与系统、辅助系统、安全管理以及安全设施的设计、施工、生产和使用等是否满足有关安全生产法律法规和技术标准要求的结论。

对于煤矿安全现状综合评价，还应做出开拓方式、开采方法、生产工艺与系统、辅助系统、安全管理等是否满足有关安全生产法律法规和技术标准要求以及安全管理模式是否适应安全生产要求的结论。

8）编制安全评价报告

煤矿安全评价报告是煤矿安全评价过程的记录，应将安全评价对象、安全评价过程、采用的安全评价方法、获得的安全评价结果、提出的安全对策措施及建议等写入安全评价报告。

9）安全评价报告评审

建设单位（或煤矿）将安全评价报告送有关单位组织专家进行技术评审，并由专家评审组提出书面评审意见，评价单位根据审查意见，修改、完善评价报告。建设单位（或煤矿）应将安全评价报告报送当地煤矿安全监察机构（或由当地人民政府指定的负责煤矿安全监察工作的其他部门）备案。

(4) 安全评价报告内容

1）煤矿建设项目安全预评价报告的主要内容

①概述：安全评价对象及范围；安全评价依据；煤矿建设项目概况。

②危险、有害因素识别与分析：危险、有害因素识别的方法和过程；主要危险、有害因素的危险性分析。

③类比工程评价分析：类比工程的选择依据；类比工程数据资料来源；类比工程主要危险、有害因素的存在场所；应用类比工程数据资料的适用性研究。

④定性、定量评价：对重大危险、有害因素的危险度评价。

⑤煤矿事故统计分析：同类矿山生产事故统计分析；事故统计分析结果对本建设项目的指导。

⑥安全措施及建议：设计选择安全设施的要求及其说明；设计中应注意的重大安全问题；安全技术措施及建议。

⑦安全评价结论。

2）煤矿建设项目安全验收评价报告的主要内容

①概述：安全评价对象及范围；安全评价依据；建设项目；煤矿概况；煤矿生产概况。

②危险、有害因素识别与分析：危险、有害因素识别的方法和过程；主要危险、有害因素的危险性分析；主要危险、有害因素的存在场所；事故隐患及其存在场所。

③安全管理评价：安全管理模式、制度的建立及其执行情况分析；安全管理体系适应性评价方法和过程；安全管理体系适应性评价结果及分析。

④安全设施"三同时"评价：安全设施"三同时"情况说明与分析；安全设施确保安全生产可行性评价。

⑤安全生产合法性评价：安全设施、设备等检测检验合法性评价；安全管理机构、人员的合法性评价；安全生产体系的合法性评价。

⑥生产系统与辅助系统评价：系统安全评价方法、过程及结果；矿井（或采场）综合安全评价方法、过程及结果。

⑦定性、定量评价：对重大危险、有害因素的危险度评价。

⑧安全措施及建议：针对事故整改措施的建议；安全管理措施及建议；安全技术措施及建议。

⑨安全评价结论。

3）煤矿安全现状综合评价报告的主要内容

①概述：安全评价对象及范围；安全评价依据；煤矿概况；煤矿生产概况。

②危险、有害因素识别与分析：危险、有害因素识别的方法和过程；主要危险、有害因素的危险性分析；主要危险、有害因素的存在场所；事故隐患及其存在场所。

③安全管理评价：安全管理模式、制度的建立及其执行情况分析；安全管理体系适应性评价方法和过程；安全管理体系适应性评价结果及分析。

④生产系统与辅助系统评价：系统安全评价方法、过程及结果；矿井（或采场）综合安全评价方法、过程及结果。

⑤定性、定量评价：对重大危险、有害因素的危险度评价。

⑥煤矿事故统计分析：同类矿山生产事故统计分析；被评价煤矿生产事故统计分析；被评价煤矿生产事故的致因因素、影响因素及其事故危险度评价。

⑦安全措施及建议：针对事故整改措施的建议；安全管理措施及建议；安全技术措施及建议。

⑧安全评价结论。

(5) 评价报告格式

1）封面。

2）评价机构安全评价资格证书副本复印件。

3）著录项。

4）目录。

5）编制说明。

6）前言。

7）正文。

8）附件。

9）附录。

6.5 《非煤矿山安全评价导则》应用

(1) 主题内容和适用范围

本导则依据《安全评价通则》制定，规定了非煤矿山（石油、天然气开采业除外）建设项目安全预评价、安全验收评价和非煤矿山安全现状综合评价（以下统称非煤矿山安全评价）的目的、基本原则、内容、程序和方法，适用于非煤矿山建设项目和非煤矿山企业安全评价。石油、天然气开采业安全评价导则另行制定。

(2) 安全评价内容

非煤矿山安全评价内容一般包括：非煤矿山安全管理对确保矿山安全生产的适应性；核实检查矿山井巷、地下开采、露天开采、提升运输、通风防尘、尾矿库、排土场、炸药库、防排水、防灭火、充填、供电、供水、供气、通信、边坡等场所及设备、设施的情况是否符合安全生产法律法规和技术标准的要求；进行矿山重大危险、有害因素的危险度评价；提出合理可行的安全对策措施及建议。

1）非煤矿山建设项目安全预评价

在非煤矿山建设项目可行性研究报告批复后，根据建设单位的委托及建设项目可行性研究报告的内容，定性、定量分析和预测该建设项目可能存在的各种危险、有害因素的种类和程度，提出合理可行的安全对策措施及建议。

2）非煤矿山建设项目安全验收评价

在非煤矿山建设项目竣工、试生产运行正常后，通过对非煤矿山建设项目的设施、设备、装置实际情况和管理状况的调查分析，查找该非煤矿山建设项目投产后存在的危险、有害因素，确定其危险度，提出合理可行的安全对策措施及建议。

3）非煤矿山安全现状综合评价

在非煤矿山生产运行过程中，通过对其设施、设备、装置实际情况和管理状况的调查分析，定性、定量地分析其生产过程中存在的危险、有害因素，确定其危险度，对其安全管理状况给予客观的评价，对存在的问题提出合理可行的安全对策措施及建议。

(3) 安全评价程序

非煤矿山安全评价程序一般包括：前期准备；危险、有害因素识别与分析；划分评价单元；选择评价方法，进行定性、定量评价；提出安全对策措施及建议；做出安全评价结论；编制安全评价报告；安全评价报告评审等。

1）前期准备

明确被评价对象和范围，进行现场调查，收集国内外相关法律法规、技术标准及与评价对象相关的非煤矿山数据资料。

2）危险、有害因素识别与分析

根据非煤矿山的生产、周边环境及水文地质条件的特点，识别和分析生产过程中危险、有害因素。

3）划分评价单元

根据评价工作需要，按生产工艺功能、生产设备、设备相对空间位置和危险、有害因素类别及事故范围划分单元。评价单元应相对独立，具有明显的特征界限，便于进行危险、有害因素识别分析和危险度评价。

4）定性、定量评价

选择科学、合理、适用的定性、定量评价方法，对可能导致非煤矿山重大事故的危险、有害因素进行定性、定量评价，给出引起非煤矿山重大事故发生的致因因素、影响因素和事故严重程度，为制定安全对策措施提供科学依据。

5）提出安全对策措施及建议

①安全技术对策措施。

②安全管理对策措施。

6）安全评价结论

在对评价结果分析归纳和整合的基础上，做出安全评价结论。

①非煤矿山安全状况综合评述。

②归纳、整合各部分评价结果。

③非煤矿山安全总体评价结论。

7）编制安全评价报告

非煤矿山安全评价报告是非煤矿山安全评价过程的记录，应将安全评价的过程、采用的安全评价方法、获得的安全评价结果等内容写入安全评价报告。

8）安全评价报告评审

建设单位或非煤矿山企业将安全评价报告送专家评审组进行技术评审，并由专家评审组提出书面评审意见。评价机构根据专家评审组的评审意见，修改、完善安全评价报告。

(4) 安全评价报告内容和要求

1）安全评价报告内容

①安全评价依据。

②被评价单位基本情况。

③主要危险、有害因素识别。

④评价单元的划分与评价方法选择。

⑤定性、定量评价。

⑥建议补充的安全对策措施。

⑦评价结论。

2）安全评价报告要求

安全评价报告应该内容全面，条理清楚，数据完整，查出的问题准确，提出的对策措施具体可行，评价结论客观公正。

(5) 评价报告格式

1）封面。

2）评价机构安全评价资质证书副本影印件。

3）著录项。

4）目录。

5）编制说明。

6）前言。

7）正文。

8）附件。

9）附录。

6.6 《陆上石油和天然气开采业安全评价导则》应用

(1) 主题内容和适用范围

本导则依据《安全评价通则》制定，规定了陆上石油和天然气开采业安全预评价、安全验收评价和安全现状综合评价的目的、基本原则、内容、程序和方法，适用于陆上石油和天然气开采业安全评价。

(2) 安全评价内容

陆上油气开采安全评价内容一般包括：进行油气开采重大危险、有害因素的危险度评价；核实检查油气开采安全设备、设施的情况是否符合安全生产法律法规和技术标准的要求；对油气开采安全管理体系能否确保油气开采安全生产作出评价；提出合理可行的安全对策措施及建议。

1）陆上石油和天然气开采业安全预评价

陆上石油和天然气开采业安全预评价是根据油气田“地面工程建设方案”的内容，通过定性、定量分析，分析和预测该建设项目可能存在的主要危险、有害因素及其危险、危害程度，提出合理可行的安全对策措施及建议，对工程设计、建设和运行管理给予指导。

2）陆上石油和天然气开采业安全验收评价

陆上石油和天然气开采业安全验收评价是在油气开采建设项目竣工、试生产运行正常后，安全生产设施验收前，通过对陆上油气开采建设项目设施、设备、装置的安全状况和管理状况的调查分析，查找该项目投产后存在的危险、有害因素，确定其危险度，提出合理可行的安全对策措施及建议。

3）陆上石油和天然气开采业安全现状综合评价

陆上石油和天然气开采业安全现状综合评价是在陆上油气开采生产运行过程中，通过对其设施、设备、装置的安全状况和管理状况的调查分析，定性、定量地分析其生产过程中存在的危险、有害因素，确定其危险度，对其安全管理状况给予客观的评价，对存在的问题提出合理可行的安全对策措施及建议，对运行管理和出现非常事件应采取的措施给予指导。

(3) 安全评价程序

陆上油气开采安全评价程序一般包括：前期准备；危险、有害因素识别与分析；划分评价单元；定性、定量评价；提出安全对策措施及建议；做出安全评价结论；编制安全评价报告；安全评价报告的评审等。

1）前期准备

明确被评价对象和范围，收集国内外相关法律法规、技术标准及与评价对象相关的油气开采数据资料。收集现场资料，进行现场调查。

2）危险、有害因素识别与分析

根据油气开采工艺过程及当地自然环境特点和周边环境特点，识别和分析生产过程中的危险、有害因素。

3）划分评价单元

在危险、有害因素识别和分析的基础上，根据评价的需要，将评价对象按油气生产工艺功能、生产设施设备相对空间位置、危险有害因素类别及事故范围划分评价单元，使评价单元相对独立，具有明显的特征界限。

4）定性、定量评价

选择科学、合理、适用的定性、定量评价方法，对可能导致油气开采重大事故的危险、有害因素进行定性、定量评价，确定引起重大油气开采事故发生的致因因素、影响因素和事故严重程度，为制定安全对策措施提供科学依据。

5）提出安全对策措施及建议

①安全技术对策措施。

②安全管理对策措施。

6）做出安全评价结论

在对评价结果分析归纳和综合的基础上，做出安全评价结论。

①归纳、综合各部分评价结果。

②油气开采安全总体评价结论。

7）编制安全评价报告

陆上石油和天然气开采业安全评价报告是油气开采安全评价过程与结果的总结，应将评价对象概况、安全评价过程、采用的安全评价方法、获得的安全评价结果及安全对策措施建议等写入安全评价报告。

8）安全评价报告评审

被评价单位按规定将安全评价报告送专家评审组进行技术评审，并由专家评审组提出书面评审意见。评价机构根据专家评审组的评审意见，修改、完善安全评价报告。

（4）安全评价报告内容和要求

1）安全评价报告的内容

①评价对象的基本情况。

②安全评价依据。

③油气开发工艺过程及主要危险、有害因素识别与分析。

④评价单元的划分与评价方法的选择。

⑤定性定量评价。

⑥安全对策措施及建议。

⑦评价结论。

2）安全评价报告的要求

安全评价报告应该内容全面，条理清楚，数据完整，结论准确，提出的对策措施具体可行，评价结论客观公正。

(5) 评价报告格式

1) 封面。

2) 评价机构安全评价资格证书副本影印件。

3) 著录项。

4) 目录。

5) 编制说明。

6) 前言。

7) 正文。

8) 附件。

9) 附录。

6.7 《危险化学品生产企业安全评价导则(试行)》应用

(1) 主题内容和适用范围

为保证对危险化学品生产企业安全评价工作质量有效控制，保证评价工作过程和结果符合国家和地方有关法规及文件规定制定本导则。本导则适用于危险化学品生产企业安全评价工作全过程。

(2) 安全评价内容

1) 危险、有害因素。

2) 生产装置、设施的企业外部周边情况。

3) 生产装置、设施所在地的自然条件。

4) 生产过程中固有的危险、有害程度。

5) 安全生产条件。

(3) 安全评价程序

1) 确定现状安全评价范围

根据国家有关规定和被评价单位的实际需要，由被评价单位和评价单位共同协商确定安全评价的范围。

2) 收集、整理安全评价所需资料

被评价单位和评价单位共同收集、整理被评价单位有关安全生产的各种资料、数据；收集、整理生产单位使用的原料、辅助材料，产品、中间产品、副产品，生产过程中产物等物质的物理性质、化学性质和危险性等资料。

3) 确定采用的安全评价方法

安全生产条件的安全评价，以安全检查表的方法为主，其他方法为辅；其他方面的安全评价，根据危险化学品生产的实际情况，可选择国际、国内通行的安全评价方法。

4) 定性、定量分析安全评价内容

①危险、有害因素的识别

a. 分析危险、有害因素。

b. 对危险、有害因素进行分类。

②分析生产装置、设施的生产单位外部周边情况和所在地自然条件

a. 分析生产装置、设施的危险、有害因素对生产单位周边社区的影响。

b. 分析生产单位周边社区对生产装置、设施的影响。

c. 分析自然条件对生产装置、设施的影响。

③安全生产条件的分析

a. 管理层

• 分析安全生产责任制情况。

• 分析安全生产管理制度及其持续改进情况。

• 分析安全技术规程和作业安全规程及其持续改进情况。

• 分析安全生产管理机构的设置和专职安全生产管理人员的配备情况。

• 分析主要负责人、分管负责人和安全管理人员安全生产知识和管理能力。

• 分析其他管理人员的安全生产意识。

• 分析安全生产投入情况。

• 分析对从业人员的培训情况。

• 分析安全生产的监督检查情况。

• 分析事故应急救援预案和调查处理情况。

b. 生产层

• 外部安全生产条件

(a) 分析危险化学品生产是否符合国家和省、自治区、直辖市的规划和布局。

(b) 分析生产装置、设施是否在设区的市规划的专门用于危险化学品生产、储存的区域内。

(c) 危险化学品的生产装置和储存危险化学品数量构成重大危险源的储存设施，与生产单位周边社区距离是否符合有关法律、法规、规章和标准的规定。

• 内部安全生产条件

(a) 分析安全生产责任制的落实情况。

(b) 分析安全生产管理制度的执行情况。

(c) 分析岗位操作安全规程（安全操作法）和作业安全规程的执行情况。

(d) 分析从业人员安全生产培训、继续培训和考核情况以及安全操作能力、水平。

(e) 分析设备、设施及其变更设备、设施的检修、维护和法定检验、检测情况及其变更设备、设施的配套措施。

(f) 分析生产工艺及其变更情况。

(g) 分析生产原料、辅助材料及其变更原料、辅助材料的情况。

(h) 分析作业场所及其变更情况和法定监测、监控情况。

(i) 分析职业危害防护设施的设置及其变更设施的检修、维护和法定检验、检测情况。

(j) 分析从业人员劳动防护用品的配备及其检修、维护和法定检验、检测情况。

(k) 分析重大危险源的辨识和已确定的重大危险源检测、评估和监控情况。

(l) 分析事故应急救援情况。

④固有危险程度

a. 根据已确定的危险、有害因素，分析、确定生产装置、设施的固有危险程度。

b. 根据已确定的危险、有害因素，辨识、确定危险目标和重大危险源。

⑤预测可能发生的危险化学品事故后果

5）与被评价单位交换意见

6）安全生产对策及建议

根据国家有关安全生产法律、法规、规章和标准规定提出相应的对策措施，同时可根据国内外实际情况提出提高安全生产条件的建议，提出相应整改措施的建议，提出危险化学品事故应急救援预案的修改意见及其建议。

7）整理、归纳安全评价结果

①根据安全评价结果，作出可接受程度的结论。

②针对安全评价结果，作出采取何种措施后的可接受程度结论。

③作出假设整改计划实施后的可接受程度结论。

8）编制安全评价报告

(4) 安全评价报告内容

1）安全评价报告主要内容

①编制说明。

②被评价单位概况。

③安全评价的范围。

④安全评价程序。

⑤采用的安全评价方法。

⑥危险、有害因素分析结果。

⑦定性、定量分析安全评价内容的结果。

⑧对可能发生的危险化学品事故的预测后果。

⑨对策措施与建议。

⑩安全评价结论。

2）安全评价报告附件

①危险、有害因素分析过程。

②定性、定量分析过程。

③对可能发生的危险化学品事故后果的预测过程。

④平面布置图、流程简图、防爆区域划分图以及安全评价过程图表。

⑤安全评价方法的确定说明和安全评价方法简介。

⑥被评价单位提供的原始资料目录。

⑦法定检测、检验情况的汇总表。

(5) 评价报告格式

1）封面。

2）封二。

3）安全评价工作人员组成名单。

4）安全评价机构资质证书复印件。

5）编制说明。

6）目次。

7）非常用的术语、符号和代号说明。

8）正文（安全评价报告主要内容）。

9）附件。

6.8 《危险化学品经营单位安全评价导则（试行）》应用

(1) 主题内容和适用范围

本导则规定了危险化学品经营单位（以下简称经营单位）安全评价的前提条件、程序、内容和要求，适用于对危险化学品经营单位的安全评价，不适用于危险化学品长输管道的安全评价。

(2) 安全评价内容

1)《危险化学品安全管理条例》第28条规定的经营单位具备的条件。

2)《危险化学品经营许可证管理办法》第6条规定的经营单位具备的基本条件。

3)《国家安全监督管理局关于〈危险化学品经营许可证管理办法〉的实施意见》（安监管管二字［2002］103号）规定的经营单位基本条件。

(3) 安全评价程序

1）前期准备工作

根据被评价单位的委托书，索取被评价单位的营业执照或企业名称预先核定通知书、租赁合同和相关批准文件的复印件。与被评价单位签订安全评价合同。组建安全评价组，了解被评价单位的情况，收集有关资料。

2）现场检查和评价

①查验被评价单位提供文件或合同复印件的真实性。

②根据现场实际，辨识危险、有害因素，分析危险、有害因素可能导致生产安全事故的原因。

③根据经营单位实际，划分评价单元。

评价单元一般可划分为：

a. 安全管理制度。

b. 安全管理组织。

c. 从业人员。

d. 仓储场所。

e. 仓库建筑。

④针对危险、有害因素及现场情况，应用“危险化学品经营单位安全评价现场检查表”，对现场设施、装置、防护措施和管理措施进行评价。如有必要，对构成重大危险源的部分可采用其他评价方法进行针对性评价。

⑤提出建议补充的安全对策措施

a. 管理方面（制度、组织、人员）的对策措施。

b. 仓储场所、仓库建筑、设施、装置、消防与电器方面的对策措施。

3）针对不符合安全要求的问题提出的对策措施可进行复查，确认整改后已符合要求。

4）编制安全评价报告。

(4) 安全评价报告内容和要求

1）安全评价报告的内容

①安全评价的依据。

②被评价单位的基本情况。

③主要危险、有害因素辨识，评价方法的选择，评价单元的划分。

④危险化学品经营单位安全评价现场检查表。

⑤分析评价。

⑥建议补充的安全对策措施。

⑦整改情况的复查。

⑧评价结论。

2）安全评价报告的要求

安全评价报告应该内容全面，条理清楚，数据完整，查出的问题准确，提出的对策措施具体可行，评价结论客观公正。

(5) 评价报告格式

1）封面。

2）安全评价机构资格证书复印件。

3）委托单位、评价单位、项目负责人、评价组长、评价组成员、报告编制人、报告审核人。

4）目录。

5）正文。

6）附件。附件包括：委托书复印件，被评价单位营业执照复印件或企业名称预先核定通知书复印件，租用场所或设施经营危险化学品的单位的租赁合同复印件和公安消防部门对储存设施的验收合格文件复印件，没有也不租赁储存场所从事批发业务的经营单位的办公场所产权证明或租赁证明复印件。

6.9 《危险化学品包装物、容器定点生产企业生产条件评价导则（试行)》应用

(1) 主题内容和适用范围

本导则规定了危险化学品包装物、容器定点生产企业（以下简称包装物、容器生产企业）生产条件评价的前提条件、程序、内容和要求，适用于对危险化学品包装物、容器生产企业生产条件的评价。

(2) 安全评价内容

1）《危险化学品安全管理条例》第 20 条和第 21 条规定的包装物、容器定点生产企业具备的生产条件。

2）《危险化学品包装物、容器定点生产管理办法》（国家经济贸易委员会令第 37 号）第 6 条规定的包装物、容器定点生产企业具备的基本条件。

3）《关于〈危险化学品包装物、容器生产定点管理办法〉的实施意见》（安监管管二字［2002］103 号）规定的包装物、容器定点生产企业具备的条件。

(3) 安全评价程序

1）前期准备工作

评价机构应首先告知被评价单位评价工作的程序与内容。根据被评价单位的委托书，索取本导则第 3 条所列被评价单位的营业执照或企业名称预先核定通知书、土地使用证、租赁合同和相关批准文件的复印件。与被评价单位签订评价合同。组建评价组，了解被评价单位的情况，收集有关资料。

2）现场检查和评价

①查验被评价单位按本导则第 3 条的要求所提供文件或合同复印件的真实性。

②确定被评价企业可以生产的包装物、容器名称和类别。

③根据包装物、容器定点生产企业实际，划分评价单元。

④根据划分的评价单元，对每个评价单元进行现场检查。

⑤针对现场情况，根据检查结果，对现场设施、装置、防护措施和管理措施进行评价。

3）对生产条件不足之处提出建议、对策和措施。一般可以从下面两方面考虑：

①管理方面（制度、组织、人员）的对策和措施。

②场所、设施、装置、工艺与设备方面的对策和措施。

4）编制生产条件评价报告。

(4) 安全评价报告内容和要求

1）生产条件评价报告的内容

①生产条件评价的依据。

②被评价单位的基本情况。

③评价方法的选择、评价单元的划分。

④包装物、容器定点生产企业生产条件评价现场检查情况。

⑤分析评价。

⑥对生产条件不足之处提出建议、对策和措施。

⑦整改情况的复查。

⑧评价结论。

2）生产条件评价报告的要求

评价报告应该内容全面，条理清楚，数据完整，查出的问题准确，提出的对策措施具体可行，评价结论客观公正。

(5) 评价报告格式

1）封面。

2）生产条件评价机构资格证书复印件。

3）委托单位、评价单位、项目负责人、评价组长、评价组成员、报告编制人、报告审核人。

4）目录。

5）正文。

6）附件。附件包括：委托书复印件，被评价单位营业执照复印件或企业名称预先核定通知书复印件，土地使用证复印件，租用场所或设施的危险化学品包装物、容器定点生产企业的租赁合同复印件。

6.10 《烟花爆竹生产企业安全评价导则（试行）》应用

(1) 主题内容和适用范围

本导则规定了烟花爆竹（含烟花爆竹用烟火药、引火线）生产企业安全评价的程序、内容，适用于安全评价机构对烟花爆竹生产企业的安全评价，也适用于烟花爆竹生产企业自身的安全管理。

(2) 安全评价内容

1）对经营烟花爆竹企业的安全管理综合情况进行审查评价，主要对其组织机构、从业人员、规章制度等方面的资料进行审核。

2）对经营烟花爆竹企业的仓库总体布局进行现场检查评价，主要对其库区选址、库房布局、安全设施等进行检查。

3）对经营烟花爆竹企业的仓库的每个单元（库房）进行现场检查评价，主要对其每一个库房的建筑结构、防护屏障、定员定量、消防、防雷与防静电、电气设施、储存运输等进行检查。

4）对经营烟花爆竹企业的其他有关安全生产的重要项目进行检查。

(3) 安全评价程序

烟花爆竹生产企业安全评价程序一般包括：前期准备；资料审核；现场评价；对被评价对象可能存在的危险、有害因素进行辨识和分析；选择评价方法，进行定性、定量评价；提出安全对策措施及建议；做出安全评价结论；编制安全评价报告；安全评价报告交付。

1）前期准备

①被评价单位提出安全评价申请或委托书。

②被评价单位与评价机构签订合同，明确评价对象和范围。

③被评价单位应提供下列相关资料：工商行政管理部门核发的营业执照或者法人条件证明；单位的基本情况；库区平面布置图及其周边关系位置图，库房土建图及安全设施目录；经营产品范围（包括产品级别和产品类别）；安全生产组织机构及安全管理人员；相关人员培训资质证明；安全管理规章制度；事故应急救援预案；储存仓库基本情况和配送服务能力证明；特种设备检测合格证明；库房消防设施和设备清单；事故记录和隐患整改记录。

④需要提供的其他资料，由评价机构根据评价需要确定。

2）资料审核

①安全评价机构按经营烟花爆竹企业应当具备的基本安全条件的要求，对被评价单位提供的资料进行审核，审核资料是否完整、准确，是否符合企业的实际情况并得到良好执行。

②安全评价机构应将资料审核的情况反馈到被评价单位，以便其采取相应的改进措施。

3）现场评价

①制定现场评价计划。

②实施现场评价计划。

③对仓库总体布局进行现场检查。

④对每个库房进行现场检查。

4）对被评价对象可能存在的危险、有害因素进行辨识和分析。

5）根据评价项目的具体情况，选择科学、合理、适用的定性、定量评价方法，对重大危险、有害因素进行定性、定量评价，确定引起事故发生的危险、有害因素和严重程度。

6）安全对策、措施及建议

①安全技术对策、措施。

②安全管理对策、措施。

7）评价机构将发现问题、安全对策措施及建议通知被评价单位。

8）归纳、综合各部分评价结果，做出总体结论。

9）编制安全评价报告。

10）安全评价报告交付

由评价机构按照合同约定或被评价单位完成整改情况，将安全评价报告交付被评价单位。

(4) 安全评价报告内容和要求

1）安全评价报告内容

①安全评价概述

a. 安全评价的目的。

b. 安全评价的原则。

c. 安全评价的依据。

d. 安全评价的范围。

②企业的基本情况。

③主要危险、有害因素辨识与分析

a. 危险、有害因素分析方法。

b. 原料、成品、半成品的危险有害因素分析。

c. 重大危险源辨识与评价。

d. 工艺过程危险、有害因素分析。

e. 主要设备危险、有害因素分析。

④资料审核、总体布局和评价单元现场检查情况。

⑤综合分析评价

a. 评价方法的选择。

b. 评价单元的划分。

⑥安全对策措施建议。

⑦整改情况的复查情况。

⑧安全评价结论。

⑨烟花爆竹生产企业安全评价资料审核表、总体布局和评价单元现场检查表。

⑩安全评价报告还应载明下列情况：委托单位、评价单位、项目负责人、评价机构负责人、评价人员、报告编制人、报告审核人、报告编制日期等。

2）报告的要求

评价报告要内容全面、客观公正，条理清楚，数据完整，结论明确，对策措施可行。评价机构应当对评价报告的真实性负法律责任。

(5) 评价报告格式

1）封面、封底。

2）评价机构安全评价资格证书副本复印件。

3）著录项。

4）目录。

5）编制说明。

6）正文。

7）附件。

6.11 《民用爆破器材安全评价导则》应用

(1) 主题内容和适用范围

本导则规定了民用爆破器材建设项目安全预评价、安全验收评价、专项安全评价以及生产经营单位安全现状综合评价（以下统称为“民用爆破器材安全评价”）的目的、基本原则、内容、程序和方法。本导则适用于对民用爆破器材工程项目，民爆器材企业生产、储存设施、工艺设备和作业环境等的安全评价。

(2) 安全评价内容

民用爆破器材安全评价内容一般包括：民用爆破器材生产、储存中重大危险、有害因素的辨识和危险度评价；核实检查民用爆破器材生产、储存安全设备和设施的状况是否符合安全生产法律、法规和技术标准的要求；对民用爆破器材生产储存安全管理体系能否确保安全生产作出评价；提出合理可行的安全对策、措施及建议。

1）建设项目安全预评价

根据新建、改建（扩建）的生产和储存民用爆破器材建设项目的可行性研究报告或设计方案的内容，通过分析和预测该建设项目可能存在的主要危险、有害因素，并对其进行定性、定量分析评价确定其危险、危害程度，提出合理可行的安全对策措施及建议，对工程设计、建设和运行管理给予指导。

2）建设项目安全验收评价

在生产、储存民用爆破器材的建设项目竣工、试生产运行正常后，安全生产设施验收前，依据安全预评价报告或初步设计中提出的安全对策措施及现场调查分析，通过对建设项目设施、设备、装置的安全状况和安全管理状况的调查分析，查找该项目投产后存在的危险、有害因素，确定其危险度，提出合理可行的安全对策措施及建议。

3）专项安全评价

对民用爆破器材生产经营的专用设备、设施、材料、工艺技术、危险场所等，通过对实物或现场或技术文件资料的审查，预测评价对象可能存在的主要危险、有害因素，定性、定量分析其危险、危害程度，提出合理可行的安全对策措施及建议，对民用爆破器材科研、生产、储存和管理给予指导。

4）安全现状综合评价

通过对民用爆破器材生产经营单位运行的设施、设备、装置、生产和库房的安全状况和安全管理状况的调查分析，定性、定量地分析其生产过程中存在的危险、有害因素，确定其危险度，对其安全管理状况给予客观的评价，对存在的问题提出合理可行的安全对策措施及建议。

(3) 安全评价程序

民用爆破器材企业安全评价程序一般包括：前期准备；危险、有害因素辨识与分析；划分评价单元；选择评价方法，进行定性、定量评价；提出安全对策措施及建议；做出安全评价结论；编制安全评价报告；安全评价报告备案。

1）前期准备

明确被评价对象和范围，收集国内外相关法律法规、技术标准及与评价对象相关的安全数据资料。收集现场资料，进行现场调查。

2）危险、有害因素辨识与分析

根据民用爆破器材生产用原材料、半成品和成品的危险性质、生产工艺过程及采用的主要生产设施设备，辨识和分析生产、储存过程中的危险、有害因素。

3）划分评价单元

在危险、有害因素辨识和分析的基础上，根据评价的需要，将评价对象按生产工艺功能、生产设施设备相对空间位置、危险有害因素类别及事故范围划分评价单元，使评价单元相对独立，具有明显的特征界限。

4）选择评价方法

根据民用爆破器材建设项目的具体情况，选择适用的评价方法，如：

①专家现场询问、观察法。

②检查表法。

③危险和可操作性研究、作业条件危险性评价法。

④危险源定量评估方法——BZA-1 法。

⑤预先危险性分析。

⑥道化学公司火灾、爆炸危险指数评价法。

⑦重大危险源辨识方法。

⑧事故树分析。

⑨因果（鱼刺）图分析法。

⑩其他合适的方法。

5）定性、定量评价

选择科学、合理、适用的定性、定量评价方法，对生产经营过程中存在的重大危险、有害因素进行定性、定量评价，确定引起重大事故发生的致因因素、影响因素和事故严重程度，为制定安全对策措施提供科学依据。

6）提出安全对策措施及建议

①安全技术对策措施。

②安全管理对策措施。

7）安全评价结论

在对评价结果分析归纳和综合的基础上，做出安全评价结论。

①归纳、综合各部分评价结果。

②做出项目总体安全评价结论。

8）编制安全评价报告

安全评价报告是安全评价过程的记录，应将安全评价对象、安全评价过程、采用的安全评价方法、获得的安全评价结果、提出的安全对策措施及建议等写入安全评价报告。

9）安全评价报告备案

由被评价单位将安全评价报告向当地省级安全生产监督管理部门和省级民用爆破器材行业行政主管部门备案。安全生产许可证考核项目、科研项目的安全评价报告还应向国防科工委备案。

(4) 安全评价报告内容和要求

1）安全评价报告的基本内容

①安全评价依据。

②评价对象的基本情况。

③主要危险、有害因素辨识与分析。

④评价单元的划分与评价方法的选择。

⑤定性定量评价。

⑥安全对策措施及建议。

⑦评价结论。

2）安全评价报告的要求

安全评价报告应该内容全面，条理清楚，数据完整，结论准确，提出的对策措施具体可行，评价结论客观公正。

(5) 评价报告格式

1）封面。

2）评价机构安全评价资格证书副本影印件。

3）著录项。

4）目录。

5）编制说明。

6）正文。

7）附件。

8）附录。

7 安全评价资质管理规定

7.1 安全评价监督管理法律法规规定

为确保安全评价工作健康有序发展，根据《安全评价机构管理规定》（国家安全生产监督管理总局令第 22 号）、《安全评价机构考核管理规则》（安监总规划字［2005］65 号）、《关于加强对安全生产中介活动监督管理的若干规定》（安监总办字［2005］98 号）和各省、市级的安全评价管理办法精神，结合各地区的安全评价工作实际，安全评价监督管理工作的一般要求如下：

(1) 强化安全评价综合监督管理

1）各级安全生产监督管理部门要加强对已取得资质、资格证书的安全评价机构和安全评价人员的管理，对安全评价机构的业务开展情况实施监督，重点强化安全评价活动的监督检查。对不具备相应资质、擅自变更业务范围、不能保证安全评价工作质量和有严重违反国家有关法律、法规和标准的要会同有关部门依法查处。

2）各级安全生产监督管理部门及其工作人员不得指定生产、经营、储存单位接受特定的安全评价机构开展安全评价工作，不得以任何形式实行地区保护，不得干预安全评价机构的正常活动，不得向安全评价机构收取费用、摊派费用和报销任何费用。

3）监督、指导安全评价项目单位对安全评价报告确定的安全整治措施的落实，项目单位要采取相应措施，限制、控制、消除危险、危害因素。对整治不力或因此发生事故的，安全生产监督管理部门要依法查处。

4）对未按规定进行安全评价的项目或者评价的安全等级未达到规定要求的，不得投入建设、生产、使用。安全生产监督管理部门要进行督促和查处。

5）安全生产监督管理部门要定期和不定期地为安全评价机构提供安全生产政策法规、信息动态等相关信息资料。

(2) 加强安全评价机构自身建设

1）安全评价机构应当依照法律、法规、规章、标准的规定，遵守执业准则，依法独立开展安全评价工作，如实反映所评价的安全事项，并对其安全评价结果承担法律责任。

2）安全评价机构及其安全评价人员应当接受安全生产监督管理部门依法进行的监督。在从事安全评价活动时，应当遵守职业道德，遵循诚实守信的原则，不得泄露被评价单位的技术和商业秘密。

3）安全评价人员要加强相关法律、法规、规章、标准和知识的学习，对新颁布的法律、法规、规章、标准和规范性政策文件以及本专业最新安全技术要及时认真掌握，不断提高自身业务素质。在评价活动中，要深入现场勘察，不得弄虚作假，客观、科学、实事求是地进行安全评价。

4）安全评价机构及其安全评价人员应当在每年1月，将上年工作情况和工作业绩记录表报安全生产监督管理局备案。对尚未报送上年度工作情况和业绩记录表的安全评价机构及其安全评价人员，必须在本年度6月底前报送本地区安全生产监督管理局，逾期将按有关规定予以处罚。

(3) 迅速开展安全评价机构资质认定

按照《安全评价机构管理规定》和省、市级《关于认定安全评价机构乙级资质的通知》的要求，国家对安全评价机构资质实行甲、乙级管理。

(4) 全面实施安全评价机构考核管理

按照国家安全生产监督管理总局颁发的《安全评价机构考核管理规则》（安监总规划字[2005] 65号）和各省乙级安全评价机构考核管理细则，由省安全生产监督管理局政策法规科技处负责组织考核，聘请省政府安全生产技术专家库的相关专业（行业）技术专家参加，组成考核组，对安全评价机构进行定期和不定期考核，并根据考核情况，对安全评价机构及安全评价人员的违法违规行为给予警告、罚款，没收违法所得，暂停资质、资格，限期改正、撤销资质、资格等行政处罚。

(5) 严格实行安全评价报告审查制度

为确保安全评价的工作质量，做好评价报告的审查工作，按照有关法律法规规定和省级安全评价报告审查制度，由省安全生产监督管理局相关业务处室负责主持审查，由省政府安全生产技术专家库的相关专业（行业）技术专家组成安全评价审查专家组，对安全评价报告进行审查，审查情况将作为安全评价机构考核的内容。

(6) 加强安全评价行业自律

1）为认真贯彻安全生产评价相关法律法规和政策规章，充分发挥行业自律机制作用，按照国家对社会团体相关规定，尽快成立各地区安全评价协会，建立安全评价行业自律制度，促进安全评价行业健康发展。安全评价行业的执业自律公约，是安全评价机构、安全评价人员依法开展安全评价工作应当遵循的行业规范。

2）为规范安全评价收费行为，维护委托方和安全评价机构的合法权益，按照《中介服务收费管理办法》（计价格[1999] 2255号），参照《国家计委关于印发建设项目前期工作咨询收费暂行规定的通知》（计价格[1999] 1283号）、《国家计委、国家环境保护总局关于规范环境影响咨询收费有关问题的通知》（计价格[2002] 125号），制定各地区安全评价指导性价格或行业自律性价格标准。

7.2 安全评价机构管理

加强安全评价机构的管理，规范安全评价行为，建立公正、开放、竞争、有序的安全评价中介服务体系，提高安全评价水平和服务质量，根据《安全生产法》《行政许可法》等有关规定，2009年7月1日国家安全生产监督管理总局颁布《安全评价机构管理规定》，该规定自2009年10月1日起施行。

《安全评价机构管理规定》明确规定，国家对安全评价机构和安全评价人员实行资质许可制度。安全评价机构应当取得相应的安全评价资质证书，并在资质证书确定的业务范围内从事安全评价活动。安全评价人员应当取得相应的资格，方可执行。安全生产监督管理部门、煤矿安全监察机构及其工作人员应当坚持公开、公平、公正的原则，严格按照法律、行政法规和《安全评价机构管理规定》的规定，审查、颁发资质证书。对已经取得资质（资格）证书的安全评价机构和安全评价人员及其安全评价活动，安全生产监督管理部门、煤矿安全监察机构应当进行监督检查。国家安全生产监督管理总局定期向社会公布取得资质（资格）证书的安全评价机构和安全评价人员的名单，接受社会监督。

目前，我国安全评价综合监督管理机制属于条块结合型。国家安全生产监督管理总局的职能司（局）主要监督管理工业安全评价，而农业安全评价属农业部监督管理，建筑安全评价归建设部门监督管理，交通安全评价归交通部监督管理等，有时各部、委、局联合发文监管。而各部、自治区、直辖市根据《安全评价机构管理规定》《安全评价机构考核管理规则》《关于加强对安全生产中介活动监督管理的若干规定》及各部、委、局的《安全评价机构管理规定》等文件精神，结合本地区的安全评价工作实际，制定各自的安全评价监督管理规范、规定、办法、通知、公约等。如上海市安全生产监督管理局颁布的《上海市安全评价机构监督管理规定》（沪安监管发科［2005］187号），广东省安全生产监督管理局发布的《广东省安全评价机构管理办法》（粤安监［2007］570号），江苏省出台的《关于规范安全评价中介机构管理的通知》（苏安监［2004］93号）等。安全评价中介机构不仅受国家安全生产监督管理总局，同时也受所在地域省、市安全生产监督管理部门制定的安全评价中介机构管理办法、规定、通知、公约的监管。

7.2.1 安全评价机构组织框架与职责

目前，我国安全评价机构的类型较为复杂，但多数为公司性质。安全评价机构主要有董事会、法定代表人、各职能部门等组成，组织框架如图7—1所示。

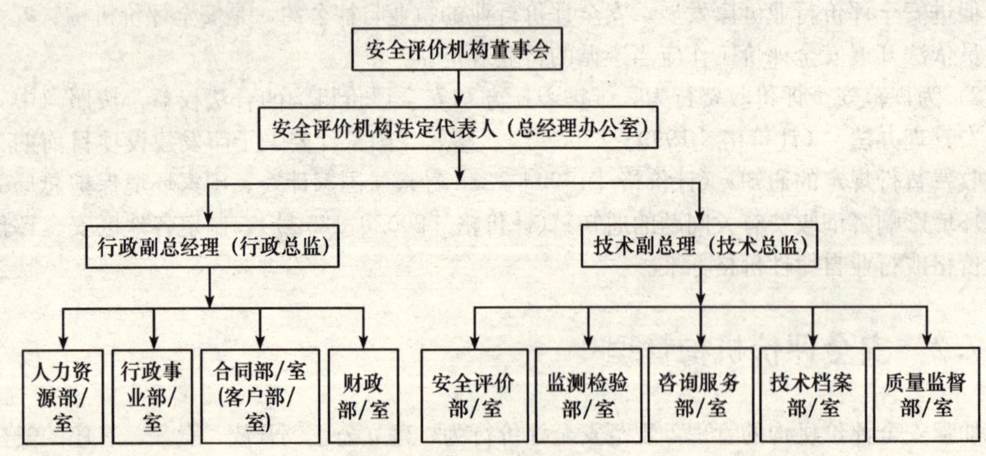

图7—1 安全评价机构组织框架图

（1）依照《公司法》第46条的规定，安全评价中介公司的董事会对股东会负责，行使下列职权：

1）负责召集股东会，并向股东会报告工作。

2）执行股东会的决议。

3）决定公司的经营计划和投资方案。

4）制订公司的年度财务预算方案、决算方案。

5）制订公司的利润分配方案和弥补亏损方案。

6）制订公司增加或者减少注册资本的方案。

7）拟订公司合并、分立、变更公司形式、解散的方案。

8）决定公司内部管理机构的设置。

9）聘任或者解聘公司经理或者解聘公司副经理、财务负责人，决定其报酬事项。

10）制定公司的基本管理制度。

（2）依照《公司法》第50条的规定，安全评价中介公司的经理，由董事会聘任或者解聘。经理对董事会负责，行使下列职权：

1）主持公司的生产经营管理工作，组织实施董事会决议。

2）组织实施公司年度经营计划和投资方案。

3）拟订公司内部管理机构设置方案。

4）拟订公司的基本管理制度。

5）制定公司的具体规章。

6）提请聘任或者解聘公司副经理、财务负责人。

7）聘任或者解聘除应由董事会聘任或者解聘以外的负责管理人员。

8）公司章程和董事会授予的其他职权。经理列席董事会会议。

安全评价中介机构，股东人数较少和规模较小的，可以设1名执行董事，不设立董事会。执行董事可以兼任公司经理。安全评价中介机构不设董事会的，执行董事为公司的法定代表人。

安全评价中介机构根据安全评价相关法律法规及规定的要求，结合实际情况，在建立并完善质量管理的基础上，制定安全评价过程控制文件，明确岗位职责，从制度上保证安全评价质量得到有效控制。

依照《安全评价过程控制编写提要》的规定，技术副总经理的职责是：根据委托方的要求、自身的业务能力和业务范围，分析、预测承担评价项目的风险程度，负责评价公司质量管理体系的建立、完善和实施，组织管理、评审、策划评价过程，确定实施评价项目的可行性；建立相应的基础数据库、评价软件、检测检验及科研开发能力或建立协作渠道；根据自身的特点制定相应的工作步骤（程序文件、安全评价作业指导书）及规程（质量手册）。程序文件包括评价工作质量保证程序、合同评审程序、评价过程质量保证程序、报告管理程序、检测工作运行程序、检测工作质量保证程序、仪器设备质量保证程序、跟踪服务程序、质量申诉、质量事故处理程序、文件管理程序、文件审批修订程序、文件借阅程序、内部审核程序和管理评审程序等。安全评价部经理的职责是：按照安全评价导则和本机构确定的目标，组建评价项目组，实施安全评价过程控制，按照要求完成安全评价工作；保证评价依据资料的完整性、危险有害因素识别的充分性、评价方法的适用性、对策措施的针对性、评价结论的准确性，以及评价报告的格式是否符合要求。安全评价部副主任的职责是负责内部质量体系审核等。项目组组长的职责是负责评价项目的策划、项目全过程的质量保证，对所承担的项目负主要技术和质量责任。行政副总经理的职责（内部管理）是对安全评价人员和技术专家的管理，评价人员业绩考核、业务培训、信息通报、跟踪服务、保密、资质和印章管理等。技术档案部的职责（档案管理）是按照国家档案管理的有关规定，收集、整理、保管安全评价的相关法律、法规、技术标准和安全评价机构的相关文件、评价报告及相关资料等。质量监督部的职责是负责项目评价质量相关工作的监督、检查和保证，建立自我约束、检查、改进完善机制，保证安全评价报告的质量。

7.2.2 安全评价机构业务范围及工作要求

(1) 安全评价资质管理方式及甲级、乙级资质业务范围的划定

安全评价资质管理由现行按评价类别管理调整为按行业分类管理。

取得甲级资质证书的安全评价机构，可以根据资质证书确定的业务范围在全国范围内从事安全评价活动，不受地域、项目或者企业规模的限制，见表7—1。

表7—1　　甲级资质安全评价机构业务范围

<table>
<tr><th>业务范围</th><th>专业人员要求</th><th>装备名称</th></tr>
<tr><td>煤炭开采和洗选业</td><td>安全、机械、电气、采矿、通风、矿建、地质、选矿</td><td>岩土工程分析软件，矿井测风表（高、中、微速）或三合一电子风表，光学瓦检仪，多功能气体测定仪，便携式有毒有害、可燃气体检测报警仪，具有测量露天矿台阶坡面角功能的智能测距仪，地质罗盘，防爆数码照相机</td></tr>
<tr><td>金属、非金属矿及其他矿采选业</td><td>安全、机械、电气、采矿、地质</td><td>岩土工程分析软件，坡度规，地质罗盘，风表，风压表</td></tr>
<tr><td>石油和天然气开采业</td><td>安全、机械、电气、采油、储运</td><td rowspan="2">火灾、爆炸、扩散定量风险计算分析软件，测温仪，测厚仪，便携式有毒有害、可燃气体检测报警仪</td></tr>
<tr><td>石油加工业，化学原料、化学品及医药制造业，燃气生产及供应业，炼焦业</td><td>安全、机械、电气、化工工艺、土木工程、仪表自动化</td></tr>
<tr><td>烟花爆竹、民用爆破器材制造业</td><td>安全、机械、电气、火工、爆炸</td><td>火灾、爆炸、扩散定量风险计算分析软件，高精度温湿度仪，手持式静电测试仪</td></tr>
</table>

取得乙级资质证书的安全评价机构，可以根据资质证书确定的业务范围在所在的省、自治区、直辖市范围内从事投资规模2亿元人民币以下建设项目的安全预评价、验收评价和国有（含国有控股）以外的企业安全现状评价，见表7—2。

表7—2　　乙级资质安全评价机构业务范围

业务范围	专业人员要求	装备名称
尾矿库	安全、机械、电气、土木工程、地质、给排水	坝体稳定性计算软件，调洪计算软件，渗流计算软件，坡度规，地质罗盘，求积仪

续表

业务范围	专业人员要求	装备名称
房屋和土木工程建筑业	安全、机械、电气、土木工程、给排水	定量分析计算软件，漏电保护器测试仪，风表，经纬仪
管道运输业	安全、机械、电气、储运、地质	火灾、爆炸、扩散定量风险计算分析软件，便携式有毒有害、可燃气体检测报警仪，测温仪，测厚仪
仓储业	安全、机械、电气、土木工程、给排水	风表，湿度计，红外测温仪，测高仪，便携式有毒有害、可燃气体检测报警仪
水利、水电工程业	安全、机械、电气、动力、水利水电工程、地质、给排水	地下洞室火灾模拟软件，溃坝风险分析软件，地质罗盘，求积仪，经纬仪，万能试验机，位移计，激振锤，温湿度计，照度计，LN弦式便携读数仪，LN光电式坐标仪标定器
火力发电业，热力生产和供应业	安全、机械、电气、热能与动力、给排水	火灾、爆炸、扩散定量风险计算分析软件，红外测温仪，照度计，便携式氢气报警仪，风表
风力发电、太阳能发电、再生能源发电业	安全、机械、电气、土木工程、地质	地下洞室火灾模拟软件，地质罗盘，求积仪，经纬仪，万能试验机，位移计，激振锤，温湿度计，照度计，LN弦式便携读数仪，LN光电式坐标仪标定器
核工业设施	安全、机械、电气、核工程与核技术、工程物理、土木工程、热能与动力工程	X、γ射线测量仪，环境X、γ剂量率仪，α、β表面污染监测仪，热释光剂量元件，热释光测读装置，中子测量用径迹片，β射线个人剂量计，β射线个人剂量测读装置，灰化装置，固体径迹探测元件，元件测读装置，氡测量仪，X、γ剂量率仪，γ能谱仪，低本底α、β测量仪，低本底α能谱仪，中子测量仪
黑色、有色金属冶炼及压延加工业，金属制品业，非金属矿物制品业	安全、机械、电气、给排水、冶金	多功能可燃气体检测报警仪，有毒气体检测报警仪，温湿度计，热辐射监测仪，经纬仪
铁路运输、城市轨道交通及辅助设施	安全、机械、电气、土木工程、通风	灾害后果计算软件，风险分析软件，经纬仪
公路	安全、机械、电气、土木工程、地质	驾驶模拟器，线形检测车，生物反馈仪，多功能坡度尺，摆式仪，水准仪，全站仪，交调仪，照度计，无损探伤检测仪，岩体三维压力检测仪
港口码头	安全、机械、电气、建筑	火灾、爆炸、扩散定量风险计算分析软件，温湿度计，照度计，接地电阻仪，便携式有毒、有害可燃气体检测报警仪
机械设备电器制造业	安全、机械、电气、铸造	除通用设备外，可根据评价工作实际需要配备相关装备
轻工、纺织、烟草加工制造业	安全、机械、电气、化工	

国家另有规定的从其规定。

其他类：可根据安全生产实际工作需要，双方协商确定，开展安全评价活动。

备注：

1）通用设备：计算机、打印机、传真机、复印机、扫描仪、照相机、摄像机、投影仪、碎纸机、录音设备、对讲机、GPS定位仪、激光测距仪、个体防护用品、交通工具等。

2）办公条件：甲级资质机构不少于400 $米^2$，其中档案室面积不少于50 $米^2$；乙级资质机构不少于250 $米^2$，其中档案室面积不少于30 $米^2$。

3）专业能力证明材料包括专职安全评价师学历证书、职称证书、学术专著、科研论文、科技发明、科技进步奖等从业经历。

(2) 当前安全评价工作中的几项具体要求

1）甲级资质安全评价机构的法定代表人应通过国家认定的一级培训机构组织的生产经营单位主要负责人培训、考核，并取得相应的资格证书；乙级资质安全评价机构的法定代表人应通过国家认定的二级以上培训机构组织的生产经营单位主要负责人培训、考核，并取得相应的资格证书。

2）同一安全评价机构只能获取一个级别的安全评价资质，甲级、乙级安全评价资质不得重复申报。申报甲（乙）级安全评价机构应有不少于3（2）名与其申报业务范围相适应的基础专业的专职评价人员，申报业务范围涉及具有较大风险行业的则应有不少于5（3）名与其相适应的基础专业的专职评价人员。具有安全评价资格的人员只能在一个评价机构执业。

3）国务院有关部门、中央管理的大型企业、国务院国有资产监督管理委员会负责管理的各行业协会等所属单位是指由其直接管理的下属单位或控股公司。

民用爆破器材企业安全评价机构资质管理仍按原规定执行，由国防科工委推荐，国家安全生产监督管理总局受理审批。

4）国家安全生产监督管理总局定期公布取得资质证书的安全评价机构名单，同时，乙级资质的批准部门应定期在本行政区域内向社会公布取得乙级资质证书的安全评价机构名单，并在批准后10日内，将有关申报及批准材料报国家安全生产监督管理总局备案。

安全评价机构及其安全评价人员要将每年的工作业绩记录表于次年1月15日前分别报国家安全生产监督管理总局或省级安全生产监督管理部门、煤矿安全监察机构备案。

5）各地可根据实际情况，依照《中介服务收费管理办法》（计价格［1999］2255号）制定行业自律性或指导性价格标准。安全评价专家评审、核查及技术咨询收费参照《国家计委关于印发建设项目前期工作咨询收费暂行规定的通知》（计价格［1999］1283号）或《国家计委、国家环境保护总局关于规范环境影响咨询收费有关问题的通知》（计价格［2002］125号）执行。

6）由省级安全生产监督管理部门认定的危险化学品生产企业安全评价临时资质机构可以从事危险化学品经营单位的安全评价。

7.2.3 安全评价机构资质申请

为规范安全评价行为，加强对安全评价机构和安全评价人员的监督管理，保证安全评价的科学性、公正性和严肃性，国家对安全评价机构实行准入制，任何机构都要符合准入条件和程序。

(1) 资质条件

1）具有在我国工商行政管理部门注册的独立法人资格。

2）具有专门从事安全评价的部门、固定的工作场所和工作条件，健全的内部管理规章制度。

3）主管安全评价的技术负责人应具有5年以上从事安全生产工作经历，并已取得安全评价人员注册资格。

4）具有10名以上注册安全评价人员，其中至少有3人具有高级技术职称、从事5年以上安全生产的工作经历。

5）聘有与申报业务范围相适应的注册安全评价人员及技术专家。

6）能够独立完成安全评价中主要职业危险、有害因素的调查分析和主要职业危险、危害程度的预测，对技术文件有分析审核能力并能独立编写安全评价报告。

7）申请安全验收评价、安全现状综合评价和专项安全评价资质的机构应具有独立完成对现场进行检测、分析的仪器设备。

(2) 申请程序

1）申请机构经所在地省级安全生产监督管理机构初审同意后，向国家安全生产监督管理总局提交书面申请报告，领取并填写安全评价机构资质申请表，提供有关证明材料。

2）国家安全生产监督管理总局对申请机构资质条件进行审核，合格者批准评价机构资质。

安全评价机构资质申报、审查程序如图7—2所示。

7.2.4 安全评价机构管理

安全评价作为安全系统工程的重要组成部分，自20世纪80年代从国外引入，在我国经历了探索、起步和规范发展三个阶段，目前不仅成为安全系统工程的重要应用技术，而且在促进安全生产管理、事故风险控制的现代化、科学化进程中，起到推动作用。

2004年，原国家安全生产监督管理局（国家煤矿安全监察局）公布施行了《安全评价机构管理规定》。自实施以来，原规定对加强甲级、乙级评价资质分级管理，规范安全评价机构的资质审批程序，起到了重要作用。但随着全国安全生产工作形势的进一步转变和安全评价工作的深入开展，安全评价机构管理工作出现了一些新情况、新问题，迫切需要对原规定进行修订。经多方调研、讨论、研究，新制定的《安全评价机构管理规定》于2009年7月1日正式发布实施。与原规定相比，新规定立足于中介机构在“规范中发展，在发展中规范”的指导思想，旨在鼓励和支持安全评价机构充分发挥自身的技术优势，拓展技术服务领域，为各类生产经营单位提供安全生产技术咨询与服务，使之成为安全生产事业发展的重要推进和补充力量。

(1) 明确“统筹规划、合理布局、总量控制”的指导思想

为实现安全评价工作规范化发展，国家对安全评价机构的设置实行统筹规划、合理布局和总量控制，总体上达到安全评价机构发展与市场需求相平衡的工作目标。依据《国家安全

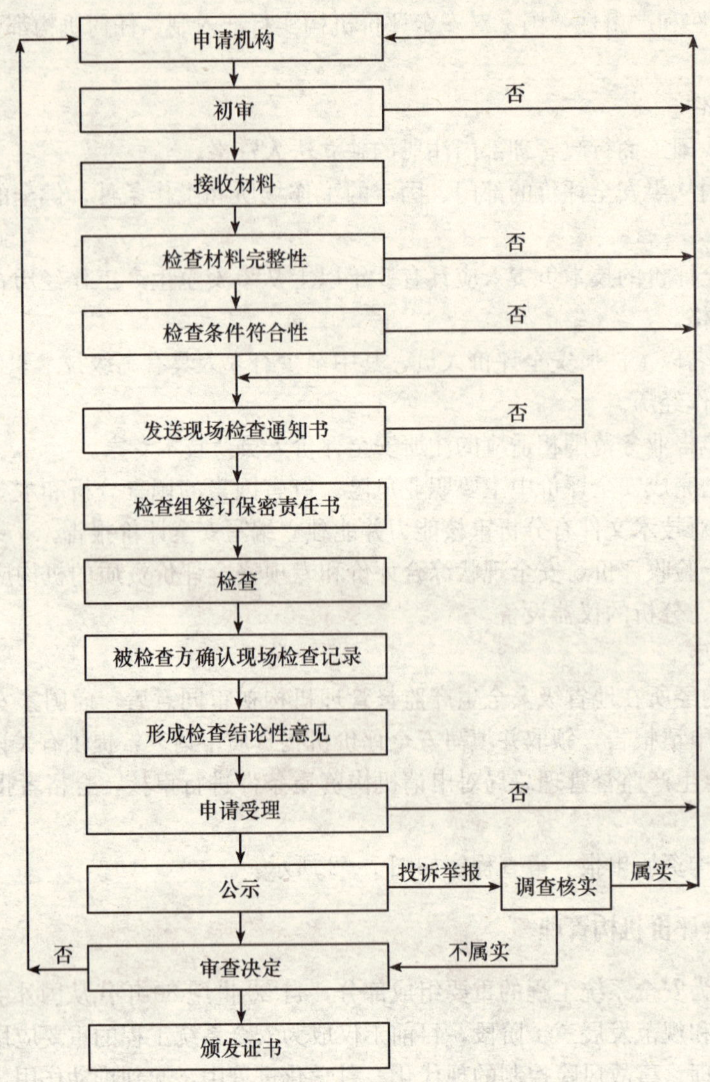

图 7—2　安全评价机构资质申报、审查程序图

监管总局关于安全评价机构建设的指导意见》（安监总规划〔2007〕198 号），今后要重点发展专业能力较强的评价机构，加快形成一批技术实力雄厚，具有评、学、研于一体的规模化安全评价机构。

(2) 正式实施安全评价师及其国家职业资格制度

为促进安全评价人员依法从业和规范管理，原劳动保障部于 2007 年 11 月，批准设立安全评价师国家职业资格，2008 年 2 月正式颁布了《安全评价师国家职业标准》，根据安全评价师专业能力由低到高将其分为三级安全评价师（国家职业资格三级）、二级安全评价师（国家职业资格二级）、一级安全评价师（国家职业资格一级）。新规定正式规定了安全评价人员执行国家职业资格证书制度，并对安全评价机构应配备的安全评价师数量和履职要求作出相应规定，从而使安全评价技术服务工作能够得到规范发展。

（3）实行分级管理，明确资质审批程序

为强化各级安监部门的责任，新规定继续实行了分级管理制度，以积极发挥基层安全生产监督管理部门和煤矿安全监察机构的作用。新规定将安全评价机构资质审批分为审核、审批两步，先由下一级安全生产监督管理部门、煤矿安全监察机构进行审核，再提交上一级安全生产监督管理部门、煤矿安全监察机构进行审批、发证，从而促使各级安全生产监督管理部门、煤矿安全监察机构认真履行好各自职责，严格把关，切实推动安全评价工作的健康发展。

（4）提高安全评价机构资质准入条件

新规定分别对安全评价机构甲级、乙级资质条件进行了较大调整。一是申报条件由“独立法人资格”修改为“法人资格”。二是提高了注册资金额度，甲级资质由300万元以上增至500万元以上，并增加了固定资产须达400万元以上的要求；乙级资质由100万元以上增至300万元以上，并要求固定资产达200万元以上；根据评价业务范围的不同，对专业人员构成和设备、设施配置等进行了具体要求。三是提高了专职安全评价师的数量和技术等级配置要求，甲级机构专职安全评价师数量由12名增加为25名，乙级机构由8名增加为16名。四是增加了有关不良记录的规定，即申请甲级资质证书的安全评价机构必须已取得安全评价乙级资质3年以上，且没有违法行为记录。五是增加了对专职技术负责人和过程控制负责人的规定，并规定了相应的资格条件。

（5）重新划分甲级、乙级资质的业务范围

新规定第6条对甲级、乙级安全评价机构的业务范围进行了重新划分，即取得甲级资质证书的安全评价机构可根据确定的业务范围在全国范围内从事评价活动；取得乙级资质证书的安全评价机构可根据确定的业务范围在所在省、自治区、直辖市内从事评价活动。此外，由国务院及其投资主管部门审批（核准、备案）的建设项目、生产剧毒化学品的建设项目和企业、跨省（自治区、直辖市）的建设项目、大型生产企业的安全评价活动则必须由甲级安全评价机构承担。

（6）加强审批后的监督

新规定将安全评价机构考核作为一项重要监管措施（详见第31条）。安全评价机构应每年填写安全评价工作业绩表，并报安全生产监督管理部门、煤矿安全监察机构备案。对在资质规定的有效期内没有开展相应业务的安全评价机构，核减其业务范围；对连续两年没有业绩的，取消其相应业务资质。

（7）防止任何形式的地方保护主义

根据《行政许可法》以及国家安全生产监督管理总局“双五条”规定要求，新规定对甲级安全评价机构跨省开展评价活动作出明确规定，明确了禁止任何单位和个人以任何理由设立法律、法规之外的行政许可事项，限制外省（自治区、直辖市）甲级安全评价机构到本地区开展评价，不得以任何理由干扰安全评价机构的正常活动。

（8）加大违法违规现象的处罚力度

新规定加强了对违法违规行为的处罚力度，细化行政处罚条款，强化评价机构违法违规的法律责任，这将有利于加强对评价机构监督管理，进一步形成威慑力。

（9）发挥行业组织作用，建立行业自律机制

新规定鼓励和支持安全评价行业组织加强自律管理，推进安全评价诚信体系建设。评价行业可通过会员加入《安全评价机构和安全评价师执业自律公约》、制定安全评价行业收费指导价格、实施技术仲裁管理办法等方式，积极发挥行业协会组织监督和行业自律的作用，特别是加强对从业人员的行为管理和评价机构的业务指导，引导和推动诚信建设，实现自律管理的可持续发展机制。

7.2.5 安全评价机构考核

(1) 安全评价考核分定期考核和不定期考核，考核结果分为优秀、合格和不合格。定期考核是省、市安全生产监督管理局对安全评价机构进行的每年度固定周期性考核。不定期考核是省、市安全生产监督管理局对安全评价机构进行的随机性考核。省、市安全生产监督管理局对于承担并完成安全评价报告后该企业发生了事故的安全评价机构进行重点考核。

(2) 省安全生产监督管理局负责全省乙级安全评价机构的考核，并参与国家安全生产监督管理总局对本行政区域内甲级安全评价机构考核，并于每年1月31日前，将上一年度乙级安全评价机构考核结果报送国家安全生产监督管理总局备案。省安全生产监督管理局接受相关申诉、投诉和举报，接受社会监督。

(3) 安全评价机构考核的主要内容如下：

1) 国家有关法律、法规和规章及技术规范执行情况。

2) 安全评价机构资质条件保持情况。

3) 安全评价业绩。乙级资质安全评价机构每年度应完成不少于10项企业的安全评价(其中应完成2项以上投资100万元以上建设项目的安全预评价或安全验收评价)，其安全评价人员每年度应参与完成不少于3个企业的安全评价（其中应完成1项以上投资100万元以上建设项目的安全预评价或安全验收评价)。新批准资质的安全评价机构或新登记资格的安全评价人员业绩考核从第二年开始计算。

4) 安全评价过程控制运行情况。

5) 安全评价报告质量。

6) 企业对安全评价服务的满意度。

7) 遵纪守法情况。

8) 档案资料管理。

9) 省安全生产监督管理局根据工作需要确定的其他考核内容。

(4) 对安全评价机构的考核按照上述考核内容实行评分制，满分为100分，年度考核85分以上为优秀，60分以上为合格，60分以下为不合格。安全评价机构应积极配合省、市安全生产监督管理局的考核，不得以任何理由拒绝或阻挠考核，应按要求及时提供考核材料，不得弄虚作假。由省安全生产监督管理局政策法规科技处负责组织考核，聘请省政府安全生产技术专家库的相关专业（行业）技术专家参加，建立由3名以上人员组成的考核组。考核人员与被考核机构有利害关系的应回避。考核人员应当对每次考核的内容、问题及处理情况做出记录。参与考核的公务人员应坚持公开、公平、公正的原则，严格遵守党纪国法，严禁向被考核机构索要钱物或为亲友谋取私利，不准参加可能影响考核的宴请及考核对象支付的娱乐、健身、旅游等活动，不准参与被考核机构安排的任何形式的赌博。

(5) 对安全评价机构及安全评价人员违法违规行为的行政处罚种类如下：

1）警告。

2）罚款，没收违法所得。

3）暂停资质、资格，限期改正。

4）撤销资质、资格。

5）法律法规规定的其他行政处罚。

（6）安全评价机构有下列行为之一的，给予警告：

1）未按时、如实上报安全评价机构和安全评价人员业绩的。

2）对举报人打击报复的。

3）安全评价人员发生变化，不按规定办理变更登记的。

4）安全评价机构变更法人名称、地址、法定代表人、技术负责人等，办理变更手续的。

5）不讲职业道德，故意贬低、诋毁其他安全评价机构的。

（7）安全评价机构有下列行为之一的，暂停其资质，并限期改正，整改时间不超过60日。

1）考核中发现的问题，未造成严重后果的。

2）未按照过程控制程序编制安全评价报告的。

3）档案资料管理达不到要求的，并限期改正，整改时间不超过60日。

4）采取不正当的手段，故意降低服务成本，扰乱市场并造成恶劣影响的。

5）安全评价报告未达技术规范要求的。

6）泄露被评价单位的技术和商业秘密的。

（8）安全评价机构有下列情形之一的，除按有关规定进行处罚外，撤销其资质：

1）定期考核不合格的。

2）出具虚假安全评价报告的。

3）资质条件发生变化，不能满足安全评价资质条件的。

4）暂停资质整改期间继续从事安全评价活动或整改后仍达不到要求的。

5）转让或者出借资质证书、转包安全评价项目或者违法分包安全评价项目的。

6）冒用资质、资格或签名，超出资质证书确定的业务范围从事安全评价活动的。

7）弄虚作假骗取资质证书、伪造涂改资质证书的。

8）不接受考核或提供虚假材料的。

9）一年内连续两次被暂停资质的。

10）因安全评价失误而造成评价企业（项目）损失。

11）其他违反国家法律、法规行为，发生重特大事故的。

（9）安全评价人员有下列行为之一，撤销其资格：

1）在两个以上（含两个）机构注册登记从事安全评价活动的。

2）弄虚作假骗取资格证书的。

3）服务机构发生变动，未办理变更登记的。

4）泄露被评价单位的技术和商业秘密的。

5）严重违背职业准则，有失公正的。

6）弄虚作假，故意降低安全评价标准的。

7）安全评价不到生产经营单位现场，编造虚假评价报告的。

8）年度考核未达到要求的。

9）未通过资格登记审查考核的。

10）有其他违法行为的。

（10）省安全生产监督管理局依据有关法律法规和规章，对安全评价机构和安全评价人员做出行政处罚决定。对乙级安全评价机构作出的行政处罚决定，自决定之日起 7 日内报国家安全生产监督管理总局备案。市安全生产监督管理局 3 年内不受理被撤销乙级安全评价资质的机构、资格的人员的资质、资格申请。省安全生产监督管理局每年 2 月定期对安全评价机构考核结果进行公告。

7.2.6 安全评价收费管理

安全评价中介机构与被评价单位签订安全评价技术服务合同的收费标准问题，一直是社会各界人士关注的问题之一，由于全国各地经济发展水平不一样，各行业安全状况不一样，因此，在现阶段无法制定统一的安全评价的收费标准。

为促进安全评价工作的健康发展，使安全评价工作更好地为政府监管和企业服务，保障企业与中介机构的权益，规范安全评价收费，使评价机构的收费有章可循，根据国家计委、经贸委、财政部、监察部、审计署和国务院纠风办联合下发的《关于印发〈中介服务收费管理办法〉的通知》（计价字［1999］2255 号）的规定，参照《国家计委关于印发建设项目前期工作咨询收费暂行规定的通知》（计价格［1999］1283 号）的标准，按照《安全评价机构管理规定》的要求及有关法律、法规，结合各省安全评价工作的实际制定收费指导价格。

（1）收费原则

1）安全评价收费属重要的中介服务收费。安全评价机构开展安全评价服务应以有关法律、行政法规和政府规章为依据，遵循公平竞争、自愿有偿的原则。凡法律、行政法规和政府规章没有规定必须进行安全评价的，安全评价机构不得强制实施安全评价并收费。生产经营者有权自主选择中介机构为其提供服务，任何部门、单位和个人都不得以任何方式指定中介机构为有关生产经营者进行安全评价并收费。

2）安全评价收费实行政府指导价，安全评价机构应根据规定收取费用。具体收费标准由安全评价机构与委托单位在本通知规定的标准幅度内协商确定。安全评价具体收费由安全评价机构与委托方的指导性收费标准协商确定。

3）承担安全评价的中介机构应当具备国家规定的资质条件，并在资质范围内开展安全评价。安全评价工作应体现优质优价原则，优质优价的具体幅度由双方在规定的收费标准的基础上协商确定。

4）由于委托方原因造成评价工作量增加或延长安全评价期限的，安全评价机构可与委托方协商加收费用。

（2）建设项目（工程）安全预评价、安全验收评价收费标准

以下评价费用中不包括评价报告审查费用，该费用评价单位应与委托方另行确定。

1）安全预评价收费标准

按投资额区间制定收费额度，对投资额处于区间内的项目，采用直线插入法计算费用。收费标准涵盖了安全预评价报告的主要工作过程所需费用。建设项目（工程）安全预评价收费标准见表7—3。

表7—3　建设项目（工程）安全预评价收费标准

总投资额（亿元）	基础报价（万元，总投资额的‰）	报价修正系数		
		风险度	复杂程度系数	进度要求
		高、中、低	简单、一般、难	正常、加快
0.05以下	2.0	1.3、1.0、0.5	0.5、1.0、1.2	1.0、1.2
0.05～0.1	2.0～3.5	1.3、1.0、0.7	0.7、1.0、1.2	1.0、1.2
0.1～0.2	3.5～5	1.3、1.0、0.8	0.8、1.0、1.2	1.0、1.2
0.2～0.5	5～7	1.3、1.0、0.8	0.8、1.0、1.2	1.0、1.2
0.5～1.0	1.5‰～1‰	1.3、1.0、0.8	0.8、1.0、1.2	1.0、1.2
1～2	1‰～0.7‰	1.3、1.0、0.8	0.8、1.0、1.2	1.0、1.2
2～5	0.7‰～0.4‰	1.3、1.0、0.8	0.8、1.0、1.2	1.0、1.1
5～10	0.4‰～0.3‰	1.3、1.0、0.8	0.8、1.0、1.2	1.0、1.1
10以上	0.3‰	1.3、1.0、0.8	0.8、1.0、1.2	1.0、1.1

2）安全验收评价收费标准

按投资额区间制定取费额度，对投资额处于区间内的项目，采用直线插入法计算费用。收费标准涵盖了安全验收评价报告的主要工作过程所需费用。鉴于项目安全验收评价的技术难度、风险程度和工作量高于预评价，验收评价收费在预评价收费标准基础上乘以（1.2～1.4）。建设项目（工程）安全验收评价收费标准见表7—4。

表7—4　建设项目（工程）安全验收评价收费标准

总投资额（亿元）	基础报价（万元，总投资额的‰）	报价修正系数		
		风险度	复杂程度系数	进度要求
		高、中、低	简单、一般、难	正常、加快
0.05以下	2.0	1.3、1.0、0.8	0.8、1.0、1.2	1.0、1.2
0.05～0.1	2.0～3.5	1.3、1.0、0.8	0.8、1.0、1.2	1.0、1.2
0.1～0.2	3.5～5.0	1.3、1.0、0.8	0.8、1.0、1.2	1.0、1.2
0.2～0.5	5.0～6.5	1.3、1.0、0.8	0.8、1.0、1.2	1.0、1.2
0.5～1.0	1.2‰～1.5‰	1.3、1.0、0.8	0.8、1.0、1.2	1.0、1.2
1～2	1.5‰～1.0‰	1.3、1.0、0.8	0.8、1.0、1.2	1.0、1.2
2～5	1.0‰～0.8‰	1.3、1.0、0.8	0.8、1.0、1.2	1.0、1.1
5～10	0.8‰～0.6‰	1.3、1.0、0.8	0.8、1.0、1.2	1.0、1.1
10以上	0.5‰	1.3、1.0、0.8	0.8、1.0、1.2	1.0、1.1

注：未作安全预评价的建设项目，在本标准基础上上浮20%取费。

3）其他说明

①根据建设项目的风险性质与规模可适当增减评价费用，但不应超过20%。

②因各行业的危险程度不同，具体操作时应按照《安全评价业务范围分类》乘以行业调

整系数。根据行业特点和各行业内部不同类别工程的复杂程序，计算评价费用时可分别乘以行业调整系数和工程复杂程度调整系数。安全评价收费行业调整系数见表 7—5。

表 7—5　　安全评价收费行业调整系数

行　　业	调整系数
石化、石油、天然气、化工、有色、黄金、地质勘探和矿山等高危行业	1.2
水利、水电、交通（水运）、化纤、冶金、建材	1.0
纺织、轻工、邮电、广播电视、医药、电力、机械、电子、建筑、市政公用工程、旅游、船舶、码头	0.8
粮食、信息产业、仓储	0.5

(3) 非煤矿山安全评价收费标准

非煤矿山安全评价收费标准包括以下几项内容：矿山采掘生产系统安全评价收费标准见表 7—6；尾矿坝、灰渣库、赤泥库等安全评价收费标准见表 7—7；矿山建设工程、采掘施工企业安全评价收费标准见表 7—8；地质勘探施工单位安全评价收费标准见表 7—9；小型采石场（矿）采掘生产系统安全评价收费标准见表 7—10。

表 7—6　　矿山采掘生产系统安全评价收费标准

生产规模	基础报价（万元）	报价修正系数		
		风险度 高、中、低	复杂程度系数 简单、一般、难	进度要求 正常、加快
100 吨/天以下	1.5	1.3、1.0、0.8	0.8、1.0、1.2	1.0、1.1
100～200 吨/天	1.5～3.0			
200～500 吨/天	3.0～5.0			
500～1 000 吨/天	5.0～7.0			
1 000～5 000 吨/天	7.0～10.0			
5 000～10 000 吨/天	10.0～15.0			
10 000～30 000 吨/天	15.0～20.0			
30 000 吨/天以上	20.0～25.0			

注：露天采矿评价取费按地下开采矿山标准 2/3 确定。

表 7—7　　尾矿库、灰渣库、赤泥库等安全评价收费标准

库容规模	基础报价（万元）	报价修正系数		
		风险度 高、中、低	复杂程度系数 简单、一般、难	进度要求 正常、加快
2 万米^3 以下	1.5	1.3、1.0、0.8	0.8、1.0、1.2	1.0、1.1
2 万～10 万米^3	2.0			
10 万～50 万米^3	2.5			
50 万～100 万米^3	2.5～3.0			
100 万～500 万米^3	3.0～4.0			

续表

库容规模	基础报价（万元）	报价修正系数		
		风险度	复杂程度系数	进度要求
		高、中、低	简单、一般、难	正常、加快
500万～1 000万米^3	4.0～5.0	1.3、1.0、0.8	0.8、1.0、1.2	1.0、1.1
1 000万～1亿米^3	5.0～8.0			
1亿米^{3}以上	8.0～10.0			

注：尾矿坝稳定性分析中工程勘察费除外。

表7—8　矿山建设工程、采掘施工企业安全评价收费标准

企业级别	基础报价（万元）	报价修正系数		
		风险度	复杂程度系数	进度要求
		高、中、低	简单、一般、难	正常、加快
三级	1.0～1.5	1.3、1.0、0.8	0.8、1.0、1.2	1.0、1.1
二级	1.5～2.0			
一级	2.0～3.0			

表7—9　地质勘探施工单位安全评价收费标准

类别	基础报价（万元）	报价修正系数		
		风险度	复杂程度系数	进度要求
		高、中、低	简单、一般、难	正常、加快
测绘、地质普查、地球物理、地球化学勘探	1.5～2.0	1.3、1.0、0.8	0.8、1.0、1.2	1.0、1.1
测绘水文地质工程地质勘察	2.0～2.5			
坑探工程、钻探	2.5～3.0			

表7—10　小型采石场（矿）采掘生产系统安全评价收费标准（含石灰石、瓷土等建材用矿）

生产规模	基础报价（万元）	报价修正系数		
		风险度	复杂程度系数	进度要求
		高、中、低	简单、一般、难	正常、加快
3万吨/年以下	0.2～0.4	1.3、1.0、0.8	0.8、1.0、1.2	1.0　1.1
3万～5万吨/年	0.4～0.6			
5万～10万吨/年	0.6～1.0			
10万吨/年	1.0～2.2			

(4) 危险化学品从业单位安全现状评价

1）加油站

按照国家标准《汽车加油加气站设计与施工规范》（GB 50156—2002），对加油站规模分为三个等级，即一级站、二级站、三级站。按表7—11标准收取安全评价费用。

表 7—11　　加油站安全评价基本收费标准

级别	油罐容积（米³）		收费标准（元/个）
	总容积	单罐容积	
Ⅰ级加油站	120～180	50 以上	4 500
Ⅱ级加油站	60～120	50 以下	2 500
Ⅲ级加油站	60 以下	30 以下	2 000

注：①根据实际增加风险系数 1.0～1.2。

②加油、加气联合站参照表 7—11 乘以 1.4 的系数确定收费标准。

2）汽车加气站、液化气体充装站

参照表 7—11 中一级加油站的安全评价费用标准执行。汽车加气和液化气体安装联合站按表 7—11 中一级加油站的安全评价费用标准 1.3 倍系数执行；液化气体按一级加油站 1.2 倍系数执行，其他气体按表 7—10 中一级加油站的安全评价费用标准 0.8（本标准不包括储存，储存按表 7—12 确定）倍系数执行。

表 7—12　　储存仓库安全评价基本收费标准

类型	规模		收费标准（万元/个）
库房或货场	9 000 米² 以上		3～4.5
	550～9 000 米²		0.6～3
	550 米² 以下		0.3～0.6
液体罐区	一级	10 万米³ 以上	4～5
	二级	3 万～10 万米³	3～4
	三级	1 万～3 万米³	2～3
	四级	1 000～1 万米³	1～2
	五级	1 000 米³ 以下	1 以下
液化气罐区	单罐≤20 米³	总容积≤50 米³	0.3 以下
	≤50 米³	50～200 米³	0.3～0.7
	≤100 米³	200～500 米³	0.7～1.5
	≤200 米³	500～1 000 米³	1.5～2.5
	≤400 米³	1 000～2 500 米³	2.5～3.0
	≤1 000 米³	2 500～5 000 米³	3～4.0
		5 000 米³ 以上	4.5

注：1. 储存企业库房、货场级别划分按《危险化学品经营企业开业条件和技术要求》（GB 18265—2000）的规范标准执行。

2. 液体罐区级别划分按《石油库设计规范》（GB 50074—2002）的规范标准执行。

3. 液化气罐区级别划分按《城镇燃气设计规范》［GB 5028—1993（2002 年版）］的规范标准执行。

4. 危险化学品综合仓库安全评价费按此标准的 0.5～5.0 倍确定。

3）气体、液体储存单位

国家按照所拥有（自有或租赁）的储存设施规模大小及是否申领甲种危险化学品经营许

可证情况，经营单位分为Ⅰ、Ⅱ、Ⅲ三种类型。Ⅰ类：拥有储存气体10 000米^{3}以上或液体1 000米^{3}以上的储存设施，库房或货场总面积大于9 000米^{2}的大型仓库。Ⅱ类：拥有储存气体1 000～10 000米^{3}或液体100～1 000米^{3}的储存设施，库房或货场总面积在550～9 000米^{2}之间的中型仓库；申领甲种危险化学品经营许可证，经营剧毒化学品、成品油和运输工具用液化气。Ⅲ类：拥有储存气体1 000米^{3}以下或液体100米^{3}以下的储存设施，库房或货场总面积小于550米^{2}的小型仓库；从事批发和零售业务但没有也不租赁储存场所。

对储存单一危险化学品仓库，根据规模按表7—12标准收取费用。

4）危险化学品零售和批发经营

危险化学品零售和批发经营按表7—13、表7—14收费。

表7—13　　危险化学品零售单位安全评价费用标准

经营范围	基础报价（万元）＋产值（‰）	报价修正系数		
		风险度	复杂程度系数	进度要求
		高、中、低	简单、一般、难	正常、加快
剧毒化学品	0.5＋5‰	1.3、1.0、0.8	0.8、1.0、1.2	1.0、1.2
其他化学品	0.3＋2‰	1.3、1.0、0.8	0.8、1.0、1.2	1.0、1.2

表7—14　　危险化学品批发经营单位安全评价费用标准

经营范围	基础报价（万元）＋产值（‰）	报价修正系数		
		风险度	复杂程度系数	进度要求
		高、中、低	简单、一般、难	正常、加快
剧毒化学品	0.5＋2.0‰	1.3、1.0、0.8	0.8、1.0、1.2	1.0、1.2
其他化学品	0.3＋1.5‰	1.3、1.0、0.8	0.8、1.0、1.2	1.0、1.2

5）危险化学品生产单位安全现状综合评价

危险化学品生产企业安全评价基本收费标准按表7—15收费。

表7—15　　危险化学品生产企业安全评价基本收费标准

资产规模或年产值	基础报价（万元，总投资额的‰）	报价修正系数		
		风险度	复杂程度系数	进度要求
		高、中、低	简单、一般、难	正常、加快
100万元以下	0.8	1.3、1.0、0.8	0.8、1.0、1.2	1.0、1.1
100万～500万元	0.8～1.5	1.3、1.0、0.8	0.8、1.0、1.2	1.0、1.1
500万～2 000万元	1.5～3.0	1.3、1.0、0.8	0.8、1.0、1.2	1.0、1.1
2 000万～1亿元	3.0～5.0	1.3、1.0、0.8	0.8、1.0、1.2	1.0、1.1
1亿～5亿元	5.0～10.0	1.3、1.0、0.8	0.8、1.0、1.2	1.0、1.1
5亿～10亿元	0.05‰	1.3、1.0、0.8	0.8、1.0、1.2	1.0、1.1
10亿以上	0.1‰	1.3、1.0、0.8	0.8、1.0、1.2	1.0、1.1

6）危险化学品运输

危险化学品运输安全评价按表7—16、表7—17收费。

表7—16　　危险化学品运输铁路专用线安全评价收费标准

危险化学品特性	基础报价	报价修正系数		
		风险度	复杂程度系数	进度要求
		高、中、低	简单、一般、难	正常、加快
一般危险品	每条线或站点5 000元	1.3、1.0、0.8	0.8、1.0、1.2	1.0、1.2
易燃易爆品	每条线或站点8 000元	1.3、1.0、0.8	0.8、1.0、1.2	
剧毒物品	每条线或站点8 000元	1.3、1.0、0.8	0.8、1.0、1.2	

注：带有易燃易爆及剧毒危险特性的，按标准1.4倍系数确定。

表7—17　　危险化学品交通运输专项安全评价收费标准

基础报价		报价修正系数		
		风险度	复杂程度系数	进度要求
		高、中、低	简单、一般、难	正常、加快
汽车运输	200元/车吨	1.3、1.0、0.8	0.8、1.0、1.2	1.0、1.1
航运	100元/船吨	1.3、1.0、0.8	0.8、1.0、1.2	1.0、1.1
航空运输	8万元	1.3、1.0、0.8	0.8、1.0、1.2	1.0、1.1

（5）烟花爆竹专项安全评价

烟花爆竹专项安全评价按表7—18收费。

表7—18　　烟花爆竹专项安全评价收费标准

类别	资产规模或生产年产值	基础报价（万元）+产值（‰）	报价修正系数		
			风险度	复杂程度系数	进度要求
			高、中、低	简单、一般、难	正常、加快
生产单位	爆竹生产	0.5+3‰	1.3、1.0、0.8	0.8、1.0、1.2	1.0、1.1
	烟花生产	1.5+4‰	1.3、1.0、0.8	0.8、1.0、1.2	1.0、1.1
	礼花弹	3.0+5‰	1.3、1.0、0.8	0.8、1.0、1.2	1.0、1.1
	火药	1.0+5‰	1.3、1.0、0.8	0.8、1.0、1.2	1.0、1.1
	引线	0.3+1‰	1.3、1.0、0.8	0.8、1.0、1.2	1.0、1.1
销售批发	100万元以下	0.6	1.3、1.0、0.8	0.8、1.0、1.2	1.0、1.1
	100万～500万元	0.8	1.3、1.0、0.8	0.8、1.0、1.2	1.0、1.1
	500万元以上	3.5‰	1.3、1.0、0.8	0.8、1.0、1.2	1.0、1.1

（6）重大危险源安全评价收费标准

重大危险源是指长期或临时生产、加工、搬运、使用或储存危险物质，且危险物质的数量等于或超过临界单元，《重大危险源辨识》（GB 18218—2002）的规范标准执行。重大危险源安全评价收费标准不分等级类型，每个重大危险源收取5 000元安全评价费用。

7.2.7 安全评价委托合同管理

(1)《中华人民共和国合同法》中的相关规定

《中华人民共和国合同法》(以下简称《合同法》) 对技术咨询合同和技术服务合同作出如下规定：

1) 技术咨询合同包括就特定技术项目提供可行性论证、技术预测、专题技术调查、分析评价报告等合同。技术服务合同是指当事人一方以技术知识为另一方解决特定技术问题所订立的合同，不包括建设工程合同和承揽合同。

2) 技术咨询合同的委托人应当按照约定阐明咨询的问题，提供技术背景材料及有关技术资料、数据；接受受托人的工作成果，支付报酬。

3) 技术咨询合同的受托人应当按照约定的期限完成咨询报告或者解答问题；提出的咨询报告应当达到约定的要求。

4) 技术咨询合同的委托人未按照约定提供必要的资料和数据，影响工作进度和质量，不接受或者逾期接受工作成果的，支付的报酬不得追回，未支付的报酬应当支付。技术咨询合同的受托人未按期提出咨询报告或者提出的咨询报告不符合约定的，应当承担减收或者免收报酬等违约责任。技术咨询合同的委托人按照受托人符合约定要求的咨询报告和意见作出决策所造成的损失，由委托人承担，但当事人另有约定的除外。

5) 技术服务合同的委托人应当按照约定提供工作条件，并支付报酬。

6) 技术服务合同的受托人应当按照约定完成服务项目，并传授解决技术问题的知识，完成配合事项，接受解决技术问题，保证工作质量。

7) 技术服务合同的委托人不履行合同义务或者履行合同义务不符合约定，影响工作进度和质量，不接受或者逾期接受工作成果的，支付的报酬不得追回，未支付的报酬应当支付。技术服务合同的受托人未按照合同约定完成服务工作的，应当承担免收报酬等违约责任。

8) 在技术咨询合同、技术服务合同履行过程中，受托人利用委托人提供的技术资料和工作条件完成的新的技术成果，属于受托人。委托人利用受托人的工作成果完成的新的技术成果，属于委托人。当事人另有约定的，按照其约定。

9) 法律、行政法规对技术中介合同、技术培训合同另有规定的，依照其规定。

安全评价合同属于技术咨询合同和技术服务合同的范畴，应遵守《合同法》的相关规定。

(2) 安全评价技术服务合同的内容及编制

安全评价中介机构应按照《合同法》的要求，与被评价单位（企业）签订安全评价技术服务合同，并报送所辖安监部门备案。

安全评价技术服务合同的内容因安全评价的种类而异，主要包括以下条文：标的内容、范围和要求；履行的计划、进度和方式；技术情报和资料的保密；甲方（委托方）承担的工作；乙方（受托方）承担的工作；验收标准和方法；违约金或者损失赔偿；争议的解决方法和注意事项；评价费及支付方式；其他事项及支付情况；附表等。

安全评价技术服务合同以受托方（乙方：安全评价中介机构）为主，并应该征求委托方（甲方：被评价单位）的意见，达成共识。

7.3 安全评价人员管理

7.3.1 安全评价师职业资格制度

从20世纪80年代开始，我国在安全生产监管工作中逐步建立了安全评价制度。安全评价作为现代安全管理模式，体现了安全生产以人为本、安全第一、预防为主、综合治理的方针理念，是实现安全生产监管、监察工作“关口前移”的有效手段。目前，我国的安全评价工作已经进入了初步成熟的阶段，形成了覆盖生产经营活动各阶段，包括安全预评价、安全验收评价和安全现状评价在内的安全评价体系。安全评价涉及公共安全、人身健康和生命财产安全，是一项十分重要的工作，也是一项专业性、技术性非常强的工作。

在进行安全评价的过程中，需要应用安全系统工程的原理和方法对工程、系统中存在的安全风险、危险因素等进行识别、分析、评价，对各种因素导致事故发生和造成危害的可能性与严重程度进行科学评估，并提出对策、措施、建议，以降低或消除存在的安全隐患，保证工程、系统的安全。做好安全评价工作，一方面需要相关单位的领导对安全工作高度重视，为顺利开展安全评价提供必要的条件；另一方面，具体从事安全评价的工作人员必须具备相应的专业理论知识和技术能力以及一定的工作经验和良好的职业道德。

2004年10月，国家安全生产监督管理局与国家煤矿安全监察局公布了《安全评价机构管理规定》（自2005年1月1日起施行），对从事法定安全评价活动的安全评价机构和人员的资质要求作了明确的规定。

截至2007年9月，全国从事安全评价工作的人员已达5万人，形成了一支较为稳定的技术服务队伍。这些从业人员分布于我国32个省、自治区、直辖市，基本覆盖了国民经济各领域，他们为安全生产提供了强有力的技术支持服务。

安全评价师新职业是随着我国安全评价工作的深入开展、从业人员不断扩大、社会各界广泛认可逐步形成的，既顺应了安全评价技术服务工作进一步规范发展的需要，又符合国家法律法规要求和鼓励发展的产业政策。2007年11月，劳动和社会保障部又组织有关专家制定了安全评价师的国家职业标准，对安全评价职业的活动范围、工作内容、能力要求和知识水平都作了明确规定。安全评价工作的正式职业化，对于提高安全评价人员的能力和素质，规范安全评价工作，提高安全评价质量，切实保障公共安全、人身健康和生命财产安全，必将产生积极的推动作用。

将安全评价师职业化是安全评价行业的一个重要里程碑，由此，安全评价师们拥有了一个“合法”的身份和更加规范的行业环境。安全评价师这一新职业的设立，将为促进安全评价从业人员业务水平的提高，保障安全评价规范发展，确保《安全生产法》《劳动法》《就业促进法》等法律法规的贯彻执行，从源头上建立安全生产长效机制，有效地预防事故的发生，减少财产损失和人员伤亡，促进企业安全生产水平的提高发挥重要作用。

7.3.2 安全评价师职业释义

(1) 职业名称

安全评价师。

(2) 职业定义

安全评价师就是采用安全系统工程的原理和方法，对拟建或已有工程、系统可能存在的危险性及可能产生的后果进行综合评价和预测，并根据可能导致的事故风险的大小，提出相应的安全对策措施，以达到工程、系统安全为目的的人员。

(3) 职业等级

本职业共设三个等级，分别为：三级安全评价师（国家职业资格三级）、二级安全评价师（国家职业资格二级）、一级安全评价师（国家职业资格一级）。

(4) 职业环境

室内、外，常温，有时会在危险、有害环境中工作。

(5) 职业能力特征

具有较强的文字表达、语言沟通、获取信息、综合分析与处理、组织协调、洞察风险和思维判断的能力；具备团队合作精神；身体健康。

(6) 主要工作内容

1）对现场进行实地勘察，收集有关资料。

2）对存在的危险有害因素进行辨识和分析。

3）进行定性、定量评价。

4）依据安全生产法规及评价结果，提出降低风险的安全对策措施。

5）对评价结果进行跟踪服务。

7.3.3 报名参加安全评价师职业资格考试条件

(1) 三级安全评价师（具备以下条件之一者）

1）取得安全工程类专业大学专科学历证书，从事安全生产相关工作5年以上。

2）取得其他专业大学专科学历证书，从事安全生产相关工作5年以上，经三级安全评价师培训达规定标准学时数，并取得结业证书。

3）取得安全工程类专业大学本科学历证书，从事安全生产相关工作3年以上。

4）取得其他专业大学本科学历证书，从事安全生产相关工作3年以上，经三级安全评价师正规培训达规定标准学时数，并取得结业证书。

(2) 二级安全评价师（具备以下条件之一者）

1）连续从事安全生产相关工作13年以上。

2）取得三级安全评价师职业资格证书后，连续从事本职业工作5年以上。

3）取得三级安全评价师职业资格证书后，连续从事本职业工作4年以上，经二级安全评价师正规培训达规定标准学时数，并取得结业证书。

4）取得安全工程类专业大学本科学历证书后，连续从事本职业工作5年以上，或取得其他专业大学本科学历证书后，连续从事本职业工作7年以上，经二级安全评价师正规培训达规定标准学时数，并取得结业证书。

5）取得硕士研究生及以上学历证书后，连续从事本职业工作 2 年以上，经二级安全评价师正规培训达规定标准学时数，并取得结业证书。

(3) 一级安全评价师（具备以下条件之一者）

1）连续从事安全生产相关工作 19 年以上。

2）取得二级安全评价师职业资格证书后，连续从事本职业工作 4 年以上。

3）取得二级安全评价师职业资格证书后，连续从事本职业工作 3 年以上，经一级安全评价师正规培训达规定标准学时数，并取得结业证书。

4）取得硕士研究生及以上学历证书，从事安全生产相关工作 10 年以上，经一级安全评价师正规培训达规定标准学时数，并取得结业证书。

鉴定方式分为理论知识考试和专业能力考核。理论知识考试采用闭卷笔试方式，专业能力考核采用笔试或综合模拟考试方式。理论知识考试和专业能力考核均实行百分制，成绩皆达 60 分及以上者为合格。二级安全评价师和一级安全评价师还须进行综合评审。

7.3.4 安全评价师资格申请

经过认真复习，科学备考，顺利通过了考试，这只是通过了获取安全评价师资格的第一关，根据《安全评价人员资格登记管理规则》规定，必须通过申请登记，获得国家安全评价人员资格证书，方取得安全评价人员即安全评价师资格。

(1) 安全评价人员条件

1）理工科大专以上（含大专）学历、中级以上技术职称。

2）从事与安全生产相关工作 4 年以上。

3）熟悉国家和地方颁布的有关安全生产的法律、法规，国家或行业标准和安全评价技术规范。

4）具有综合分析及评估能力，能够独立解决安全评价中的实际问题。

5）能够完成安全评价中主要职业危险、有害因素的调查分析和主要职业危险、有害程度的预测，对技术报告有分析审核能力，能独立编写安全评价报告。

(2) 申请程序

具备上述条件的人员，可以通过所在单位或个人到国家安全生产监督管理总局认证办公室报名（认证办公室设在国家安全科学技术研究中心），国家安全生产监督管理总局统一组织培训、考试，考试合格的人员，予以注册，颁发安全评价人员资格证书，并由国家安全生产监督管理总局统一公告。

1）资格登记

安全评价人员资格考试成绩合格者，应在收到考试合格通知书 6 个月内，向发证机关申请资格登记。

2）资格登记材料

安全评价人员申请资格登记，应当提交下列材料：

①安全评价人员资格登记申请表。

②安全评价人员资格考试成绩合格通知书。

③具有有效的劳动关系证明材料。

④学历证书复印件。

⑤身份证复印件（正反两面）。

⑥其他。

3）资格登记程序

①申请人填写安全评价人员资格登记申请书。

②将资格登记材料报所在地省级安全生产监督管理部门或煤矿安全监察机构，省级安全生产监督管理部门、煤矿安全监察机构自收到申请材料之日起 10 个工作日内提出意见，并报发证机关。

③发证机关自收到申请材料之日起 20 个工作日内完成审核工作。对审核合格的，予以登记并颁发安全评价人员资格证书；不合格的，不予登记并书面说明理由。

4）申请人有下列情形之一的不予登记：

①年满 65 周岁的。

②身体健康状况不适宜从事安全评价工作的。

③不具备完全民事行为能力的。

④有弄虚作假行为的。

5）资格登记有效期

目前，安全评价人员资格登记有效期为 3 年，自准予登记之日起计算；有效期满需要继续执业者，应当在有效期满前 3 个月内向发证机关提出续期登记申请。安全评价人员年度考核业绩记录将作为其续期登记的基本依据。

6）申请续期登记，应当提交下列材料：

①续期登记申请表。

②安全评价机构的意见。

③劳动关系证明材料。

④登记期间的业绩证明材料。

⑤继续教育和业务培训情况。

⑥发证机关规定的其他材料。

7）申请续期登记程序

①申请人向其所从业的安全评价机构提出申请。

②安全评价机构将申请材料报省级安全生产监督管理部门、煤矿安全监察机构。

③省级安全生产监督管理部门、煤矿安全监察机构自收到申请材料之日起 10 个工作日内提出续期登记意见，并报发证机关。

④发证机关自收到申请材料之日起 20 个工作日内，完成审核工作。对审核合格的，办理续期登记手续；不合格的不予办理续期登记，并书面说明理由。

8）安全评价人员有下列情形之一的，不予办理续期登记：

①年满 65 周岁的。

②与其从业的安全评价机构无劳动关系的。

③业绩考核不合格的。

④未参加继续教育或继续教育不合格的。

⑤有弄虚作假行为的。

⑥同时在两个以上（含两个）单位执业的。

9）安全评价人员变更从业机构，应当在变更后 1 个月内办理变更资格登记手续。

安全评价人员申请变更登记需提供与原登记从业机构解除劳动关系的证明，且在 1 年内只能办理 1 次变更登记。

10）申请变更登记程序

①申请人向安全评价机构提出申请。

②安全评价机构填写安全评价人员变更登记申请表报省级安全生产监督管理部门、煤矿安全监察机构。

③省级安全生产监督管理部门、煤矿安全监察机构自收到申请材料之日起 10 个工作日内提出意见，并报发证机关。

④发证机关自收到申请材料之日起 20 个工作日内完成审核工作。对审核合格的，办理变更登记手续；不合格的不予办理变更登记，并书面说明理由。

安全评价人员资格登记、证书颁发工作流程如图 7—3 所示。

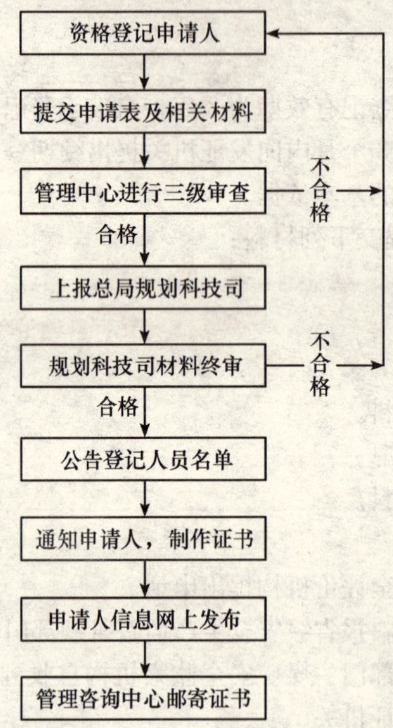

图 7—3　安全评价人员资格登记、证书颁发工作流程图

7.4 安全评价机构和被评价单位的法律责任

7.4.1 安全评价机构的责任

(1)《安全生产法》中的规定

《安全生产法》第12条和第62条对为安全生产提供技术服务的中介机构作了明确规定。承担安全评价的机构应当具备国家规定的资质条件，并对其作出的安全评价结果负责。

1）中介组织机构应具备的条件

承担安全评价的机构应当具备国家规定的资质条件，具体包括：具有工商行政管理部门注册的独立法人资格；具有专门从事安全评价的部门、固定工作场所和工作条件，健全的内部管理规章制度；主管安全评价的技术负责人应具有5年以上从事安全生产工作的经历，并已取得了安全评价人员注册资格；具有10名以上注册安全评价人员，其中至少有3名具有高级技术职称、从事5年以上安全生产工作经历的安全评价人员；聘有与申报业务相关业务范围相适应的注册安全评价人员及技术专家；能够独立完成安全评价中主要职业危险、有害因素的调查分析和主要职业危险、危害程度的预测，对技术文件有分析审核能力并能独立编写安全评价报告；申请安全验收评价、安全现状综合评价和专项安全评价资质的机构应具有能够独立完成对现场进行检测、分析的仪器设备。

2）从事安全评价、认证、检测、检验工作的法律责任

《安全生产法》规定，从事安全评价工作的中介组织机构，接受有关生产经营单位或者负有安全生产监督管理职责的部门的委托，进行相应的安全评价等技术服务工作，并对其做出的安全评价的结果负责。如果违反法律法规规定，就要对其违法行为承担相应的法律责任，包括罚款、撤销资格；构成犯罪的，要追究相应的刑事责任。

3）中介组织机构及直接负责的主管人员和其他直接责任人员的法律责任

承担安全评价工作的机构出具虚假证明，构成犯罪的，依照刑法有关规定追究刑事责任；尚不够刑事处罚的，没收违法所得，违法所得在5 000元以上的，并处违法所得2倍以上5倍以下的罚款，.没有违法所得或者违法所得不足5 000元的，单处或者并处5 000元以上2万元以下的罚款，对其直接负责的主管人员和其他直接责任人员处5 000元以上5万元以下的罚款；给他人造成损害的，与生产经营单位承担连带赔偿责任。对有上述违法行为的机构，撤销其相应资格。

(2)《安全评价机构管理规定》和《安全评价通则》中的规定

1）安全评价机构和安全评价人员在开展安全评价工作时，应接受国家安全生产监督管理总局、国家煤矿安全监察局的监督及省、市各级安全生产监督管理部门的监督与业务指导，必须遵守《安全生产法》等相关的法律法规、有关政策，自觉维护国家的利益、社会公共利益及安全评价行业的声誉。

安全评价机构须重视自身的信誉和品牌建设，以质量和信誉参与市场竞争，反对无序和恶性竞争，不得搞业务垄断，教育和督促本机构安全评价人员遵守诚信服务原则，制止各种违规行为。按照公开、公正、诚信、优质的原则开展安全评价业务，认真履行合同，依法独

立自主开展评价，竭诚为客户提供良好的服务和高质量的评价成果。安全评价机构之间，需相互尊重，团结协作；不得阻挠委托人委托其他评价机构参与评价活动；不得以任何方式损害其他单位的利益和声誉。安全评价机构及其安全评价人员在从事安全评价活动时，应当严守职业道德，遵循诚实守信的原则，不得泄露被评价单位的技术和商业秘密。安全评价人员应当公正、公道、正派，熟悉安全生产法律法规、方针政策和有关标准，具有相应的安全评价技能，并不断更新知识，自觉参加专业培训，提高业务水平。

2）安全评价机构应当依照法律法规、方针政策和有关标准，遵守执业准则，依法独立开展安全评价工作，如实记述所评价的安全事项，并对其安全评价结果承担法律责任。

安全评价机构在承接业务、评价工作和评价报告形成过程中，应当严格按照安全评价的技术规范来操作，不受任何机构和个人的干预与影响。安全评价人员在资料收集、现场勘察、分析判断和表达结论时，应实事求是，客观、真诚、友善地对待评价业务中有关各方，不得以主观好恶或个人偏见行事，不允许因偏见影响评价结果的客观性。安全评价机构和安全评价人员，应当严格按照国家和省相关安全评价导则实施评价报告的编写。安全评价机构从事安全评价工作的收费，应当符合法律法规和有关政策的规定。法律法规和有关政策没有规定的，应当按照行业指导收费意见收取。评价当事人对评价结果有争议时，评价机构及项目负责人有责任对评价结果进行复核和解释。当事人仍不满意，可申请协会组织的专家鉴定委员会进行鉴定，评价机构应积极配合，并尊重鉴定结果。

3）安全评价机构及其安全评价人员在执业过程中禁止下列行为：

①以个人名义接受委托或转包业务收取费用。

②以不正当手段损害同行的信誉，干预委托单位对评价机构的选择。

③采取回扣、提成、削价竞争的方式招揽业务。

④安全评价人员同时在两家或两家以上安全评价机构执业。

⑤为他人的评价结果签字盖章。

⑥对管理部门要求填报的情况，随意应付，弄虚作假。

⑦以任何方式从委托单位接受或向委托单位索取贿赂和其他好处。

⑧法律法规禁止的其他行为。

按照《安全评价通则》的规定，安全评价机构的职责是遵纪守法、自觉维护市场秩序，公平竞争；科学、客观、公正、独立地开展安全评价；真实、准确地做出评价结论；接受安全生产监督管理部门和煤矿安全监察机构的监督检查；在法律法规规定的期限内对所提供的安全评价报告承担法律责任。安全评价人员的职责是遵纪守法、遵守职业道德，诚实守信；客观、公正地完成安全评价；保守被评价单位的技术和商业秘密；自觉参加安全评价人员继续教育；接受安全生产监督管理部门和煤矿安全监察机构的监督检查。

7.4.2 被评价单位的责任

按照《安全生产法》第17条的规定，生产经营单位（被评价单位）的主要负责人对本单位的安全生产工作负有下列职责：

(1）建立健全本单位安全生产责任制。

(2) 组织制定本单位安全生产规章制度和操作规程。

(3) 保证本单位安全生产投入的有效实施。

(4) 督促、检查本单位的安全生产工作，及时消除生产安全事故隐患。

(5) 组织制定并实施本单位的生产安全事故应急救援预案。

(6) 及时、如实报告生产安全事故。

按照《安全生产法》第 18 条的规定，生产经营单位应当具备的安全生产条件所必需的资金投入，由生产经营单位的决策机构、主要负责人或者个人经营的投资人予以保证，并对由于安全生产所必需的资金投入不足导致的后果承担责任。

按照《安全生产法》第 19 条的规定，矿山、建筑施工单位和危险物品的生产、经营、储存单位，应当设置安全生产管理机构或者配备专职安全生产管理人员。前款规定以外的其他生产经营单位，从业人员超过 300 人的，应当设置安全生产管理机构或者配备专职安全生产管理人员；从业人员在 300 人以下的，应当配备专职或者兼职的安全生产管理人员，或者委托具有国家规定的相关专业技术资格的工程技术人员提供安全生产管理服务。生产经营单位依照前款规定委托工程技术人员提供安全生产管理服务的，保证安全生产的责任仍由本单位负责。

按照《安全生产法》第 20 条的规定，生产经营单位的主要负责人和安全生产管理人员必须具备与本单位所从事的生产经营活动相应的安全生产知识和管理能力。危险物品的生产、经营、储存单位以及矿山、建筑施工单位的主要负责人和安全生产管理人员，应当由有关主管部门对其安全生产知识和管理能力考核合格后方可任职。考核不得收费。

按照《安全生产法》第 21 条的规定，生产经营单位应当对从业人员进行安全生产教育和培训，保证从业人员具备必要的安全生产知识，熟悉有关的安全生产规章制度和安全操作规程，掌握本岗位的安全操作技能。未经安全生产教育和培训合格的从业人员，不得上岗作业。

按照《安全生产法》第 22 条的规定，生产经营单位采用新工艺、新技术、新材料或者使用新设备，必须了解、掌握其安全技术特性，采取有效的安全防护措施，并对从业人员进行专门的安全生产教育和培训。

按照《安全生产法》第 24 条的规定，生产经营单位新建、改建、扩建工程项目（以下统称建设项目）的安全设施，必须与主体工程同时设计、同时施工、同时投入生产和使用。安全设施投资应当纳入建设项目概算。

按照《安全生产法》第 25 条的规定，矿山建设项目和用于生产、储存危险物品的建设项目，应当分别按照国家有关规定进行安全条件论证和安全评价。

按照《安全生产法》第 30 条的规定，生产经营单位使用的涉及生命安全、危险性较大的特种设备，以及危险物品的容器、运输工具，必须按照国家有关规定，由专业生产单位生产，并经取得专业资质的检测、检验机构检测、检验合格，取得安全使用证或者安全标志，方可投入使用。检测、检验机构对检测、检验结果负责。涉及生命安全、危险性较大的特种设备的目录由国务院负责特种设备安全监督管理的部门制定，报国务院批准后执行。

按照《安全生产法》第 57 条的规定，生产经营单位对负有安全生产监督管理职责的部门的监督检查人员依法履行监督检查职责，应当予以配合，不得拒绝、阻挠。

按照《安全评价通则》的规定，生产经营单位的职责是自主选择具备相应资质的安全评价机构；为安全评价机构创造必备的工作条件，如实提供本单位的技术资料等；及时落实整改措施；对自行改变现状而导致的事故或造成的职业危害承担法律责任。

附录 1　安全评价机构管理规定

第一章　总　　则

第一条　为加强安全评价机构的管理，规范安全评价行为，建立公正、公平、竞争、有序的安全评价技术服务体系，根据《安全生产法》《行政许可法》和有关规定，制定本规定。

第二条　在中华人民共和国境内申请安全评价资质、从事法定安全评价活动以及安全生产监督管理部门、煤矿安全监察机构实施安全评价机构资质监督管理，适用本规定。

第三条　国家对安全评价机构实行资质许可制度。安全评价机构应当取得相应的安全评价资质证书（以下简称资质证书），并在资质证书确定的业务范围内从事安全评价活动。

未取得资质证书的安全评价机构，不得从事法定安全评价活动。

本规定所称的安全评价机构，是指依法从事安全评价活动的社会中介组织。

第四条　安全评价机构的资质分为甲级、乙级两种，根据其专业人员构成、技术条件确定各自的业务范围。

甲级资质由省、自治区、直辖市安全生产监督管理部门（以下简称省级安全生产监督管理部门）、省级煤矿安全监察机构审核，国家安全生产监督管理总局审批、颁发证书；乙级资质由设区的市级安全生产监督管理部门、煤矿安全监察分局审核，省级安全生产监督管理部门、省级煤矿安全监察机构审批、颁发证书。

省级安全生产监督管理部门、设区的市级安全生产监督管理部门负责除煤矿以外的安全评价机构资质的审批、审核工作，省级煤矿安全监察机构、煤矿安全监察分局负责煤矿的安全评价机构资质的审批、审核工作。

未设立煤矿安全监察机构的省、自治区、直辖市，由省级安全生产监督管理部门、设区的市级安全生产监督管理部门负责煤矿的安全评价机构资质的审批、审核工作。

第五条　根据社会经济发展水平、区域经济结构和安全评价工作的需要，国家对安全评价机构的设置实行统筹规划、合理布局和总量控制。

第六条　取得甲级资质的安全评价机构，可以根据确定的业务范围在全国范围内从事安全评价活动；取得乙级资质的安全评价机构，可以根据确定的业务范围在其所在的省、自治区、直辖市内从事安全评价活动。

下列建设项目或者企业的安全评价，必须由取得甲级资质的安全评价机构承担：

（一）国务院及其投资主管部门审批（核准、备案）的建设项目。

（二）跨省、自治区、直辖市的建设项目。

（三）生产剧毒化学品的建设项目。

（四）生产剧毒化学品的企业和其他大型生产企业。

法律、法规和国务院或其有关部门对安全评价有特殊规定的，依照其规定。

第七条　国家安全生产监督管理总局、省级安全生产监督管理部门、省级煤矿安全监察机构定期向社会公布取得甲级、乙级资质的安全评价机构的名称、业务范围、从业人员、技术装备等相关信息，并接受社会监督。

第二章　取得资质的条件和程序

第八条　安全评价机构申请甲级资质，应当具备下列条件：

（一）具有法人资格，注册资金500万元以上，固定资产400万元以上。

（二）有与其开展工作相适应的固定工作场所和设施、设备，具有必要的技术支撑条件。

（三）取得安全评价机构乙级资质3年以上，且没有违法行为记录。

（四）有健全的内部管理制度和安全评价过程控制体系。

（五）有25名以上专职安全评价师，其中一级安全评价师20%以上、二级安全评价师30%以上。按照不少于专职安全评价师30%的比例配备注册安全工程师。安全评价师、注册安全工程师有与其申报业务相适应的专业能力。

（六）法定代表人通过一级资质培训机构组织的相关安全生产和安全评价知识培训，并考试合格。

（七）设有专职技术负责人和过程控制负责人。专职技术负责人有二级以上安全评价师和注册安全工程师资格，并具有与所申报业务相适应的高级专业技术职称。

（八）法律、行政法规、规章规定的其他条件。

第九条　安全评价机构申请乙级资质，应当具备下列条件：

（一）具有法人资格，注册资金300万元以上，固定资产200万元以上。

（二）有与其开展工作相适应的固定工作场所和设施设备，具有必要的技术支撑条件。

（三）有健全的内部管理制度和安全评价过程控制体系。

（四）有16名以上专职安全评价师，其中一级安全评价师20%以上、二级安全评价师30%以上。按照不少于专职安全评价师30%的比例配备注册安全工程师。安全评价师、注册安全工程师有与其申报业务相适应的专业能力。

（五）法定代表人通过二级资质以上培训机构组织的相关安全生产和安全评价知识培训，并考试合格。

（六）设有专职技术负责人和过程控制负责人。专职技术负责人有二级以上安全评价师和注册安全工程师资格，并具有与所申报业务相适应的高级专业技术职称。

（七）法律、行政法规、规章规定的其他条件。

第十条　申请甲级、乙级资质的机构，应当按照本规定第四条的规定，于每年6月向国家安全生产监督管理总局、省级安全生产监督管理部门、省级煤矿安全监察机构（以下简称资质审批机关）提出申请。

第十一条　申请甲级资质，按照下列程序办理：

（一）申请人将安全评价机构资质申请表和本规定第八条规定的证明材料，报所在地省级安全生产监督管理部门、省级煤矿安全监察机构审核。

（二）省级安全生产监督管理部门、省级煤矿安全监察机构应当在5日内对申请人提供的证明材料进行预审以决定是否受理。予以受理的，自受理申请之日起20日内完成审核工作，并将审核报告和证明材料报国家安全生产监督管理总局。不予受理的，向申请人书面说明理由。

（三）国家安全生产监督管理总局接到审核报告和证明材料后，应当按照本规定的要求进行审批，并在20日内完成审批工作。经审批合格的，颁发资质证书；不合格的，不予颁发资质证书，并书面说明理由。

第十二条　申请乙级资质，按照下列程序办理：

（一）申请人将安全评价机构资质申请表和本规定第九条规定的证明材料，报所在地设区的市级安全生产监督管理部门、煤矿安全监察分局审核。

（二）设区的市级安全生产监督管理部门、煤矿安全监察分局应当在5日内对申请人提供的证明材料进行预审并决定是否受理。予以受理的，自受理申请之日起20日内完成审核工作，并将审核报告和证明材料报省级安全生产监督管理部门、省级煤矿安全监察机构；不予受理的，向申请人书面说明理由。

（三）省级安全生产监督管理部门、省级煤矿安全监察机构接到审核报告和证明材料后，应当按照本规定的要求进行审批，并在 20 日内完成审批工作。经审批合格的，颁发资质证书，并填写乙级资质安全评价机构审批备案表，自颁发资质证书之日起 30 日内报国家安全生产监督管理总局备案；不合格的，不予颁发资质证书，并书面说明理由。

第十三条　安全生产监督管理部门、煤矿安全监察机构进行资质审核、审批时，可以采用形式审查、现场审查、综合审查相结合的方式。

形式审查，是指对申请人提供的文件、材料是否符合规定要求所进行的审查。

现场审查，是指对申请人提供的文件、材料的实质内容进行的现场核查。

综合审查，是指对申请人提供的文件、材料及其真实性的综合评定。

安全生产监督管理部门、煤矿安全监察机构需要对申请材料的实质内容进行核实的，应当指派两名以上工作人员进行现场审查。现场审查所需时间不计入资质审核、审批期限。

第十四条　安全评价机构取得资质 1 年以上，需要增加业务范围的，应当按照本规定第四条的规定于每年 9 月向资质审批机关提出申请。

申请增加业务范围的程序按照本规定第十一条、第十二条、第十三条的规定办理。

第十五条　安全评价机构的资质证书遗失的，应当及时在有关电视、报刊等媒体上予以声明，并向原资质审批机关申请补发。

第十六条　甲级、乙级资质证书的有效期均为 3 年。资质证书有效期满需要延期的，安全评价机构应当于期满前 3 个月向原资质审批机关提出申请，经复审合格后予以办理延期手续；不合格的，不予办理延期手续。

第十七条　安全评价机构有下列情形之一的，应当在发生变化之日起 30 日内向原资质审批机关申请办理资质证书变更手续：

（一）机构分立或者合并的。

（二）机构名称或者地址发生变化的。

（三）法定代表人、技术负责人发生变化的。

第十八条　安全评价机构有下列情形之一的，资质审批机关应当注销其资质：

（一）资质证书有效期届满未申请延期或者申请延期但不予批准的。

（二）被依法终止的。

（三）自行申请注销的。

第十九条　安全评价机构甲级、乙级资质证书由国家安全生产监督管理总局统一印制。

第三章　安全评价活动

第二十条　安全评价机构应当依照法律、法规、规章、国家标准或者行业标准的规定，遵循客观公正、诚实守信、公平竞争的原则，遵守执业准则，恪守职业道德，依法独立开展安全评价活动，客观、如实地反映所评价的安全事项，并对作出的安全评价结果承担法律责任。

被评价对象的安全生产条件发生重大变化的，被评价对象应当及时委托有资质的安全评价机构重新进行安全评价；未委托重新进行安全评价的，由被评价对象对其产生的后果负责。

第二十一条　安全评价机构开展安全评价业务活动时，应当依法与委托方签订安全评价技术服务合同，明确评价对象、评价范围以及双方的权利、义务和责任。

安全评价机构与被评价对象有利害关系的，应当回避。

建设项目的安全预评价和安全验收评价不得委托同一个安全评价机构。

第二十二条　安全评价机构从事安全评价活动的收费，必须符合法律、法规和有关财政收费的规定。

法律、法规和有关财政收费没有规定的，应当按照行业自律标准或者指导性标准收费；没有行业自律和指导性收费标准的，双方可以通过合同协商确定。

省级安全生产监督管理部门、省级煤矿安全监察机构可以根据本行政区域经济发展水平、产业结构以及周边区域收费情况，出台本行政区域的收费指导意见，报国家安全生产监督管理总局备案。

第二十三条 安全评价机构及其从业人员在从事安全评价活动中，不得有下列行为：

（一）泄露被评价对象的技术秘密和商业秘密。

（二）伪造、转让或者租借资质、资格证书。

（三）超出资质证书业务范围从事安全评价活动。

（四）出具虚假或者严重失实的安全评价报告。

（五）转包安全评价项目。

（六）擅自更改、简化评价程序和相关内容。

（七）同时在两个以上安全评价机构从业。

（八）故意贬低、诋毁其他安全评价机构。

（九）从业人员不到现场开展安全评价活动。

（十）法律、法规和规章规定的其他违法、违规行为。

第二十四条 安全评价机构应当建立健全内部管理制度和安全评价过程控制体系。安全评价过程控制记录、被评价对象现场勘查记录、影像资料及相关证明材料，应当及时归档，妥善保管。技术负责人和过程控制负责人应当按照法律、法规、规章和国家标准、行业标准的规定，加强安全评价活动全过程管理。

安全评价机构应当依法与从业人员签订劳动合同，并为其提供必要的劳动防护用品。

第二十五条 取得甲级资质的安全评价机构跨省、自治区、直辖市开展安全评价活动，应当填写甲级资质安全评价机构跨省（自治区、直辖市）开展评价工作报告表，报送评价项目所在地的省级安全生产监督管理部门、省级煤矿安全监察机构备案，并接受其监督检查。

第二十六条 从事安全评价活动的安全评价师、注册安全工程师应当每年参加必要的继续教育，不断提高安全评价水平。

第二十七条 安全评价行业组织应当加强自律管理，维护安全评价市场秩序，推进安全评价诚信体系建设，建立并完善从业人员管理制度，强化对从业人员的监督。

第四章 监督管理

第二十八条 安全生产监督管理部门、煤矿安全监察机构及其工作人员应当坚持公开、公平、公正的原则，严格按照法律、法规和本规定，审核、审批和颁发资质证书。

第二十九条 对已经取得资质证书的安全评价机构，安全生产监督管理部门、煤矿安全监察机构应当加强监督检查；发现安全评价机构不具备资质条件的，依照规定予以处理。监督检查记录应当经检查人员和安全评价机构负责人签字后归档。

安全评价机构及其从业人员应当接受安全生产监督管理部门、煤矿安全监察机构及其工作人员的监督检查。

对违法违规的安全评价机构和从业人员，安全生产监督管理部门、煤矿安全监察机构应当建立“黑名单”制度，及时向社会公告。

第三十条 安全生产监督管理部门、煤矿安全监察机构应当建立健全安全评价的申诉、投诉和举报制度，受理社会和个人的申诉、投诉和举报，并依法处理。

第三十一条 国家对安全评价机构实行定期考核。

安全评价机构应当每年填写安全评价工作业绩表，经被评价对象确认后，分别报国家安全生产监督管理总局、省级安全生产监督管理部门、省级煤矿安全监察机构备案。安全评价工作业绩表列入安全评价机构考核的重要内容。

对安全评价机构在资质证书有效期内没有开展相应活动的，核减相应的业务范围；定期考核不合格的，依照本规定予以处理。

第三十二条　安全生产监督管理部门、煤矿安全监察机构及其工作人员不得有下列行为：

（一）要求被评价对象接受指定的安全评价机构进行安全评价。

（二）以备案为由，变相设立法律、法规规定以外的行政许可。

（三）采取任何形式的地区保护，限制外地评价机构到本地区开展评价活动。

（四）干预安全评价机构开展正常活动。

（五）以任何理由或者任何方式向安全评价机构收取费用或者变相收取费用。

（六）向安全评价机构摊派财物。

（七）在安全评价机构报销任何费用。

第三十三条　监察机关依照《行政监察法》的规定，对安全生产监督管理部门、煤矿安全监察机构及其工作人员履行安全评价资质监督管理职责实施监察。

第五章　罚　　则

第三十四条　安全生产监督管理部门、煤矿安全监察机构工作人员在对安全评价机构实施行政许可和监督检查工作中滥用职权、玩忽职守、徇私舞弊的，依照有关规定给予处理。

第三十五条　安全评价机构未取得相应资质证书，或者冒用资质证书、使用伪造的资质证书从事安全评价活动的，给予警告，并处 2 万元以上 3 万元以下的罚款。

转让、租借资质证书或者转包安全评价项目的，给予警告，并处 1 万元以上 2 万元以下的罚款。

安全评价机构的资质证书有效期届满未办理延期或者未经批准延期擅自从事安全评价活动的，依照本条第一款的规定处罚。

第三十六条　安全评价机构有下列情形之一的，给予警告，并处 1 万元以下的罚款；情节严重的，暂停资质半年，并处 3 万元以下的罚款；对相关责任人依法给予处理：

（一）从业人员不到现场开展评价活动的。

（二）安全评价报告与实际情况不符，或者评价报告存在重大疏漏，但尚未造成重大损失的。

（三）未按照有关法律、法规、规章和国家标准、行业标准的规定从事安全评价活动的。

（四）泄露被评价对象的技术秘密和商业秘密的。

（五）采取不正当竞争手段，故意贬低、诋毁其他安全评价机构，并造成严重影响的。

（六）未按规定办理资质证书变更手续的。

（七）定期考核不合格，经整改后仍达不到规定要求的。

（八）内部管理混乱，安全评价过程控制未有效实施的。

（九）未依法与委托方签订安全评价技术服务合同的。

（十）拒绝、阻碍安全生产监督管理部门、煤矿安全监察机构依法监督检查的。

第三十七条　安全评价机构出具虚假证明或者虚假评价报告，尚不构成刑事处罚的，没收违法所得，违法所得在 5 000 元以上的，并处违法所得 2 倍以上 5 倍以下的罚款；没有违法所得或者违法所得不足 5 000 元的，单处或者并处 5 000 元以上 2 万元以下的罚款，对其直接负责的主管人员和其他责任人员处 5 000 元以上 5 万元以下的罚款；给他人造成损害的，与被评价对象承担连带赔偿责任。

对有前款违法行为的，撤销其相应的资质。

第三十八条　安全评价机构有下列情形之一的，撤销其相应资质：

（一）不符合本规定第八条、第九条规定的资质条件的。

（二）弄虚作假骗取资质证书的。

（三）有其他依法应当撤销资质的情形的。

第三十九条 本规定所规定的行政处罚，由省级以上安全生产监督管理部门、煤矿安全监察机构决定。对甲级资质评价机构的处罚，国家安全生产监督管理总局可以委托省级安全生产监督管理部门、省级煤矿安全监察机构实施。

撤销资质证书的行政处罚由原资质审批机关决定。

第六章 附 则

第四十条 本规定所称安全评价师，是指取得国家职业资格，专门从事安全评价活动的人员。

第四十一条 本规定施行前已经取得相应资质的安全评价机构，应于其资质证书有效期满前3个月，按照本规定的条件和程序，重新申请取得相应的安全评价资质；逾期不申请或者经复审不符合规定的相应资质条件，继续从事安全评价活动的，依照本规定第三十五条第一款的规定处罚。

申请海洋石油天然气开采安全评价机构资质的，由国家安全生产监督管理总局直接受理，其资质条件参照本规定执行。

第四十二条 本规定所称的“以上”“以下”，均包括本数。

第四十三条 本规定自2009年10月1日起施行。原国家安全生产监督管理局（国家煤矿安全监察局）2004年10月20日公布的《安全评价机构管理规定》同时废止。

附录2　安全评价机构考核管理规则

一、为了加强安全评价机构监督管理，规范安全评价行为，根据有关法律法规及《安全评价机构管理规定》，制定本规则。

二、本规则适用于对国家安全生产监督管理总局（以下简称总局）和省级安全生产监督管理局、煤矿安全监察机构批准的安全评价机构的考核管理。

三、安全评价机构考核分定期考核和不定期考核，考核结果分为合格和不合格。

定期考核是发证机关对安全评价机构进行的固定周期性考核。

不定期考核是发证机关对安全评价机构进行的随机性考核。

发证机关对于承担并完成安全评价报告后该企业发生了事故的安全评价机构进行重点考核。

四、总局对安全评价机构考核实行统一管理，并负责甲级安全评价机构考核；省级安全生产监督管理局、煤矿安全监察机构参与甲级安全评价机构考核，负责本行政区域内乙级安全评价机构考核，并于每年1月31日前，将上一年度考核结果报送总局备案。

五、发证机关应建立申诉、投诉、举报制度，完善考核机制，接受社会监督。

六、安全评价机构考核的主要内容：

（一）国家有关法律法规和规章及技术规范执行情况。

（二）安全评价机构资质条件保持情况。

（三）安全评价业绩：

甲级资质安全评价机构每年度应完成不少于5项大中型企业的安全评价（其中应完成2项以上大中型建设项目的安全预评价或安全验收评价），其安全评价人员每年度应参与完成不少于3个大中型企业的安全评价（其中应完成1项以上大中型建设项目的安全预评价或安全验收评价）。新批准资质的安全评价机构或新登记资格的安全评价人员业绩考核从第二年开始计算。

乙级资质安全评价机构及其安全评价人员的业绩考核由省级安全生产监督管理局、煤矿安全监察机构根据本地区的实际情况确定。

（四）安全评价过程控制运行情况。

（五）安全评价报告质量。

（六）企业对安全评价服务满意度。

（七）遵纪守法情况。

（八）档案资料管理。

（九）发证机关根据工作需要确定的其他考核内容。

七、安全评价机构应积极配合发证机关的考核，不得以任何理由拒绝或阻挠考核，应按要求及时提供考核材料，不得弄虚作假。

八、考核应建立考核组，考核组由3名以上人员组成，考核人员中应有相关专业（行业）的技术专家。考核人员与被考核机构有利害关系的应回避。考核人员应当对每次考核的内容、问题及处理情况做出记录。

九、参与考核的公务人员应坚持公开、公平、公正的原则，严格遵守党纪国法，严禁向被考核机构索要钱物或为亲友谋取私利，不准参加可能影响考核的宴请及考核对象支付费用的娱乐、健身、旅游等活动，不准参与被考核机构安排的任何形式的赌博。

十、安全评价机构及安全评价人员违法违规行为行政处罚种类：

（一）警告。

（二）罚款，没收违法所得。

（三）暂停资质、资格，限期改正。

（四）撤销资质、资格。

（五）法律法规规定的其他行政处罚。

十一、安全评价机构有下列行为之一的，给予警告：

（一）未按时、如实上报安全评价机构和安全评价人员业绩的。

（二）对举报人打击报复的。

（三）安全评价人员发生变化，不按规定办理变更登记的。

（四）安全评价机构变更法人名称、地址、法定代表人、技术负责人等，不按规定办理变更手续的。

（五）不讲职业道德，故意贬低、诋毁其他安全评价机构的。

十二、安全评价机构有下列行为之一的，暂停其资质，并限期改正，整改时间不超过 60 日：

（一）考核中发现的问题，属未造成严重后果的。

（二）未按照过程控制程序编制安全评价报告的。

（三）档案资料管理达不到要求的。

（四）采取不正当的手段，故意降低服务成本，扰乱市场并造成恶劣影响的。

（五）安全评价报告未达到技术规范要求的。

（六）泄露被评价单位的技术和商业秘密的。

十三、安全评价机构有下列情形之一的，除按有关规定进行处罚外，撤销其资质：

（一）定期考核不合格的。

（二）出具虚假安全评价报告的。

（三）资质条件发生变化，不能满足安全评价资质条件的。

（四）暂停资质整改期间继续从事安全评价或整改后仍达不到要求的。

（五）转让或者出借资质证书、转包安全评价项目或者违法分包安全评价项目的。

（六）冒用资质、资格或签名，超出资质证书确定的业务范围从事安全评价活动的。

（七）弄虚作假骗取资质证书、伪造涂改资质证书的。

（八）不接受考核或提供虚假材料的。

（九）一年内连续两次被暂停资质的。

（十）因安全评价失误而造成被评价企业（项目）发生事故的。

（十一）其他违反国家法律、法规行为的。

十四、安全评价人员有下列行为之一的，撤销其资格：

（一）在两个以上（含两个）机构注册登记从事安全评价活动的。

（二）弄虚作假骗取资格证书的。

（三）服务机构发生变动，未办理变更登记的。

（四）泄露被评价单位的技术和商业秘密的。

（五）严重违背职业准则，有失公正的。

（六）弄虚作假，故意降低安全评价标准的。

（七）安全评价不到生产经营单位现场，编造虚假评价报告的。

（八）年度考核未达到要求的。

（九）未通过资格登记审查考核的。

（十）有违法行为的。

十五、发证机关对安全评价机构和安全评价人员做出罚款的行政处罚决定，依据有关规章执行。

十六、发证机关应定期对安全评价机构考核结果进行公告。

发证机关3年内不得受理被撤销资质的机构、资格的人员资质、资格申请。

十七、省级安全生产监督管理局、煤矿安全监察机构对乙级安全评价机构作出的行政处罚决定，应当自决定之日起7日内报总局备案。

十八、甲级安全评价机构考核标准由总局另行制定。

十九、省级安全生产监督管理局、煤矿安全监察机构可依据本规则制定乙级资质考核实施细则和考核标准。

附录3　安全评价人员资格登记管理规则

一、为加强安全评价人员资格登记管理，规范安全评价人员从业行为，根据《中华人民共和国安全生产法》《中华人民共和国行政许可法》等有关法律法规及《安全评价机构管理规定》，制定本规则。

二、本规则所称安全评价人员是指参加安全评价人员资格考试成绩合格，经资格登记，取得安全评价人员资格证书的人员。

三、安全评价人员资格登记由国家安全生产监督管理总局（以下简称发证机关）统一管理。

四、安全评价人员资格登记后，只能在所登记从业的安全评价机构执业。

五、安全评价人员资格考试成绩合格者，应当在收到考试合格通知书后6个月内，向发证机关申请资格登记。

六、申请安全评价人员资格登记，应当提交下列材料：

（一）安全评价人员资格登记申请表。

（二）安全评价人员资格考试成绩合格通知书。

（三）具有有效的劳动关系证明材料。

七、安全评价人员资格登记程序：

（一）申请人填写安全评价人员资格登记申请表。

（二）省级安全监管部门、煤矿安全监察机构自收到申请材料之日起10个工作日内提出意见，并报发证机关。

（三）发证机关自收到申请材料之日起20个工作日内完成审核工作。对审核合格的，予以登记并颁发安全评价人员资格证书；不合格的，不予登记并书面说明理由。

八、申请人有下列情形之一的，不予登记：

（一）年满65周岁的。

（二）身体健康状况不适宜从事安全评价工作的。

（三）不具备完全民事行为能力的。

（四）有弄虚作假行为的。

九、安全评价人员资格登记有效期为3年，自准予登记之日起计算。有效期满需要继续执业者，应当在有效期满前3个月内向发证机关提出续期登记申请。

十、申请续期登记，应当提交下列材料：

（一）续期登记申请表。

（二）安全评价机构的意见。

（三）劳动关系证明材料。

（四）登记期间的业绩证明材料。

（五）继续教育和业务培训情况。

（六）发证机关规定的其他材料。

十一、申请续期登记程序：

（一）申请人向其所从业的安全评价机构提出申请。

（二）安全评价机构将申请材料报省级安全监管部门、煤矿安全监察机构。

（三）省级安全监管部门、煤矿安全监察机构自收到申请材料之日起 10 个工作日内提出续期登记意见，并报发证机关。

（四）发证机关自收到申请材料之日起 20 个工作日内，完成审核工作。对审核合格的，办理续期登记手续；不合格的，不予办理续期登记，并书面说明理由。

十二、安全评价人员有下列情形之一的，不予办理续期登记：

（一）年满 65 周岁的。

（二）与其从业的安全评价机构无劳动关系的。

（三）业绩考核不合格的。

（四）未参加继续教育或继续教育不合格的。

（五）有弄虚作假行为的。

（六）同时在两个以上（含两个）单位执业的。

十三、安全评价人员变更从业机构，应当在变更后 1 个月内办理变更资格登记手续。

十四、申请变更登记程序：

（一）申请人向安全评价机构提出申请。

（二）安全评价机构填写安全评价人员变更登记申请表报省级安全监管部门、煤矿安全监察机构。

（三）省级安全监管部门、煤矿安全监察机构自收到申请材料之日起 10 个工作日内提出意见，并报发证机关。

（四）发证机关自收到申请材料之日起 20 个工作日内完成审核工作。对审核合格的，办理变更登记手续；不合格的，不予办理变更登记，并书面说明理由。

十五、安全评价人员申请变更登记应提供与原登记从业机构解除劳动关系的证明，且在 1 年内只能办理 1 次变更登记。

十六、发证机关将定期向社会公布登记的安全评价人员名单。

十七、安全评价人员年度考核业绩记录将作为其续期登记的基本依据。

附录4 安全评价师国家职业标准（试行）

（中华人民共和国劳动和社会保障部制定说明）

根据《中华人民共和国劳动法》的有关规定，为了进一步完善国家职业标准体系，为职业教育、职业培训和职业技能鉴定提供科学、规范的依据，劳动和社会保障部组织有关专家，制定了《安全评价师国家职业标准（试行）》（以下简称《标准》）。

一、本《标准》以客观反映现阶段本职业的水平和对从业人员的要求为目标，在充分考虑经济发展、科技进步和产业结构变化对本职业影响的基础上，对职业的活动范围、工作内容、能力要求和知识水平都作了明确规定。

二、本《标准》的制定遵循了有关技术规程的要求，既保证了《标准》体例的规范化，又体现了以职业活动为导向、以职业能力为核心的特点，同时也使其具有根据科技发展进行调整的灵活性和实用性，符合培训、鉴定和就业工作的需要。

三、本《标准》依据有关规定将本职业分为三个等级，包括职业概况、基本要求、工作要求和比重表四个方面的内容。

四、本《标准》是在各有关专家和实际工作者的共同努力下完成的。参加编写的主要人员有：王如君、阴建康、刘正伟、任建国、丛波、王新、张延松、陈网桦、蒋君成、崔维贤、韩雪峰、王海鹰、王雷；参加审定的主要人员有：杨富、王浩、郭金峰、夏昕、刘志、何琪、严涛、陈蕾、刘永澎。本《标准》在制定过程中，得到中国石油和化学工业协会、中国安全生产科学研究院、北京国石安康科技有限公司、大连安全科学研究院、煤炭科学研究总院重庆研究院、南京理工大学、南京工业大学、上海市化工职业病防治院等有关单位的大力支持，在此一并致谢。

五、本《标准》已经劳动和社会保障部批准，自2008年2月29日起实施。

1. 职业概况

1.1 职业名称

安全评价师。

1.2 职业定义

采用安全系统工程方法、手段，对建设项目和生产经营单位生产安全存在的风险进行安全评价的人员。

1.3 职业等级

本职业共设三个等级，分别为：三级安全评价师（国家职业资格三级）、二级安全评价师（国家职业资格二级）、一级安全评价师（国家职业资格一级）。

1.4 职业环境

室内、外，常温，有时会在危险、有害环境中工作。

1.5 职业能力特征

具有较强的文字表达、语言沟通、获取信息、综合分析与处理、组织协调、洞察风险和思维判断的能力；具备团队合作精神；身体健康。

1.6 基本文化程度

大学专科毕业。

1.7 培训要求

1.7.1　培训期限

全日制职业学校教育，根据其培养目标和教学计划确定。晋级培训期限：三级安全评价师不少于 150 标准学时；二级安全评价师不少于 120 标准学时；一级安全评价师不少于 90 标准学时。

1.7.2　培训教师

培训三级安全评价师的教师应具有二级安全评价师及以上职业资格证书或相关相关专业高级专业技术职务任职资格；培训二级安全评价师的教师应具有一级安全评价师职业资格证书或相关专业高级专业技术职务任职资格 3 年以上；培训一级安全评价师的教师应具有一级安全评价师职业资格证书或相关专业高级专业技术任职资格 5 年以上。

1.7.3　培训场地设备

标准教室或具备相应条件的会议室，配备必要的计算机、投影仪或多媒体设备等，卫生、光线、通风条件良好。

1.8　鉴定要求

1.8.1　适用对象

从事或准备从事本职业的人员。

1.8.2　申报条件

三级安全评价师（具备以下条件之一者）

(1) 取得安全工程类专业大学专科学历证书，从事安全生产相关工作 5 年以上。

(2) 取得其他专业大学专科学历证书，从事安全生产相关工作 5 年以上，经三级安全评价师正规培训达规定标准学时数，并取得结业证书。

(3) 取得安全工程类专业大学本科学历证书，从事安全生产相关工作 3 年以上。

(4) 取得其他专业大学本科学历证书，从事安全生产相关工作 3 年以上，经三级安全评价师正规培训达规定标准学时数，并取得结业证书。

二级安全评价师（具备以下条件之一者）

(1) 连续从事安全生产相关工作 13 年以上。

(2) 取得三级安全评价师职业资格证书后，连续从事本职业工作 5 年以上。

(3) 取得三级安全评价师职业资格证书后，连续从事本职业工作 4 年以上，经二级安全评价师正规培训达规定标准学时数，并取得结业证书。

(4) 取得安全工程类专业大学本科学历证书后，连续从事本职业工作 5 年以上，或取得其他专业大学本科学历证书后，连续从事本职业工作 7 年以上，经二级安全评价师正规培训达规定标准学时数，并取得结业证书。

(5) 取得硕士研究生及以上学历证书后，连续从事本职业工作 2 年以上，经二级安全评价师正规培训达规定标准学时数，并取得结业证书。

一级安全评价师（具备以下条件之一者）

(1) 连续从事安全生产相关工作 19 年以上。

(2) 取得二级安全评价师职业资格证书后，连续从事本职业工作 4 年以上。

(3) 取得二级安全评价师职业资格证书后，连续从事本职业工作 3 年以上，经一级安全评价师正规培训达规定标准学时数，并取得结业证书。

(4) 取得硕士研究生及以上学历证书，从事安全生产相关工作 10 年以上，经一级安全安全评价师正规培训达规定标准学时数，并取得结业证书。

1.8.3　鉴定方式

分为理论知识考试和专业能力考核。理论知识考试采用闭卷笔试方式，专业能力考核采用笔试或综合模拟考试方式。理论知识考试和专业能力考核均实行百分制，成绩皆达 60 分及以上者为合格。二级安全评价师和一级安全评价师还须进行综合评审。

1.8.4 考评人员与考生配比

理论知识考评人员与考生配比为1∶15，每个标准教室不少于2名考评人员。专业能力考核考评员与考生配比为1∶15，且不少于2名考评员。综合评审委员不少于3人。

1.8.5 鉴定时间

理论知识考试不少于120分钟；专业能力考核不少于150分钟；综合评审时间不少于30分钟。

1.8.6 鉴定场所设备

理论知识考试在标准教室进行。专业能力考核在具有相应考试设施（如多媒体设备等）的标准教室或模拟现场进行。综合评审在标准教室或会议室进行。

2. 基本要求

2.1 职业道德

2.1.1 职业道德基本知识

2.1.2 职业守则

（1）遵纪守法，客观公正。

（2）诚实守信，勤勉尽责。

（3）加强自律，规范执业。

（4）钻研业务，提高素质。

（5）竭诚服务，接受监督。

2.2 基础知识

2.2.1 法律、法规和标准、规范

（1）安全生产相关法律、法规。

（2）安全生产技术标准、规范。

（3）安全评价技术标准、规范。

2.2.2 安全评价技术基础知识

（1）安全系统工程。

（2）安全评价理论。

（3）系统安全分析方法。

（4）安全评价过程控制。

2.2.3 安全生产技术理论知识

（1）防火、防爆安全技术。

（2）职业危害控制技术。

（3）特种设备安全技术。

（4）矿山安全技术。

（5）危险化学品安全技术。

（6）民用爆破器材、烟花爆竹安全技术。

（7）建筑施工安全技术。

（8）其他安全技术。

2.2.4 安全生产管理知识

（1）生产经营单位的安全生产管理。

（2）重大危险源辨识与监控。

（3）事故应急救援。

（4）职业安全健康体系。

(5) 安全生产监管、监察。

(6) 事故报告、调查、分析与处理。

(7) 安全生产事故隐患排查治理。

3. 工作要求

本《标准》对三级安全评价师、二级安全评价师、一级安全评价师的能力要求依次递进，高级别涵盖低级别的要求。

3.1　三级安全评价师

职业功能	工作内容	能力要求	相关知识
一、危险有害因素辨识	（一）前期准备	1. 能采集安全评价所需的法律、法规、标准、规范、事故案例信息 2. 能采集被评价对象所涉及的人、机、物、法、环基础技术资料	1. 基础资料信息采集方法 2. 生产安全事故分析知识
	（二）现场勘查	1. 能对类比工程进行调查 2. 能按现场勘查方案对现场周边环境、水文地质条件等的安全状况进行调查 3. 能使用现场询问观察法、现场检查表对被评价对象的内外部安全距离、安全设施设备装置运行状况、安全监控状况、检测检验状况管理情况等进行查验	1. 现场调查分析方法 2. 与评价相关的工程设计、勘查基础知识 3. 安全生产条件 4. 安全检查表编写知识
	（三）危险有害因素分析	1. 能对现场勘查结果进行汇总 2. 能对独立生产单元、辅助单元、设施设备装置、作业场所存在的危险、有害因素进行识别 3. 能分析危险、有害因素分布情况	1. 危险、有害因素辨识方法 2.《生产过程危险和有害因素分析与代码》(GB/T 13816—1992) 知识 3.《企业职工伤亡事故分类标准》(GB 6441—1986) 知识 4. 重大危险源辨识知识
二、危险与危害程度评价	（一）划分评价单元	1. 能以危险、有害因素的类别划分评价单元 2. 能以装置特征和物质特性划分评价单元 3. 能依据评价方法的有关规定划分评价单元	评价单元划分的原则和方法
	（二）定性定量评价	能使用安全检查表、预先危险性分析、作业条件危险性评价、风险矩阵、重大危险源辨识方法进行评价	1. 安全评价方法的确定原则 2. 预先危险性分析、作业条件危险性评价、风险矩阵重大危险源辨识方法
三、风险控制	（一）提出安全对策措施	1. 能提出评价单元的技术、布局、工艺、方式和设施、设备、装置方面的安全对策措施 2. 能提出评价单元配套和辅助工程的安全对策措施 3. 能提出制定评价单元应急救援措施的技术要点	安全对策措施基本知识

续表

职业功能	工作内容	能力要求	相关知识
三、风险控制	（二）编制评价报告	1. 能编制安全评价报告前言、编制依据、项目概况、危险有害因素辨识、定性定量评价、单元安全对策措施等章节内容 2. 能按照安全评价有关规范编制安全评价报告的单元评价结论	1. 单元评价结论编制 2. 安全评价报告编写规范

3.2　二级安全评价师

职业功能	工作内容	能力要求	相关知识
一、危险有害因素辨识	（一）前期准备	1. 能编制危险有害因素辨识方案及现场检查表 2. 能分析评价对象、确定评价范围	1. 工程项目危险有害特征知识 2. 计划表编制
	（二）危险有害因素分析	1. 能对建设项目和生产经营单位存在的危险有害因素进行分类 2. 能对建设项目和生产经营单位存在的危险有害因素进行分析	1. 企业生产工艺基础知识 2. 各类安全评价导则和细则
二、危险与危害程度评价	（一）定性评价	能运用故障假设分析法与故障假设/检查表分析法、故障类型和影响分析法、工作任务分析法进行评价	故障假设分析法与故障假设/检查表分析法、故障类型和影响分析法、工作任务分析法知识
	（二）定量评价	能运用事故树、事件树、火灾爆炸指数法、概率理论分析方法进行评价	事故树、事件树、火灾爆炸指数法、概率理论分析方法知识
三、风险控制	（一）提出安全对策措施	1. 能提出安全技术对策措施 2. 能提出安全管理对策措施 3. 能编制事故应急救援预案	1. 安全评价对策措施效果知识 2. 安全评价过程控制基本知识
	（二）编制评价报告	1. 能确定综合评价结论，完成安全评价报告 2. 能对安全评价报告进行内部审核	
四、技术管理	（一）项目实施计划管理	1. 能对评价项目承接风险进行分析 2. 能编制现场勘察人员及器材设备配置方案 3. 能编制项目实施计划	1. 人员配置管理计划知识 2. 项目勘查方案编写要求
	（二）项目成果管理	1. 能对项目完成情况进行跟踪 2. 能根据用户意见对评价报告进行完善	信息反馈与交流知识
五、培训与指导	（一）培训	1. 能编制三级安全评价师培训计划 2. 能编制三级安全评价师培训讲义	1. 培训讲义编写基本知识 2. 多媒体课程开发知识 3. 专业能力指导方法
	（二）指导	1. 能指导三级安全评价师进行评价工作 2. 能编制三级安全评价人员作业指导书	

3.3　一级安全评价师

职业功能	工作内容	能力要求	相关知识
一、危险有害因素辨识	（一）前期准备	1. 能编制区域经济发展和产业结构、社会人文环境和周边自然生态状况等资料的收集方案 2. 能编制区域危险、有害因素分析方案	区域危险、有害因素辨识方案编制原则和要素
	（二）危险有害因素分析	1. 能分析区域内建设项目和生产经营单位的危险、有害因素对区域周边单位生产、经营活动或者居民生活的影响 2. 能分析区域周边单位生产、经营活动或者居民生活对区域内建设项目和生产经营单位的影响 3. 能分析区域所在地的自然条件对建设项目和生产经营单位的影响	1. 自然灾害知识 2. 选址与总图布置知识
二、危险与危害程度评价	（一）定性评价	能运用危险和可操作性研究、认知可靠性分析、模糊理论法进行评价	危险和可操作性研究、认知可靠性分析、模糊理论法知识
	（二）定量评价	1. 能运用液体及气体泄漏扩散、火焰与辐射强度、火球爆炸伤害、爆炸冲击波超压伤害、气云爆炸超压破坏、凝聚态爆炸、粉尘爆炸、爆炸伤害TNT当量模型进行评价 2. 能运用事故频率分析方法对发生事故的概率进行评价 3. 能进行风险等级、事故损失评价	1. 事故后果预测方法 2. 事故频率分析方法 3. 定量风险评价知识 4. 财产损失预测知识
三、风险控制	（一）报告审核	1. 能提出和确定安全评价报告审核要素 2. 能制定安全评价报告审核方案 3. 能对安全评价报告进行审定	安全评价报告审核知识
	（二）项目方案编制	1. 能编制安全评价项目投标书 2. 能确定项目风险分析方案 3. 能审定评价工作计划	1. 项目投标知识 2. 项目风险分析知识 3. 技术经济分析方法
四、技术管理	（一）评价技术创新与开发	1. 能运用国内外新的安全评价方法进行评价 2. 能创新与开发新的安全评价技术方法	1. 安全评价数据库功能设置知识 2. 信息处理知识
	（二）技术支撑	1. 能提出安全评价基础数据库的建立方案 2. 能提出安全评价技术支撑体系建设方案	
五、培训与指导	（一）培训	1. 能编制二级安全评价师培训计划 2. 能编制二级安全评价师培训讲义	教案编写基本知识
	（二）指导	1. 能指导二级安全评价师进行评价工作 2. 能制定安全评价报告质量评判标准和实施方案 3. 能编制安全评价过程控制文件	1. 安全评价报告质量管理方法 2. 安全评价过程控制文件编写方法 3. 专业能力指导方案

4. 比重表

4.1 理论知识

<table>
<tr><th colspan="2">项目</th><th>三级安全评价师（%）</th><th>二级安全评价师（%）</th><th>一级安全评价师（%）</th></tr>
<tr><td rowspan="2">基本要求</td><td>职业道德</td><td>5</td><td>5</td><td>5</td></tr>
<tr><td>基础知识</td><td>35</td><td>9</td><td>4</td></tr>
<tr><td rowspan="5">相关知识</td><td>危险有害因素辨识</td><td>24</td><td>15</td><td>18</td></tr>
<tr><td>危险与危害程度评价</td><td>21</td><td>35</td><td>40</td></tr>
<tr><td>风险控制</td><td>15</td><td>20</td><td>13</td></tr>
<tr><td>技术管理</td><td>—</td><td>8</td><td>10</td></tr>
<tr><td>培训与指导</td><td>—</td><td>8</td><td>10</td></tr>
<tr><td colspan="2">合　计</td><td>100</td><td>100</td><td>100</td></tr>
</table>

4.2 专业能力

<table>
<tr><th colspan="2">项目</th><th>三级安全评价师（%）</th><th>二级安全评价师（%）</th><th>一级安全评价师（%）</th></tr>
<tr><td rowspan="5">能力要求</td><td>危险有害因素辨识</td><td>35</td><td>25</td><td>20</td></tr>
<tr><td>危险与危害程度评价</td><td>35</td><td>41</td><td>46</td></tr>
<tr><td>风险控制</td><td>30</td><td>15</td><td>14</td></tr>
<tr><td>技术管理</td><td>—</td><td>10</td><td>10</td></tr>
<tr><td>培训与指导</td><td>—</td><td>9</td><td>10</td></tr>
<tr><td colspan="2">合　计</td><td>100</td><td>100</td><td>100</td></tr>
</table>

参考文献

卞耀武. 2002.《中华人民共和国安全生产法》读本 [M]. 北京：煤炭工业出版社.

陈伟超. 2009. 对《生产安全事故报告和调查处理条例》的若干思考 [J]. 现代职业安全（6）：74-76.

陈立元. 2007.《安全评价通则》解读 [J]. 劳动保护（10）：52-54.

陈立元. 2008.《安全验收评价导则》解读 [J]. 劳动保护（4）：38-39.

陈立元. 2008.《安全预评价导则》标准解读 [J]. 劳动保护（3）：30-31.

方圆标志认证中心. 2005. 劳动保障与劳动安全法规专辑 [M]. 北京：中国标准出版社.

国家安全生产监督管理总局. 2005. 安全评价（下）[M]. 北京：煤炭工业出版社.

国家安全生产监督管理总局培训中心. 2008. 安全生产综合监管工作手册 [M]. 北京：化学工业出版社.

国家化学品登记注册中心. 2002. 危险化学品安全管理法规与标准汇编 [M]. 北京：中国人事出版社.

罗云. 2008. 全国注册安全工程师执业资格考试名家答疑宝典——安全生产法及相关法律知识 [M]. 武汉：华中理工大学出版社.

罗新荣，汤道路. 2009. 安全法规与安全管理 [M]. 徐州：中国矿业大学出版社.

罗新荣. 2005. 安全法规与监察 [M]. 徐州：中国矿业大学出版社.

李建. 2004. 中华人民共和国道路交通安全法及其实施条例知识读本 [M]. 西安：中国长安出版社.

李秀琴. 2006.《烟花爆竹安全管理条例》解读 [J]. 劳动保护（3）：56-57.

全国人大常委会法制工作委员会. 2002. 安全生产常用法律法规手册 [M]. 北京：中国民主法制出版社.

全国注册安全工程师执业资格考试辅导教材编写委员会. 2007. 全国注册安全工程师执业资格考试一本通——安全生产法规与安全生产管理 [M]. 北京：中国石化出版社.

屈志平，陈知卫，伊其明. 2008. 安全评价师职业标准存在的问题与建议 [J]. 重庆科技学院学报（11）：101-102.

任建国. 2008. 安全评价常用法律法规 [M]. 北京：中国劳动社会保障出版社.

石少华. 2004. 安全法规与政策导读 [M]. 北京：中国工人出版社.

孙宇. 2007. 新版《建筑设计防火规范》解读 [J]. 消防科学与技术，9（5）：529-531.

覃继兰. 2003. 矿山安全法律法规知识与应用 [M]. 成都：西南交通大学出版社.

王洪明. 2004. 道路交通安全法概论 [M]. 成都：四川大学出版社.

王德学. 2002.《危险化学品安全管理条例》释义 [M]. 北京：化学工业出版社.

王潮. 2003.《内河交通安全管理条例》实施主体、义务、权利和责任 [J]. 水路运输文摘（1）：13-15.

王国栋. 2008. 落实《铁路运输安全保护条例》实现依法治路 [J]. 中国铁路（4）：33-36.

王祥惠. 2003.《石油化工企业设计防火规范》在设计中的实际应用 [J]. 油气田地面工程（5）：55.

王浩. 2009.《安全评价机构管理规定》解读 [J]. 劳动保护（9）：58-59.

杨正华. 2008.《水库大坝安全管理条例》解析 [J]. 中国水利 (2): 64-66.

中国安全生产科学研究院. 2005. 安全评价法规汇编 [M]. 北京: 化学工业出版社.

赵耀江. 2006. 安全法学 [M]. 北京: 机械工业出版社.

张伟. 2005. 职业健康安全管理相关法律法规丛书. 劳动保障与劳动安全法规专辑 [M]. 北京: 中国标准出版社.

张广亮, 张超, 刘建庆. 2002. 煤矿安全法规 [M]. 徐州: 中国矿业大学出版社.

中国煤炭教育协会职业教育教材编审委员会. 2008. 煤矿安全法律法规基础知识 [M]. 北京: 煤炭工业出版社.

张敏. 2003.《使用有毒物品作业场所劳动保护条例》解读 [J]. 劳动保护 (2): 62-64.

赵铁城. 1994. 确保安全生产, 必须执行烟花爆竹工厂设计安全规范 [J]. 火工品 (4): 46-48.